Johannes Oeldemann

Die Kirchen des christlichen Ostens

topos premium
Eine Produktion des Verlags Friedrich Pustet

Johannes Oeldemann

Die Kirchen des christlichen Ostens

Orthodoxe, orientalische und mit Rom unierte Kirchen

topos premium

Verlagsgemeinschaft topos plus
Butzon & Bercker, Kevelaer
Don Bosco, München
Echter, Würzburg
Matthias Grünewald Verlag, Ostfildern
Paulusverlag, Freiburg (Schweiz)
Verlag Friedrich Pustet, Regensburg
Tyrolia, Innsbruck

Eine Initiative der
Verlagsgruppe engagement

www.topos-taschenbuecher.de

Bibliografische Information der Deutschen Nationalbibliothek
Die Deutsche Nationalbibliothek verzeichnet diese Publikation in der Deutschen Nationalbibliografie; detaillierte bibliografische Daten sind im Internet über http://dnb.d-nb.de abrufbar.

ISBN: 978-3-8367-0020-7

2016 Verlagsgemeinschaft topos plus, Kevelaer

Einband- und Reihengestaltung: Finken & Bumiller, Stuttgart
Satz: SATZstudio Josef Pieper, Bedburg-Hau
Herstellung: Friedrich Pustet, Regensburg
Printed in Germany

Inhalt

1.
Grundlagen

Fremd und faszinierend – zwischen diesen beiden Polen schwankt das Empfinden der meisten Menschen im deutschsprachigen Raum, wenn sie Gläubigen aus einer der Kirchen des christlichen Ostens begegnen. Fremd war uns das östliche Christentum lange Zeit, weil die Gläubigen dieser Kirchen vor allem in Osteuropa, dem Nahen und Mittleren Osten, in Nordafrika und Indien beheimatet sind. Die getrennten Lebensräume erlaubten es früher nur wenigen Weltreisenden, einen Einblick in die Glaubenswelt der östlichen Kirchen zu nehmen. Fremd sind uns die orthodoxen Christen bis heute geblieben, obwohl inzwischen viele von ihnen eine neue Heimat im Westen Europas und in Nordamerika gefunden haben. Insbesondere in den Jahren 2014/15 sind mit den zahlreichen Migranten auch viele Christen aus dem Nahen Osten und Nordafrika nach Europa gekommen, so dass heute allein in Deutschland mehr als zwei Millionen Gläubige aus den östlichen Kirchen leben – „fremde" Nachbarn, deren Glaubenswelt dieses Buch zu erschließen versucht.

Faszinierend wirkt die Welt der Orthodoxie, wenn wir ihr auf Pilgerreisen ins Heilige Land in ihrer ganzen schillernden Vielfalt begegnen. Faszinierend ist die tiefe Verwurzelung des Glaubens in den von der byzantinischen Orthodoxie geprägten Ländern Ost- und Südosteuropas, der wir auf Urlaubsreisen in Griechenland oder Studienreisen in Russland begegnen. Faszinierend ist die Welt der orientalisch-orthodoxen Kirchen, die wir in Ägypten, Armenien oder Indien entdecken können. Eine faszinierende Wirkung haben auf viele „westliche" Christen insbesondere die Ikonen – Ausdruck eines lebendigen, bildhaften Glaubens, den manche bei uns vermissen. Faszinierend kann schließlich die Teilnahme an einem orthodoxen Gottesdienst sein, den man heute nicht nur in Bulgarien oder Rumänien, sondern auch in Deutschland oder Österreich mitfeiern kann.

Wie kann ein „westlicher" Christ einen Einblick in diese fremde und zugleich faszinierende Welt der östlichen Kirchen gewinnen? Wohl nur teilweise und bruchstückhaft über ein Buch wie das vorliegende. Das östliche Christentum ist weit weniger kopfbetont als das westliche, weshalb es sich auch weniger mit dem Verstand erfassen als vielmehr mit dem Herzen erschließen lässt. Dieses Erschließen der Glaubenswelt der östlichen Kirchen kann nur in der persönlichen Begegnung mit Gemeinden, Pfarrern und Gläubigen dieser Kirchen und durch das Mitfeiern ihrer Gottesdienste erfolgen. Wenn hier dennoch nicht ein orthodoxer, sondern ein katholischer Theologe eine Einführung in das östliche Christentum vorlegt, so hat dies für die Leserinnen und Leser, die mehrheitlich aus den westlichen Kirchen stammen dürften, den Vorteil, dass der Autor mit den gleichen Augen wie sie auf die faszinierende Welt der östlichen Kirchen schaut. In diesem Sinne versteht sich das Buch als eine erste Hinführung zur Begegnung mit den Kirchen des christlichen Ostens, die die persönliche Erfahrung und die Begegnung mit den orthodoxen Gläubigen nicht ersetzen kann, wohl aber zum Dialog mit ihnen befähigen und ermuntern möchte.

In den wenigen einführenden Worten wurde bereits eine Vielfalt von Begriffen benutzt: östlich, orthodox, orientalisch, byzantinisch. Im ersten Teil dieses Buches werden daher grundlegende Begriffe geklärt, um eine Grundstruktur in die oft verwirrende Vielfalt der östlichen Kirchen zu bringen. Dies geschieht in zwei Schritten: Ein erster Teil gibt einen Überblick über die Vielfalt der östlichen Riten, weil der Ritus, d. h. die Art und Weise, wie der Gottesdienst gefeiert und der Glaube im Alltag gelebt wird, ein prägendes Element der ostkirchlichen Identität ist. Die fünf östlichen Ritusfamilien umfassen sowohl orientalische als auch orthodoxe und katholische Ostkirchen. Erst in einem zweiten Teil folgt dann die konfessionskundliche Einordnung der östlichen Kirchen. Diese orientiert sich daran, welche Kirchen miteinander in Kirchengemeinschaft stehen und wie sie ihr Verhältnis untereinander definieren.

1.1 Die Vielfalt der östlichen Riten

Wenn man einen Überblick über die Kirchen des christlichen Ostens geben will, bietet sich zunächst eine Zuordnung der Kirchen zu den verschiedenen Riten an. Während eine konfessionskundliche Einordnung der Kirchen – also die Frage, wer mit wem in Kirchengemeinschaft steht und damit eine Konfessionsfamilie bildet – vor allem den „westlichen" Zugang zu anderen Kirchen widerspiegelt, entspricht eine Gliederung der Kirchen nach Ritusfamilien eher der „östlichen" Sichtweise, in der der Ritus eine entscheidende Bedeutung für das Selbstverständnis der jeweiligen Kirche hat. „Ritus" bezeichnet dabei nach ostkirchlichem Verständnis nicht nur die Art und Weise, wie der Gottesdienst gefeiert wird, sondern ist ein Oberbegriff für alle Lebensvollzüge der Kirche von der Feier der Eucharistie und der Sakramente über das Stundengebet und die monastische Lebensweise bis hin zu Fragen der Kirchenorganisation und der Amtsstrukturen. Im Laufe der Kirchengeschichte hat es in diesen Bereichen natürlich eine Fülle von wechselseitigen Einflüssen gegeben, so dass der heutige Ritus nicht mehr identisch mit dem Ritus der Alten Kirche ist. Dennoch haben sich aus den großen altkirchlichen Zentren der Ostkirche heraus jeweils eigenständige Ritusfamilien entwickelt, die sich durch bestimmte Merkmale von den anderen Riten unterscheiden.

Die bedeutendsten kirchlichen Zentren innerhalb der Osthälfte des Römischen Reiches waren – neben Jerusalem als dem „Geburtsort" des Christentums – zunächst Alexandrien und Antiochien. Erst später gewann Konstantinopel (Byzanz) als neue Hauptstadt des Reiches eine prägende Bedeutung für die Theologie und Liturgie der Ostkirchen. Außerhalb des Römischen Reiches kam in den ersten Jahrhunderten insbesondere Edessa als Keimzelle des ostsyrischen Ritus eine führende Rolle zu. Eine eigenständige Entwicklung nahm schließlich der armenische Ritus aufgrund der bereits zu Beginn des 4. Jahrhunderts erfolgten staatlichen Anerkennung des Christentums in Armenien.

Die Kirchen des christlichen Ostens lassen sich daher bis heute fünf Ritusfamilien zuordnen:

- alexandrinischer Ritus
- westsyrischer Ritus
- ostsyrischer Ritus
- byzantinischer Ritus
- armenischer Ritus

Zum **alexandrinischen Ritus** zählen folgende orientalisch-orthodoxe Kirchen: die Koptische Orthodoxe Kirche (Patriarchat von Alexandrien), die Äthiopische Orthodoxe Kirche und die Eritreische Orthodoxe Kirche. Von den mit Rom unierten Ostkirchen gehören die Koptisch-katholische Kirche, die Äthiopisch-katholische Kirche und die Eritreisch-katholische Kirche dieser Ritusfamilie an. Die gemeinsamen Wurzeln im selben Ritus führen dazu, dass es bis heute viele Parallelen zwischen koptisch-orthodoxen und koptisch-katholischen bzw. zwischen äthiopisch-orthodoxen und äthiopisch-katholischen Gottesdiensten gibt.

Dem **westsyrischen Ritus**, dessen Zentrum Antiochien, die Hauptstadt der römischen Provinz Syrien, war, folgen zwei orientalisch-orthodoxe Kirchen: die Syrische Orthodoxe Kirche (Patriarchat von Antiochien) und die in Indien beheimatete Malankarische Orthodoxe Syrische Kirche. Außerdem zählen drei mit Rom unierte Ostkirchen zur westsyrischen Ritusfamilie: die Syrisch-katholische Kirche, die Maronitische Kirche und auf dem indischen Subkontinent die Syro-malankarische Kirche.

Zum **ostsyrischen Ritus**, der sich unter den syrischsprachigen Christen außerhalb des Römischen Reiches entwickelte und als dessen geistliches Zentrum Edessa betrachtet werden kann, gehören die Assyrische Kirche des Ostens sowie von Seiten der mit Rom unierten Ostkirchen die Chaldäische Kirche und die Syromalabarische Kirche in Indien.

Der am weitesten verbreitete ostkirchliche Ritus ist heute der **byzantinische Ritus**. Zu dieser Ritusfamilie zählen alle autokephalen und autonomen orthodoxen Kirchen: die Patriarchate von Konstantinopel, Alexandrien, Antiochien, Jerusalem, Moskau, Ser-

Die Ritusfamilien der östlichen Kirchen

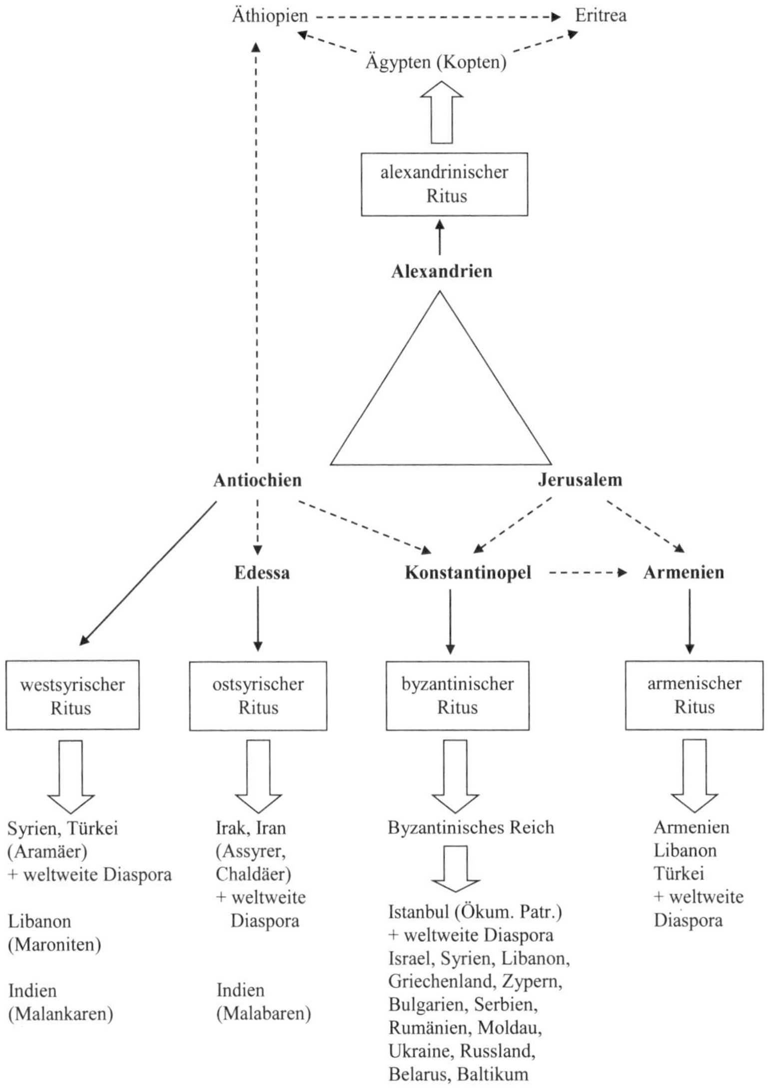

bien, Rumänien, Bulgarien und Georgien sowie die Orthodoxen Kirchen von Zypern, Griechenland, Polen, Albanien, Tschechien und der Slowakei, Finnland, Estland, Amerika und Japan. Von den mit Rom unierten Ostkirchen zählen das Melkitische Patriarchat, die Ukrainische, die Ruthenische, die Rumänische, die Slowakische und die Ungarische Griechisch-katholische Kirche sowie kleinere Gruppierungen in Albanien, Bulgarien, Kroatien, Serbien, Makedonien und Italien zum byzantinischen Ritus.

Der **armenische Ritus** ist in den beiden unabhängigen, aber untereinander in voller Kirchengemeinschaft stehenden „Katholikaten" von Etschmiadzin und Kilikien der Armenischen Apostolischen Kirche sowie in der mit Rom unierten Armenisch-katholischen Kirche beheimatet.

Innerhalb einer Ritusfamilie gibt es zwar Unterschiede zwischen den einzelnen Kirchen, die Gemeinsamkeiten überwiegen jedoch bei weitem, so dass ein orthodoxer Grieche ohne weiteres den eigenen Ritus bei einer Liturgie in Rumänien oder Russland wiedererkennen kann. Die mit Rom unierten Ostkirchen unterlagen im Laufe der Geschichte einem nicht unerheblichen Latinisierungsdruck, so dass bei manchen von ihnen „westliche", lateinische Gebräuche Eingang in den Ritus gefunden haben. Jedoch bemühen sich die meisten katholischen Ostkirchen heute wieder bewusst darum, ihr ostkirchliches Erbe zu pflegen, wozu sie vom Zweiten Vatikanischen Konzil ausdrücklich aufgefordert wurden.

Die Zugehörigkeit zum gleichen Ritus hat zur Konsequenz, dass es kaum Unterschiede beispielsweise zwischen der Göttlichen Liturgie in der Ukrainischen Orthodoxen Kirche und der sonntäglichen Eucharistiefeier in der Ukrainischen Griechisch-katholischen Kirche gibt. Diese Tatsache erklärt, warum nach dem Zerfall der Sowjetunion und dem Ende des kommunistischen Regimes relativ viele Gläubige von der orthodoxen in die griechisch-katholische Kirche wechseln konnten, ohne ihre alltägliche Glaubenspraxis verändern zu müssen. Der durch die nahe Verwandtschaft im Ritus erleichterte Wechsel der Jurisdiktion hat in Osteuropa zu erheblichen Spannungen zwischen den Orthodoxen und den mit Rom unierten Ostkirchen geführt. Im Nahen Osten haben dagegen die orientalischen Orthodoxen, die byzantinischen Orthodoxen und die mit Rom unierten Ostkirchen häufig ein sehr gutes Verhältnis zueinander. Der gemeinsame Ritus stellt hier oft ein verbindendes Element dar, das die jurisdiktionellen Grenzen zweitrangig erscheinen lässt.

1.2 Konfessionskundliche Einordnung

Dennoch spielen gerade diese jurisdiktionellen Grenzen und damit die Frage nach der gegebenen oder nicht vorhandenen Kirchengemeinschaft eine entscheidende Rolle für die konfessionskundliche Einordnung der verschiedenen Kirchen. Im Untertitel des Buches werden bereits drei Gruppen von östlichen Kirchen benannt: die orthodoxen Kirchen, die orientalischen Kirchen und die mit Rom unierten Ostkirchen. Zwischen diesen drei Gruppen muss in konfessionskundlicher Hinsicht genau differenziert werden, da die Kirchen, die zu einer dieser Gruppierungen zählen, eine Glaubens- und Kirchengemeinschaft bilden, während sie sich von den Kirchen der anderen beiden Gruppierungen entweder in Fragen des Glaubens oder der kirchlichen Jurisdiktion abgrenzen. Die Spaltung der Kirchen des christlichen Ostens reicht bereits in das 4./5. Jahrhundert zurück, als sich aufgrund der Auseinandersetzungen um die rechte Beschreibung des christlichen Gottesbildes und das rechte Verständnis des Wesens Jesu Christi Teile der damaligen Christenheit von der Reichskirche abspalteten. Die Kirchen, die aus diesen Abspaltungen hervorgingen, bezeichnete man lange Zeit als „orientalische Nationalkirchen", ihre Gläubigen als „altorientalische Christen".

In konfessionskundlicher Hinsicht ist dabei noch einmal zu unterscheiden zwischen der Assyrischen Kirche des Ostens und den orientalisch-orthodoxen Kirchen. Die **Assyrische Kirche des Ostens**, deren Wurzeln außerhalb des römisch-byzantinischen Reiches lagen und die daher an den ersten großen Konzilen der frühen Christenheit nicht beteiligt war, erkannte zwar später die Entscheidungen des ersten und zweiten Ökumenischen Konzils (Nizäa 325 und Konstantinopel 381) an, verweigerte jedoch die Anerkennung der Beschlüsse des Konzils von Ephesus (431). Viele Anhänger des vom Konzil von Ephesus als Häretiker verurteilten Patriarchen Nestorius fanden Zuflucht im östlich der Reichsgrenzen liegenden Herrschaftsgebiet der Sassaniden, das in etwa den heutigen Irak und Iran umfasste und in dem die Kirche des Ostens beheimatet war. Dies führte dazu, dass die Gläubigen dieser Kirche lange Zeit als „Nestorianer" bezeichnet wurden, was sich durch neuere Forschungen als ein Fehlurteil erwiesen hat. In der Konfessionskunde wird die Assyrische Kirche des Ostens heute aufgrund der erwähnten Ablehnung der Beschlüsse des Konzils von Ephesus als „vorephesinische Orthodoxie" bezeichnet.

Als **orientalisch-orthodoxe Kirchen** bezeichnet man demgegenüber jene Gemeinschaften, die sich nach dem Konzil von Chalcedon (451) von der Reichskirche abgespalten haben. Auch hier verlief die Entwicklung nicht einheitlich: Während sich in den Patriarchaten von Alexandrien und Antiochien eine starke Opposition gegen die Beschlüsse des Konzils von Chalcedon bildete, waren die Armenier und Äthiopier kaum in die Auseinandersetzungen um die chalcedonische Christologie involviert, sondern übernahmen erst später die Position der Kopten und Syrer. Wegen der starken Betonung der göttlichen Natur Jesu Christi in der christologischen Lehre dieser Kirchen wurden ihre Gläubigen lange Zeit als „Monophysiten" bezeichnet. Auch hier haben neuere Forschungen ergeben, dass diese Bezeichnung den christologischen Glauben dieser Kirchen nicht zutreffend beschreibt. Die Konfessionskunde zählt diese Kirchen daher heute zur „vorchalcedonischen Orthodoxie". Zur Familie der orientalisch-orthodoxen Kirchen zählen heute:

- die Koptische Orthodoxe Kirche (Patriarchat von Alexandrien)
- die Syrische Orthodoxe Kirche (Patriarchat von Antiochien)

- die Armenische Apostolische Kirche (Katholikate von Etschmiadzin und Kilikien)
- die Malankarische Orthodoxe Syrische Kirche
- die Äthiopische Orthodoxe Kirche
- die Eritreische Orthodoxe Kirche

Die orientalisch-orthodoxen Kirchen gehören verschiedenen Riten an. Sie sind daher jeweils als eigenständige Kirchen zu betrachten, die jedoch aufgrund der Übereinstimmung im Glauben untereinander in Kirchengemeinschaft stehen und sich als eine Kirchenfamilie verstehen.

Dies unterscheidet sie von der **orthodoxen Kirche** des byzantinischen Ritus. Hierzu zählen all jene Kirchen, die in westlichen Ländern in der Regel mit dem Stichwort „Orthodoxie“ assoziiert werden: die Orthodoxen Kirchen von Griechenland, Russland, Rumänien, Bulgarien, Serbien usw. Dabei handelt es sich um jene Kirchen, die ursprünglich in der östlichen Hälfte des römisch-byzantinischen Reiches beheimatet waren oder von dort aus missioniert wurden und die – im Gegensatz zu den orientalisch-orthodoxen Kirchen – die christologischen Entscheidungen des Konzils von Chalcedon (451) rezipiert haben. Sie werden daher in der Konfessionskunde als „chalcedonische Orthodoxie“ bezeichnet. Diese Kirchen standen bis ins zweite Jahrtausend hinein in Gemeinschaft mit der römisch-abendländischen Kirche, bevor es, vor allem aufgrund jurisdiktioneller und kirchenpolitischer Streitigkeiten, zum Bruch zwischen den Kirchen in Ost und West kam.

Da die orthodoxen Kirchen im Glauben übereinstimmen und darüber hinaus zur gleichen Ritusfamilie gehören, betrachten sie sich grundsätzlich als *eine* Kirche, wenn auch in unterschiedlichen nationalen Ausprägungen. Daher ist es in konfessionskundlicher Hinsicht zutreffend, von *der* orthodoxen Kirche (im Singular) zu sprechen, auch wenn es aufgrund der ganz unterschiedlichen historischen Entwicklungen manchmal angemessen erscheint, von *den* orthodoxen Kirchen (im Plural) zu sprechen. Innerhalb der byzantinischen Orthodoxie muss noch einmal differenziert werden zwischen den Kirchen, die in voller Kirchengemeinschaft miteinander stehen (den sogenannten kanonischen Kirchen), und den Kirchen, deren Status umstritten ist oder deren Legitimität aufgrund von Differenzen in der Jurisdiktion oder dem kirchlichen Kalender von den übrigen orthodoxen Kirchen in Frage gestellt wird (den sogenannten unkanonischen Kirchen). Zu den „kanonischen", in voller Kirchengemeinschaft miteinander stehenden orthodoxen Kirchen zählen (in der überlieferten Rangfolge):

- das Ökumenische Patriarchat von Konstantinopel
- das Griechisch-Orthodoxe Patriarchat von Alexandrien
- das Griechisch-Orthodoxe Patriarchat von Antiochien
- das Griechisch-Orthodoxe Patriarchat von Jerusalem
- das Orthodoxe Patriarchat von Moskau und ganz Russland
- das Orthodoxe Patriarchat von Serbien
- das Orthodoxe Patriarchat von Rumänien
- das Orthodoxe Patriarchat von Bulgarien
- das Orthodoxe Patriarchat von Georgien
- die Orthodoxe Kirche von Zypern
- die Orthodoxe Kirche von Griechenland
- die Orthodoxe Kirche von Polen
- die Orthodoxe Kirche von Albanien
- die Orthodoxe Kirche von Tschechien und der Slowakei

Die genannten 14 orthodoxen Kirchen sind *autokephal*, d. h. sie sind bei der Regelung ihrer innerkirchlichen Belange vollkommen unabhängig und wählen auch ihr Oberhaupt selbstständig aus dem Kreis ihrer Bischöfe. Daneben gibt es noch eine Reihe von *autonomen* orthodoxen Kirchen, die zwar ihre innerkirchlichen Belange ebenfalls selbstständig regeln können, deren Oberhaupt jedoch vom Patriarchen einer autokephalen orthodoxen Kirche ernannt wird. Hierzu zählen die Orthodoxen Kirchen von Finnland und Estland (dem Ökumenischen Patriarchat unterstehend, wobei ein Teil der estnischen Kirche weiterhin in Verbindung mit dem Patriarchat von Moskau steht) sowie die Orthodoxen Kirchen in der Ukraine, in Weißrussland und in Japan (dem Patriarchat von Moskau unterstehend). Einen autonomen Status hat auch die Orthodoxe Kirche auf dem Sinai, die heute identisch mit der Mönchsgemeinschaft des Katharinenklosters auf dem Sinai ist und dem Patriarchat von Jerusalem untersteht. Umstritten ist der Status der Orthodoxen Kirche in Amerika, die 1970 vom Moskauer Patriarchat in die Autokephalie entlassen wurde, was jedoch von den anderen orthodoxen Kirchen bis heute nicht anerkannt wird.

Zu den „unkanonischen" Kirchen zählen:

- die Gemeinschaft der Altgläubigen in Russland, die sich bereits im 17. Jahrhundert aufgrund einer Liturgiereform von der Russischen Orthodoxen Kirche abgespalten hat;
- die Altkalendarier in Griechenland, die sich 1924 aufgrund der Einführung des gregorianischen Kalenders von der Mutterkirche abspalteten und sich selbst als „Wahre Orthodoxe Kirche" bezeichnen;
- die Makedonische Orthodoxe Kirche, die sich 1967 einseitig für autokephal erklärte, was jedoch bis heute von keiner anderen orthodoxen Kirche anerkannt wird;
- die Ukrainische Autokephale Orthodoxe Kirche und die Ukrainische Orthodoxe Kirche des Kiewer Patriarchats, die sich nach dem Zerfall der Sowjetunion vom Moskauer Patriarchat lossagten, um eine nationale ukrainische Orthodoxie zu etablieren.

Schließlich sind in konfessionskundlicher Hinsicht von den bisher benannten „orthodoxen", selbstständigen Kirchen die **mit Rom unierten Ostkirchen** zu unterscheiden. Diese sind im zweiten Jahrtausend der christlichen Zeitrechnung entstanden, als einzelne orthodoxe und orientalisch-orthodoxe Kirchen bzw. Teile ihrer Gläubigen und Hierarchen eine Union mit dem Römischen Stuhl abschlossen. Ziel dieser Unionen war die Wiederherstellung der Kirchengemeinschaft zwischen Ost und West, obwohl vielfach machtpolitische Gründe im Hintergrund der Unionsbestrebungen standen. De facto vermochten die meisten Unionen nicht die Einheit zwischen den Christen in Ost und West wiederherzustellen, sondern führten im Gegenteil zu neuen Spaltungen, inso-

fern nur ein Teil der jeweiligen Ortskirchen sich der Union anschloss, während ein anderer Teil bei der orthodoxen oder orientalisch-orthodoxen Kirchengemeinschaft verblieb. Innerhalb der katholischen Ostkirchen kann unterschieden werden zwischen jenen Kirchen, die aus den orientalischen Traditionen hervorgegangen sind, und jenen, die aus der byzantinischen Tradition stammen.
Zu den katholischen Ostkirchen mit Wurzeln in den orientalischen Riten zählen:
- die Chaldäische Kirche
- die Syro-malabarische Kirche
- die Syro-malankarische Kirche
- die Maronitische Kirche
- die Syrisch-katholische Kirche
- die Koptisch-katholische Kirche
- die Äthiopisch-katholische Kirche
- die Eritreisch-katholische Kirche
- die Armenisch-katholische Kirche

Zu den katholischen Ostkirchen byzantinischer Tradition zählen:
- die Melkitische Griechisch-katholische Kirche
- die Ukrainische Griechisch-katholische Kirche
- die Ruthenische Griechisch-katholische Kirche
- die Rumänische Griechisch-katholische Kirche
- die Slowakische Griechisch-katholische Kirche
- die Ungarische Griechisch-katholische Kirche

Hinzu kommen noch einige kleinere katholische Ostkirchen des byzantinischen Ritus, die am Ende von Kapitel 3 vorgestellt werden.

Schließlich muss erwähnt werden, dass es auch einige kleine evangelische Kirchen gibt, die trotz ihrer reformatorischen Theologie den östlichen Ritus bewahrt haben, wie beispielsweise die Assyrische Evangelische Kirche. Sie stellen jedoch heute eine so geringe Größe dar, dass sie bei der weiteren Darstellung vernachlässigt werden können.

2.
Geschichte

In einem Taschenbuch wie dem vorliegenden ist es unmöglich, einen vollständigen Überblick über die 2000-jährige Geschichte der Kirchen des christlichen Ostens zu geben. Die Geschichte jeder einzelnen Kirche könnte ein ganzes Buch füllen. Daher versucht der folgende Überblick, die Geschichte der östlichen Kirchen in bestimmten geographischen Räumen zu erschließen. Dies bietet die Chance, die historische Entwicklung des Christentums in einem bestimmten Raum sowie die Wechselbeziehungen zwischen den Kirchen in dieser Region zu verdeutlichen. Allerdings bedingt die Betrachtung größerer geographischer Räume, dass nicht allen historischen Einzelheiten nachgegangen werden kann, so dass Fachleute vielleicht das eine oder andere von ihnen für wichtig erachtete Detail vermissen werden. Im Blick auf die geforderte Kompaktheit der Darstellung einerseits und die notwendige Verständlichkeit auch für den breiteren Leserkreis andererseits wird dieser Mangel hier bewusst in Kauf genommen. Die eingefügten Karten geben einen ersten Überblick über die aus der manchmal komplexen Geschichte hervorgegangenen heutigen kirchlichen Zentren in der Region (Legende zu den Karten S. 240).

2.1 Das Christentum im Nahen und Mittleren Osten

Wir beginnen unseren geschichtlichen Überblick an der Wiege des Christentums, die ohne Zweifel im östlichen Mittelmeerraum liegt – am Schnittpunkt zwischen römischer Politik, griechischer Philosophie und syrischer Kultur. Auch wenn der Nahe und Mittlere Osten seit dem 7. Jahrhundert vor allem vom islamischen Glauben geprägt ist, stößt man in der gesamten Region noch heute auf die jahrhundertealten Zeugnisse des frühen Christentums – auch wenn islamistische Milizen in den letzten Jahren mit brutaler Gewalt versuchen, diese frühchristlichen Spuren zu vernichten. Obwohl aufgrund der Kriege im Irak (seit 2003) und in Syrien (seit 2011) immer mehr Christen die Region verlassen, bildet das Christentum in diesen Ländern bis heute ein in der ganzen Welt wohl einmaliges Spiegelbild der konfessionellen Vielfalt.

Zwei Beispiele lassen dies anschaulich werden: Das erste ist die vielfältige Präsenz unterschiedlichster christlicher Traditionen in der Jerusalemer Grabeskirche, die in der orthodoxen Kirche – der Sache weitaus angemessener – als „Anastasis" (Auferstehungskathedrale) bezeichnet wird. Griechen und Armenier, Kopten und Äthiopier, Syrer und Lateiner feiern hier wechselweise nach einem genau festgelegten Zeitplan Gottesdienst. Der stetige Wechsel der Riten verdeutlicht, dass das Evangelium nicht an eine bestimmte Sprache und Kultur gebunden ist. Ein zweites anschauliches Beispiel findet sich in der syrischen Hauptstadt Damaskus. In der dortigen Altstadt gibt es bis heute die schon in der Apostelgeschichte bezeugte „gerade Straße" (vgl. Apg 9,11), früher der Haupthandelsweg zwischen Ost und West. Heute liegen an dieser Straße die Residenzen gleich dreier ostkirchlicher Patriarchen: Neben dem syrisch-orthodoxen Patriarchen von Antiochien haben auch der griechisch-orthodoxe Patriarch von Antiochien und der melkitische (mit Rom unierte) Patriarch von Antiochien ihren Sitz an dieser Straße.

Die Titel, die diese Patriarchen bis heute führen, verdeutlichen, dass in der frühen Christenheit nicht Damaskus, sondern Antiochien, die Hauptstadt der damaligen römischen Provinz Syria, das Zentrum des Christentums in Palästina und Syrien bildete. Hier entstand die erste heidenchristliche Gemeinde und hier wurden die Anhänger der neuen Gemeinschaft erstmals als Christen bezeichnet (vgl. Apg 11,26). Neben Antiochien (heute Antakya im Südosten der Türkei), das seine besondere Rolle in der Geschichte der frühen Christenheit vor allem seiner hervorgehobenen Stellung innerhalb der administrativen Strukturen des Römischen Reiches verdankte, bildete Edessa (heute Urfa im Osten der Türkei) ein zweites wichtiges Zentrum der frühen Christenheit, das sich vor allem aufgrund des hohen theologischen und literarischen Niveaus der dortigen christlichen Elite allmählich zum geistigen Zentrum der syrischen Christen entwickelte. Schon früh bildeten sich damit zwei Traditionsstränge heraus: die von der griechischen Kultur geprägte antiochenische Theologie und die von der syrischen Sprache und Kultur geprägte Schule von Edessa.

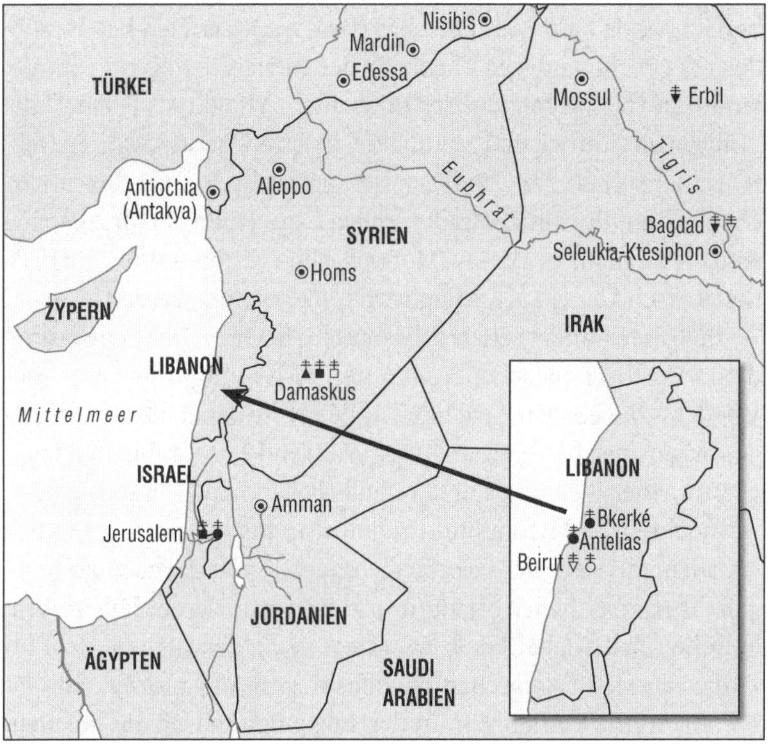

Im 5. Jahrhundert führte der theologische Streit über die Christologie zu lang anhaltenden Auseinandersetzungen zwischen Anhängern und Gegnern der Beschlüsse des Konzils von Chalcedon (451). In den knapp 200 Jahren zwischen dem Konzil von Chalcedon und der Eroberung durch die muslimischen Araber war die östliche Reichshälfte von heftigen Auseinandersetzungen zwischen beiden Gruppierungen geprägt. Dabei wurden die Anhänger des Konzils von Chalcedon in der Regel von den byzantinischen Kaisern unterstützt, weshalb sie von ihren Gegnern polemisch als „Melkiten" (Kaisertreue) bezeichnet wurden. Die antichalcedonische Opposition hatte dagegen unter staatlicher Verfolgung zu leiden und wurde dadurch, dass man sie als „Monophysiten" bezeichnete, als häretisch

gebrandmarkt. Neue Forschungen im 20. Jahrhundert haben jedoch zu der Erkenntnis geführt, dass die Chalcedongegner in der Regel nicht die streng monophysitische, in der Tat als häretisch zu bezeichnende Lehre des Eutyches († ca. 454) vertreten haben, sondern der rechtgläubigen Theologie des Patriarchen Kyrill von Alexandrien († 444) folgten, der mit seiner „Mia-Physis-Formel“ die Einheit von Gottheit und Menschheit in Jesus Christus wahren wollte. Daher sollten die Gläubigen der orientalisch-orthodoxen Kirchen, die aus der antichalcedonischen Opposition hervorgegangen sind, heute nicht länger als „Monophysiten“ verunglimpft, sondern theologisch korrekt als „Miaphysiten“ bezeichnet werden.

Im 6. Jahrhundert erlebte die miaphysitische Kirche einen ständigen Wechsel zwischen Zeiten der Verfolgung und Zeiten des Wiederauflebens. Eine wichtige Rolle spielte dabei die Einstellung des byzantinischen Kaiserhauses: Während es unter Justin I. (519–527) zu einer Restauration der chalcedonischen Hierarchie kam, vermochten die Miaphysiten unter Kaiser Justinianos I. (527–565), vor allem mit Hilfe der sie protegierenden Kaiserin Theodora (527–548), ihre kirchlichen Strukturen zu reorganisieren. Eine zentrale Rolle spielte dabei Jakob Baradai († 578), der 542 von dem im Exil weilenden Patriarchen Theodosios von Alexandrien zum Bischof geweiht worden war, in den folgenden Jahren auf abenteuerlichen Reisen durch den ganzen Nahen Osten zahlreiche Priester und Bischöfe weihte und damit die Grundlage für das Wiederaufleben der miaphysitischen Kirche legte. Nach ihm wurden die Anhänger der miaphysitischen westsyrischen Kirche lange Zeit als „Jakobiten“ bezeichnet, womit jedoch die viel älteren historischen Wurzeln dieser Kirche vernachlässigt werden.

Das 7. Jahrhundert brachte für die ganze Region wiederum große Umbrüche mit sich. Eroberungskriege führten zu einem mehrfachen Wechsel der staatlichen Obrigkeit: Nachdem zunächst die Perser bis an die Mittelmeerküste vorgestoßen waren und die byzantinischen Herrscher verdrängt hatten, eroberten ab 635 die muslimischen Araber weite Teile des Nahen und Mittleren Ostens. 661 erkoren die Omajjaden Damaskus zur Hauptstadt ihres Großreiches, was zu einem zunehmenden Arabisierungs- und Islamisierungsdruck auf die griechisch- und syrischsprachige Bevölkerung führte. Zudem wurde die Kirche im 7. Jahrhundert durch eine weitere Spaltung geschwächt: Der byzantinische Kaiser Herakleios (575–641) versuchte mit Hilfe der Lehre des Monotheletismus – d. h., dass es in Christus nur einen einzigen Willen gebe –, die miaphysitischen Christen wieder in die Reichskirche zu integrieren. Doch dieser Versuch misslang und die monotheletische Lehre wurde schließlich durch das dritte Konzil von Konstantinopel (681) verurteilt.

Auch die nächste Änderung der politischen Vorherrschaft, die Eroberung der Region durch lateinische Kreuzfahrer (ab 1098), führte zu Umbrüchen in der kirchlichen Landschaft. Die aus dem Westen stammenden Herrscher waren bestrebt, die örtlichen byzantinischen und orientalischen Priester und Bischöfe der von ihnen eingesetzten lateinischen Hierarchie unterzuordnen. Die Reaktionen auf dieses Unterfangen waren sehr unterschiedlich: Während es zwischen Griechen und Lateinern zu erheblichen Spannungen kam, unterstellten sich die Maroniten – eine Gemeinschaft, die sich auf den hl. Maron zurückführt und die zuvor weitgehend isoliert in den Bergen des Libanon gelebt hatte – 1182 ohne Zögern dem Römischen Stuhl. Aus Sicht der Maroniten handelte es sich schlicht um die Wiederaufnahme der formell niemals aufgekündigten Gemeinschaft mit dem Bischof von Rom. Die Maroniten sind damit die älteste mit Rom unierte Ostkirche, die unter Beibehaltung ihres eigenen Ritus die Kirchengemeinschaft mit der abendländischen Kirche wiederaufnahm. Die syrischen Christen erlebten im 12. und 13. Jahrhundert eine Zeit der Renaissance, in der große Theologen wie Dionysios bar Salibi († 1171) und Gregorios bar Hebraeus (1226–1286) die Kirche zu einer Blütezeit führten. Ab dem 14. Jahrhundert kam es unter den muslimischen Mamluken jedoch zu einer Verfolgung der miaphysitischen Kirche, so dass ihr im 16. Jahrhundert nur noch etwa 50 000 Familien, überwiegend aus der armen Landbevölkerung, angehörten, während die intellektuelle Elite größtenteils den muslimischen Glauben angenommen hatte.

1516 eroberten die türkischen Osmanen die Region und gliederten sie in ihr Reich ein. Bis zum Untergang des Osmanischen Reiches 1918 lebten die Christen in Syrien und Palästina damit weiterhin unter muslimischer Herrschaft. Die Gläubigen der westsyrischen (miaphysitischen) Kirche bildeten im Osmanischen Reich nur noch eine kleine Minderheit. Sie waren daher auch besonders anfällig für die im 16./17. Jahrhundert zunehmenden Unionsversuche von römischer Seite. Vor allem die im Heiligen Land wirkenden lateinischen Orden versuchten, die orientalischen Christen für die Union mit Rom zu gewinnen. 1662 wurde erstmals ein syrischer Bischof zum mit Rom unierten Patriarchen von Antiochien ernannt. Doch erst gegen Ende des 18. Jahrhunderts gelang es, eine syrisch-katholische Hierarchie dauerhaft zu etablieren. Ebenfalls im 18. Jahrhundert kam es zur Gründung der mit Rom unierten melkitischen Kirche, deren Entstehung durch interne Auseinandersetzungen innerhalb des Griechisch-Orthodoxen Patriarchats von Antiochien begünstigt wurde. Diese gründeten u. a. darin, dass der Sultan sämtliche orthodoxen Untertanen dem Patriarchen von Konstantinopel unterstellt hatte, so dass einige Bischöfe von der Union mit Rom eine größere Unabhängigkeit ihrer Kirche erhofften. Im 19. Jahrhundert wuchsen innerhalb des Griechisch-Orthodoxen Patriarchats von Antiochien, dessen Bischofsstühle ab 1724 ausschließlich von Griechen besetzt wurden, die Spannungen zwischen der griechischstämmigen Hierarchie und den arabischsprachigen Gläubigen. Erst im 20. Jahrhundert setzte sich auch in der orthodoxen Hierarchie allmählich die Auffassung durch, dass der christliche Glaube auch in der arabischen Sprache und Kultur verwurzelt werden kann.

2.2 Östliche Kirchen im Kaukasus und in Persien

Schon früh breitete sich der christliche Glaube auch östlich der Grenzen der römischen Provinz Syria aus. In der Kaukasusregion und im Persischen Reich gab es schon im 3. Jahrhundert erste christliche Gemeinden. In Armenien erhob König Trdat III. bereits im Jahr 301 – noch vor der Konstantinischen Wende im Römischen Reich – das Christentum zur Staatsreligion. Gregor „der Erleuchter", der als erster Bischof der armenischen Kirche gilt, baute die junge Kirche auf und brachte diese zunächst unter byzantinischen Einfluss. Um die Mitte des 4. Jahrhunderts nahmen auch die Georgier den christlichen Glauben an, nachdem die hl. Nino, eine christliche Jungfrau, die als Kriegsgefangene in die georgische Hauptstadt Mzcheta gekommen war, die Frau des georgischen Königs Mirian geheilt hatte. In der zweiten Hälfte des 4. Jahrhunderts besaßen Armenier, Georgier und die kaukasischen Albanier eine gemeinsame Kirchenstruktur. Diese zerfiel gegen Ende des 4. Jahrhunderts, als die westliche Kaukasusregion unter byzantinischen Einfluss geriet, während die östlichen Gebiete dem persischen Sassanidenreich einverleibt wurden.

Auch in Persien hatte das Christentum bereits Fuß gefasst. Die persische Kirche, aus der alle Kirchen des ostsyrischen Ritus hervorgegangen sind, hatte ihr jurisdiktionelles Zentrum in Seleukia-Ktesiphon, der Hauptstadt des Sassanidenreiches (in der Nähe der heutigen irakischen Hauptstadt Bagdad). Ihre Ursprünge sieht die ostsyrische Kirche in der Missionstätigkeit der „Apostel" Addai und Mari, historisch greifbar wird sie jedoch erst mit Aphrahat († 350) sowie dem auch von den Westsyrern als Kirchenlehrer verehrten Ephräm dem Syrer († 373), der als Gründungsvater der „Schule der Perser" in Edessa gilt. Nach der 489 von staatlicher Seite veranlassten Schließung dieser Schule entwickelte sich Nisibis (heute Nusaybin an der türkisch-syrischen Grenze) zum geistlichen Zentrum der ostsyrischen Kirche, deren Theologie wesentlich von Narsai von Nisibis († um 502), einem Schüler Theodors von Mopsuestia, geprägt wurde. Während Theodor und Narsai zu Recht als Väter der ostsyrischen Kirche gelten, trifft dies auf Nestorius, den vom Konzil von Ephesus 431 verurteilten Patriarchen von Konstantinopel, keineswegs zu. Die ostsyrische Kirche, die aufgrund der Tatsache, dass sie die Beschlüsse des Konzils von Ephesus nicht rezipierte und viele Anhänger des Nestorius ins Sassanidenreich flohen, über Jahrhunderte als „nestorianisch" bezeichnet wurde, hat nie eine nestorianische Christologie vertreten, so dass die Bezeichnung dieser Kirche als nestorianisch heute zu vermeiden ist.

Die armenische Kirche geriet im 5. Jahrhundert zunehmend unter den Einfluss der ostsyrischen Tradition, obwohl sie im Sassanidenreich eine eigenständige Kirchenstruktur unter Führung eines obersten Bischofs (Katholikos) bewahren konnte. 506 fand am Sitz des armenischen Katholikos in Dvin (20 Kilometer südlich der heutigen armenischen Hauptstadt Eriwan gelegen) ein Konzil armenischer und georgischer Bischöfe statt, auf dem der Nestorianismus verurteilt wurde. Das zweite Konzil von Dvin 555 verurteilte die Beschlüsse des Konzils von Chalcedon, wodurch eine Entwicklung angestoßen wurde, welche die armenische Kirche zunehmend auf die Seite der antichalcedonischen Opposition brachte. Da die georgischen Bischöfe die Definitionen des Konzils von Chalcedon anerkannten, kam es 610 zum offiziellen Bruch zwischen der armenischen und der georgischen Kirche. Die Georgische Orthodoxe Kirche zählt seither zur byzantinischen Orthodoxie, während die Armenische Apostolische Kirche trotz wiederholter Versuche zu einer Union mit den Griechen an der vorchalcedonischen Lehre festhielt und daher zu den orientalisch-orthodoxen Kirchen zählt.

Die ostsyrische Kirche entwickelte ab dem 7. Jahrhundert eine sehr dynamische und effektive Missionsarbeit im Fernen Osten, durch die der Einflussbereich dieser Kirche über Mittelasien und Indien bis hin nach China wuchs. Im Frühmittelalter bildete die „Assyrische Kirche des Ostens", wie sich die Kirche des ostsyrischen Ritus selbst bezeichnet, die weltweit größte christliche Gemeinschaft – eine Tatsache, die in der abendländischen Kirchengeschichtsschreibung lange übersehen (oder verschwiegen?) wurde. Auch in dem von Dschingis Khan begründeten mongolischen Weltreich konnte die ostsyrische Kirche im 13. und 14. Jahrhundert ihre Position weiter festigen. Die Khane der Goldenen Horde schätzten die Gelehrsamkeit der ostsyrischen Christen und übertrugen ihnen wichtige Aufgaben in der Verwaltung ihres Großreiches. Der Niedergang des blühenden kirchlichen Lebens in Zentralasien und China begann in der zweiten Hälfte des 14. Jahrhunderts, als den ostsyrischen Christen in China, wo ab 1368 die Kaiser der Ming-Dynastie herrschten, die Unterstützung entzogen wurde und sie in Zentralasien, wo ab 1370 Timur-Leng sein Reich aufbaute, verfolgt und viele von ihnen getötet wurden.

Um die Mitte des 15. Jahrhunderts wurde die Funktion des Ersthierarchen der Assyrischen Kirche des Ostens zu einem erblichen Amt, das in der Regel vom Onkel auf den Neffen überging. Diese Erblichkeit des Katholikats war einer der Gründe, warum sich ein Teil der ostsyrischen Christen von der Mutterkirche abwandte und eine Union mit dem Römischen Stuhl abschloss. Nachdem zu Beginn des 16. Jahrhunderts die Osmanen weite Teile des Wirkungsgebietes der ostsyrischen Kirche erobert hatten, verlor die assyrische Kirche zunehmend an Bedeutung. Vom 16. bis 19. Jahrhundert führten die Assyrer ein zurückgezogenes Leben, in dem Familienclans über Bischofsernennungen entschieden und der Katholikos gleichzeitig auch weltliches Oberhaupt dieser Volksgruppe war. Zu Beginn des 20. Jahrhunderts war die Zahl der Gläubigen der Kirche des Ostens auf etwa 150 000 zurückgegangen. Im Ersten Weltkrieg kämpften die Assyrer auf Seiten der Russen und Engländer gegen die Türken, wobei sie aus ihrem traditionellen Siedlungsgebiet vertrieben wurden und massive Verluste erlitten. Nur etwa ein Drittel von ihnen konnte sich in die unter britischer Herrschaft stehende Region um Bagdad retten.

Ab der Mitte des 7. Jahrhunderts hatten auch die Kirchen in der Kaukasusregion unter wechselnden nichtchristlichen Herrschern zu leiden. Die Araber, die in der zweiten Hälfte des 7. Jahrhunderts die Region erobert hatten, wurden zu Beginn des 11. Jahrhunderts von den Seldschuken vertrieben, die ihrerseits im 13. Jahrhundert den Mongolen weichen mussten. Die armenische Kirche reagierte auf die wechselnden politischen Verhältnisse mit der häufigen Verlegung des Sitzes ihres Katholikos, der sich schließlich im 1198 gegründeten Königreich von Kilikien (Klein-Armenien) an der östlichen Mittelmeerküste niederließ. Ab 1292 wurde Sis (heute Kozan in der Türkei), die Hauptstadt des kilikischen Königreichs, Sitz des armenischen Katholikos. In der Hoffnung auf militärische Hilfe aus dem Westen gegen die immer weiter nach Norden vordringenden ägyptischen Mamluken schloss die armenische Kirche 1307 auf einer Synode in Sis eine Union mit Rom ab, die jedoch schon 1361 von einer weiteren Synode in Sis widerrufen wurde. 1375 eroberten die Mamluken endgültig das armenische Königreich von Kilikien, jedoch blieb Sis auch unter den Mamluken und später (ab 1516) unter osmanischer Herrschaft Sitz des armenischen Katholikos des „Großen Hauses von Kilikien". Aufgrund des Niedergangs des kilikischen Königreiches einerseits sowie der römischen Unionspolitik (Beschluss des Konzils von Florenz über eine Union mit den Armeniern, 1439) andererseits wurde das Katholikat 1441 wieder an seinen alten Sitz in Etschmiadzin verlegt, was jedoch von einem Teil der Armenier in Kilikien nicht akzeptiert wurde, so dass es seit der Mitte des 15. Jahrhunderts zwei armenische Katholikate gibt. Im Osmanischen Reich waren die Armenier zunehmenden Repressionen ausgesetzt, die an der Wende vom 19. zum 20. Jahrhundert zu blutigen Pogromen führten und schließlich 1915 in der Vertreibung fast aller Armenier gipfelten. Bei den von den jungtürkischen Machthabern veranlassten „Todesmärschen" der Armenier kamen mehr als eine Million Menschen um. Historiker bewerten die Ereignisse des Jahres 1915, die von den Armeniern selbst als „Aghet" (Katastrophe) bezeichnet werden, als ersten Genozid des 20. Jahrhunderts. Vor diesem Hintergrund verlegte das Katholikat von Kilikien 1930 seinen Sitz von Sis nach Antelias bei Beirut im Libanon. Etwa zur gleichen Zeit begann in der inzwischen unter sowjetischer Herrschaft stehenden Republik Armenien eine Verfolgung der Kirche, die erst nach dem Zweiten Weltkrieg etwas nachließ.

In Georgien, das seit der Mitte des 7. Jahrhunderts ebenfalls unter muslimischer Vorherrschaft stand, bewahrte vor allem das Mönchtum die kulturelle und kirchliche Identität des georgischen Volkes. Die zahlreichen Niederlassungen georgischer Mönche außerhalb des georgischen Stammlandes, vor allem in Palästina und auf dem Sinai, aber auch auf dem Berg Athos (Kloster Iviron) und in Konstantinopel, sorgten dafür, dass der Kontakt mit den anderen Kirchen nie abbrach. Damit war der Nährboden für die Blütezeit Georgiens im 11. und 12. Jahrhundert bereitet, die mit der Entstehung eines unabhängigen, West- und Ostgeorgien umfassenden Königreiches um 1008 begann und mit dem Einfall der Mongolen in Georgien um 1230 endete. Nach dem Ende der Mongolenherrschaft zerfiel Georgien in mehrere rivalisierende Fürstentümer, die teils in Abhängigkeit vom Osmanischen Reich, teils in Abhängigkeit von Persien standen. Nachdem der georgische König 1783 einen Schutzvertrag mit der russischen Zarin Katharina II. abgeschlossen hatte, wurde Georgien 1801 in das Russische Reich eingegliedert, die georgische Kirche der russischen Kirche unterstellt, ihr Katholikos abgesetzt und ein russischer Bischof als Exarch von Georgien eingesetzt. Die Bemühungen der russischen Kirche zur Vereinnahmung der georgischen im 19. Jahrhundert riefen auf georgischer Seite ein umso stärkeres Streben nach kirchlicher Unabhängigkeit hervor. Unmittelbar nach dem Sturz der russischen Zarendynastie proklamierte die georgische Kirche ihre Unabhängigkeit, die jedoch nach dem Einmarsch sowjetischer Truppen 1921 und der Gründung der Sowjetrepublik Georgien nur auf dem Papier bestand. De facto hatte die georgische Kirche ebenso wie die Kirchen in Russland unter der kommunistischen Religionspolitik und der damit verbundenen Verfolgung der Christen zu leiden.

2.3 Die christlichen Kirchen im afrikanischen Raum

Ausgangspunkt für die Verbreitung des Christentums in Nordafrika war Alexandrien, die von Alexander dem Großen um 330 v. Chr. gegründete Hauptstadt des Ptolemäerreiches, die seit dem

Jahr 30 v. Chr. unter römischer Herrschaft stand. Zu Beginn der christlichen Zeitrechnung war Alexandrien ein Zentrum der griechischen Kultur, in dem u. a. die Septuaginta, die griechische Übersetzung der heiligen Schriften des Judentums, entstand. Der Legende nach war der Evangelist Markus der Begründer des alexandrinischen Christentums. Darüber hinaus prägt der biblische Bericht von der Flucht der Heiligen Familie nach Ägypten bis heute das Selbstverständnis der ägyptischen Christen als eines der ältesten christlichen Völker, deren Land unmittelbar mit der Heilsgeschichte verbunden ist. Auf eine frühe christliche Gemeindebildung in Alexandrien lässt auch die biblisch bezeugte Gestalt des Judenchristen Apollos schließen, der aus Alexandrien stammte und in Ephesus und Korinth missionarisch wirkte (vgl. Apg 18,24; 19,1; 1 Kor 3,4–6).

Als hochentwickeltes Zentrum der antiken Gelehrsamkeit bot Alexandrien einen idealen Nährboden für die frühchristliche Theologie. Bedeutende Kirchenväter wie Klemens von Alexandrien († um 215), Origenes († um 254), Athanasios (328–373) und Kyrill von Alexandrien († 444) begründeten das hohe Ansehen der alexandrinischen Theologenschule und hatten maßgeblichen Einfluss auf die Entwicklung der Theologie im frühen Christentum. Aufgrund der Christenverfolgungen durch die römischen Kaiser konnte das Christentum dennoch erst zu Beginn des 4. Jahrhunderts zur vorherrschenden Religion in Ägypten werden. Alexandrien zählte fortan zu den fünf altkirchlichen Patriarchaten. Sein Einfluss erstreckte sich auf die östliche Hälfte des nordafrikanischen Raums (in etwa das heutige Ägypten und Libyen umfassend), während die westlichen Teile Nordafrikas zum Patriarchat von Rom gehörten (die dortige Entwicklung bleibt hier unberücksichtigt, da sie keinen Einfluss auf die Entwicklung der Kirchen des christlichen Ostens hatte). Alexandrien war jedoch nicht nur ein Zentrum hoher Theologie, sondern auch ein Musterbeispiel für gelungene katechetische Arbeit. So gab es in Alexandrien die erste institutionalisierte Schule für die Unterweisung von Taufbewerbern. Der zunehmend „volkskirchliche“ Charakter

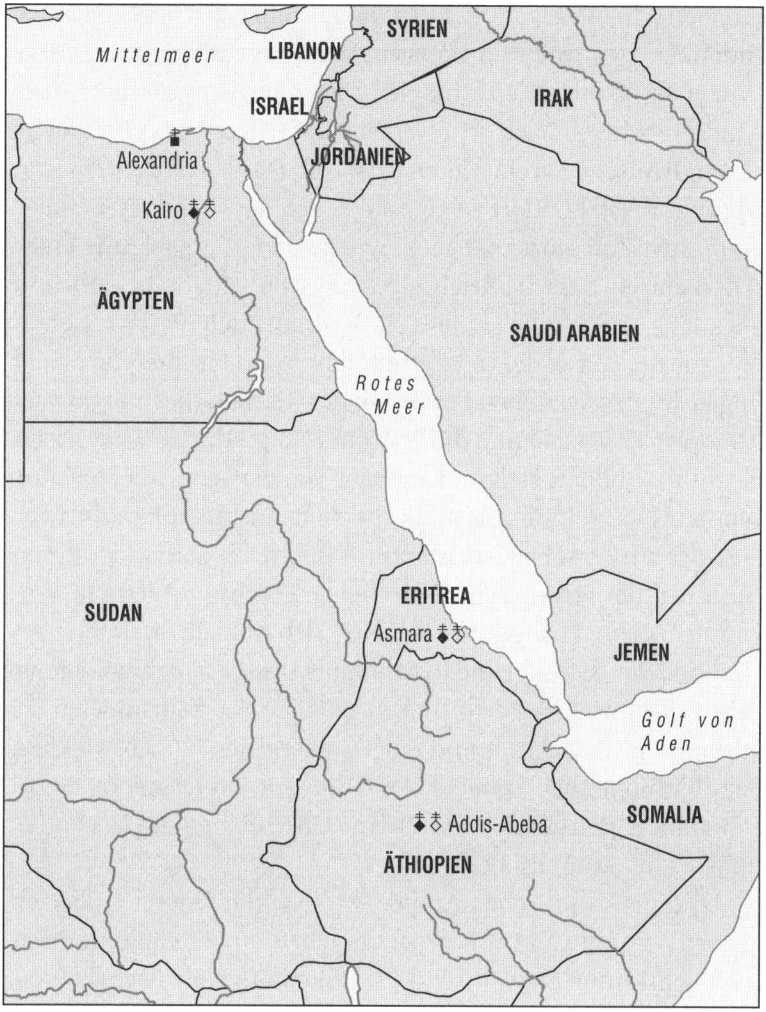

des Christentums führte in der alexandrinischen Kirche schon bald zu einer asketischen Gegenbewegung. Die frühchristlichen Asketen flohen aus den Städten in die ägyptische und libysche Wüste. Diese Wüstenväter (und -mütter) bildeten den Ursprung des christlichen Mönchtums.

Durch erfolgreiche Missionstätigkeit am Hof von Aksum gelang es der alexandrinischen Kirche im 4. Jahrhundert, ihren Einflussbereich auf das südlich gelegene Königreich Äthiopien auszudehnen. 332 weihte Athanasios von Alexandrien Frumentios zum ersten Bischof der Äthiopier. In den christologischen Auseinandersetzungen nach dem Konzil von Chalcedon (451) stand die alexandrinische Kirche, deren Patriarch Dioskoros auf dem Konzil für abgesetzt erklärt wurde, auf Seiten der Gegner der chalcedonischen Beschlüsse. Bestärkt wurde diese Entwicklung einerseits dadurch, dass die Reichskirche mehr als ein halbes Jahrhundert lang (482–537) keinen chalcedontreuen Patriarchen in Alexandrien einsetzte, andererseits durch den Einfluss von Flüchtlingen aus den syrischen Provinzen des Reiches, die um 500 nach Äthiopien kamen. Durch die Einwanderung zahlreicher syrischer Flüchtlinge bildete sich im Land eine von der semitischen Kultur geprägte Oberschicht, die maßgeblichen Einfluss auf die Entwicklung des äthiopischen Christentums nahm. Zu den bekanntesten Gestalten der äthiopischen Kirchengeschichte zählen die sogenannten „Neun Heiligen“, bei denen es sich wohl um syrische Mönche handelte, die aufgrund ihrer miaphysitischen Christologie aus dem Oströmischen Reich fliehen mussten. Sie begründeten das äthiopische Mönchtum und trugen wesentlich zur Entwicklung der altäthiopischen Sprache, des Ge'ez, zur Literatursprache bei. Schon im 6. Jahrhundert gab es eine Übersetzung des Neuen Testaments ins Äthiopische.

Als die muslimischen Araber 639–642 die Region eroberten, gehörten nur etwa fünf Prozent der Christen der chalcedontreuen Reichskirche an, während die überwältigende Mehrheit der Bevölkerung der antichalcedonischen Hierarchie folgte. Die arabischen Eroberer nannten Ägypten „dar al Qibt“ (Heimat der Ägypter), woraus sich die Bezeichnung „koptisch“ für die einheimische christliche Bevölkerung ableitet. Unter arabischer Herrschaft bildeten die Christen Ägyptens und Äthiopiens eine unter Auflagen geduldete Religionsgemeinschaft, die jedoch durch den latenten Islamisierungsdruck, Sondersteuern und andere Benachteiligungen zunehmend geschwächt wurde. Dennoch kam es im 12./13. Jahrhundert zu einer erneuten Blüte der christlich-theologischen Literatur, die jetzt zumeist in arabischer Sprache verfasst wurde. Die arabischen Herrscher förderten die kirchenpolitische Abhängigkeit Äthiopiens vom alexandrinischen Patriarchat. Ab der Mitte des 13. Jahrhunderts kam es jedoch zu einer gegenläufigen Entwicklung in Ägypten und Äthiopien: Während die äthiopische Kirche sich nach der Wiedereinsetzung der salomonischen Dynastie (1270) zu einer Volkskirche entwickeln konnte, stand die koptische Kirche während der Herrschaft der Mamluken (1250–1517) unter einem starken Verfolgungsdruck, der die ehemals mächtige alexandrinische Kirche zu einer kleinen Minderheit schrumpfen ließ. Auch die 1442 in Florenz vereinbarte Union mit dem Römischen Stuhl vermochte dieser Entwicklung nicht entgegenzuwirken.

Unter osmanischer Herrschaft (1517–1798) verbesserte sich die Lage der koptischen Christen kaum. Daher hofften die Kopten auf Besserung ihrer Lage, als 1798 ein Expeditionsheer Napoléon Bonapartes Ägypten eroberte. Ihr Kampf an der Seite der französischen Truppen zog jedoch nach deren Niederlage 1805 eine Fülle antichristlicher Gewalttaten der muslimischen Bevölkerung nach sich. Der türkische General Muhammad Ali (1805–1849) machte Ägypten faktisch unabhängig von der Hohen Pforte in Istanbul und begründete eine eigene Herrscherdynastie, unter der sich die Lage der koptischen Kirche, vor allem aufgrund des hervorragenden kirchlichen Unterrichtswesens, allmählich konsolidierte.

Die Äthiopier konnten sich im 16. Jahrhundert mit Hilfe der Portugiesen von der muslimischen Vorherrschaft befreien. Mit den Portugiesen kamen auch die Jesuiten ins Land, denen es 1622 gelang, König Susenyos (1607–1632) zum Abschluss einer kirchlichen Union mit dem Römischen Stuhl zu bewegen. Bereits unter seinem Nachfolger Fasiladas wurden die Jesuiten jedoch wieder aus dem Land vertrieben, wodurch die Union zum Scheitern verurteilt war. Im 17. und 18. Jahrhundert folgte eine lange Periode der Isolation Äthiopiens, das vielen Zeitgenossen als ein verborgenes und unbekanntes Land galt. In dieser Zeit gab es in Äthiopien keine zentrale Gewalt, die staatliche Autorität wurde vielmehr von Militärkommandeuren und den sogenannten Richtern (Mesafent) ausgeübt. Gegen Ende des 19. Jahrhunderts gelang es König Menelik II., das Land wieder unter einer Herrschaft zu vereinen. Er baute die neue Hauptstadt Addis Abeba. Im 20. Jahrhundert wurde die Geschichte Äthiopiens durch die jahrzehntelange Herrschaft Kaiser Haile Selassies (1930–1974) geprägt. Ihm gelang es in den 1950er-Jahren, die Autokephalie der Äthiopischen Orthodoxen Kirche durchzusetzen, deren Oberhaupt bis dahin immer vom koptischen Patriarchen von Alexandrien ernannt worden war.

2.4 Die byzantinische Kirche im griechischen Kulturkreis

Obwohl nach dem Zeugnis der Bibel schon der Apostel Paulus die ersten christlichen Gemeinden in Kleinasien und Griechenland begründete, wurde das Christentum in dieser Region erst ab dem 4. Jahrhundert zu einer prägenden Kraft. Die berühmten griechischen Philosophenschulen und der etablierte Tempelkult leisteten lange Widerstand gegen die Christianisierung, die erst durch die politische Unterstützung der oströmischen Kaiser erfolgreich betrieben werden konnte. Ein wichtiger Impuls für diese Entwicklung war die Entscheidung Kaiser Konstantins des Großen (306–337), die am Übergang zwischen Europa und Asien gelegene Handelsstadt Byzantion zu seiner Residenz auszubauen. Mit der Einweihung der neuen Kaiserstadt im Mai 330 wurde Byzanz, das fortan Konstantinopel („Stadt Konstantins") genannt wurde, zum Zentrum des oströmischen Kaiserreiches, das in den folgenden Jahrhunderten ganz Kleinasien, Teile des Nahen Ostens, die Schwarzmeerküste und weite Teile Südosteuropas unter seiner Herrschaft zu vereinen vermochte. In dieser Zeit gewann auch die Kirche von Konstantinopel immer mehr an Gewicht. War Byzanz im 3. Jahrhundert noch ein Suffraganbistum von Herakleia, so beanspruchte der Bischof der neuen Hauptstadt bald eine stärkere Stellung in der kirchlichen Hierarchie. Bereits das zweite Ökumenische Konzil 381 sprach dem Bischof von Konstantinopel den zweiten Rang nach dem Bischof von Rom zu, was mit der Stellung Konstantinopels als „zweites Rom" begründet wurde. Um mit der Kirche von Rom konkurrieren zu können, die sich auf die Tradition der Apostel Petrus und Paulus berief, verbreitete man in Byzanz die Andreaslegende, der zufolge die Kirche von Byzanz vom Apostel Andreas gegründet wurde.

Mit kaiserlicher Unterstützung konnte die Kirche von Konstantinopel ihre Vormachtstellung im Byzantinischen Reich ausbauen. Das Konzil von Chalcedon dehnte den Jurisdiktionsbereich Konstantinopels auf Kosten der übrigen Metropolien weiter aus und bestätigte die kirchliche Stellung Konstantinopels an zweiter Stelle nach dem Patriarchat von Rom und vor den Patriarchaten von Alexandrien, Antiochien und Jerusalem. Die kirchliche Vorrangstellung dieser fünf altkirchlichen Patriarchate (Pentarchie) wurde unter Kaiser Justinianos I. (527–565) auch staatsrechtlich abgesichert. Kaiser und Kirche von Konstantinopel gelang es, sich nach dem Zusammenbruch des Weströmischen Reiches 476 als „Neues Rom" zu etablieren, d. h. als Rechtsnachfolger des alten Römischen Reiches. So entwickelte sich im Byzantinischen Reich eine fruchtbare Symbiose von römischem Staatswesen, griechischer Kultur und christlichem Glauben. Der Bau der Hagia Sophia, die 537 eingeweiht wurde, dokumentiert das Selbstbewusstsein Konstantinopels als Zentrum der damaligen Christenheit. Dementsprechend führen die Patriarchen von Konstantinopel seit dem 6. Jahrhundert den Titel „Ökumenischer Patriarch", was von den damaligen römischen Päpsten als unrechtmäßige Anmaßung verurteilt wurde. Das Vordringen der Araber im 7. Jahrhundert schwächte zwar das Byzantinische Reich, stärkte jedoch zunächst die Stellung der Kirche von Konstantinopel, da die übrigen östlichen Patriarchate (Alexandrien, Antiochien, Jerusalem) nun nicht mehr innerhalb des Reiches lagen und damit als potenzielle Konkurrenten geschwächt waren. Dementsprechend wuchs der Einfluss Konstantinopels auf die Entwicklung des theologischen Denkens im christlichen Osten, aber auch im Bereich der Liturgie, wo man sich zunehmend am byzantinischen Vorbild orientierte.

Im 8. Jahrhundert stürzte der Bilderstreit, die Auseinandersetzungen zwischen Gegnern und Befürwortern der Ikonenverehrung, die byzantinische Kirche in eine tiefe Krise, die erst in der Mitte des 9. Jahrhunderts endgültig überwunden wurde. In der zweiten Hälfte des 9. Jahrhunderts legten die beiden aus Thessaloniki stammenden Brüder Kyrillos und Methodios den Grundstein für die erfolgreiche griechisch-byzantinische Slawenmission, die zu einer vorübergehenden Ausdehnung des Einflussbereiches der byzantinischen Kirche bis nach Mitteleuropa (Mähren) führte. Die erfolgreiche Missionstätigkeit der byzantinischen Missionare, die sich im Unterschied zu ihren lateinischen Mitbrüdern von Anfang an der slawischen Volkssprache bedienten, führte zu Spannungen zwischen Rom und Konstantinopel, die schließlich in den Bannsprüchen von 1054 kulminierten, mit denen der päpstliche

Legat und der Patriarch von Konstantinopel sich gegenseitig exkommunizierten. Da die Bannsprüche jedoch nicht die Kirchen als ganze, sondern nur die beteiligten Personen betrafen, führten die Ereignisse von 1054 nicht – wie in vielen Geschichtsbüchern bis heute zu lesen ist – zu einem dauerhaften Schisma zwischen Rom und Konstantinopel. Dieses wird heute von den meisten Historikern auf das Jahr 1204 datiert, als lateinische Kreuzfahrer Konstantinopel eroberten, die Hauptstadt des Byzantinischen Reiches plünderten und ein lateinisches Kaiserreich errichteten. Während der lateinischen Herrschaft in Konstantinopel (1204–1261) suchten Kaiser und Patriarch von Konstantinopel Zuflucht in Nizäa. 1261 eroberte Michael VIII. Palaiologos die Hauptstadt zurück und setzte dem lateinischen Kaiserreich ein Ende.

Doch trotz dieses Erfolges vermochte es die Palaiologen-Dynastie in der Folgezeit nicht, das Byzantinische Reich in seiner alten Größe zu restaurieren. Weite Teile Griechenlands standen weiterhin unter der Vorherrschaft der Franken, so dass das Jurisdiktionsgebiet des Konstantinopolitaner Patriarchen im 14. Jahrhundert nicht mehr identisch mit den Grenzen des Byzantinischen Reiches war. Im Laufe des 14. Jahrhunderts vermochten die Osmanen ihr Herrschaftsgebiet von Kleinasien aus immer weiter auszudehnen und weite Teile Südosteuropas zu erobern, so dass das Byzantinische Reich zu Beginn des 15. Jahrhunderts praktisch nur noch eine vom Osmanischen Reich umgebene Insel war. In dieser Situation bemühte sich Konstantinopel erneut um eine Annäherung an den Westen. Nach dem gescheiterten Unionskonzil von Lyon 1274 reiste 1438/39 eine große griechische Delegation zu Unionsverhandlungen mit der römischen Kirche nach Italien. Nach intensiven Verhandlungen wurde auf dem Konzil von Ferrara-Florenz ein Unionsabschluss erzielt, der sich jedoch aufgrund des Widerstands der Mönche und der von ihnen mobilisierten Gläubigen in Byzanz nicht durchsetzen ließ. Da auch die erhoffte militärische Unterstützung aus dem Westen ausblieb, konnten die Osmanen 1453 Konstantinopel erobern und damit den endgültigen Zusammenbruch des Byzantinischen Reiches besiegeln.

Die Folgen für das Patriarchat von Konstantinopel waren ambivalent: Einerseits waren nun alle orthodoxen Gläubigen des Patriarchats wieder in einem Herrschaftsgebiet vereint und der Patriarch von Konstantinopel konnte als von den Osmanen anerkannter Ethnarch aller Orthodoxen ihres Reiches seine kirchliche Jurisdiktion ausüben. Entsprechend dem von den Osmanen auf die nichtmuslimischen Religionsgemeinschaften angewandten Millet-System besaß die byzantinische Kirche im Osmanischen Reich eine beschränkte Kultusfreiheit sowie das Recht auf Eigenverwaltung und Rechtsprechung in kirchlichen Angelegenheiten. Da die osmanischen Herrscher den Patriarchen von Konstantinopel als Vertreter aller Orthodoxen in ihrem Reich, unabhängig von Sprache oder Nation, betrachteten, wuchs sein Einflussbereich weit über die Grenzen des früheren Patriarchats von Konstantinopel hinaus. Andererseits war er als Ethnarch aller Orthodoxen auch zuständig für den Einzug der Steuern und die Befriedung der ihm unterstehenden Volksgruppen. Dadurch wurde er in den Augen der orthodoxen Gläubigen immer mehr zu einem Vertreter der osmanischen Herrscher. Als im 19. Jahrhundert die nationalen Unabhängigkeitsbewegungen stärker wurden und den Zerfall des Osmanischen Reiches beschleunigten, versuchten sich die orthodoxen Ortskirchen in den nach Unabhängigkeit strebenden Regionen aus der Jurisdiktion des Patriarchats von Konstantinopel zu lösen. 1833 erklärte sich die Kirche von Griechenland für autokephal (kirchlich selbstständig) und löste sich damit aus der Jurisdiktion des Patriarchen von Konstantinopel. 1850 wurde die Autokephalie der Kirche von Griechenland vom Patriarchat von Konstantinopel anerkannt.

Mit dem endgültigen Zusammenbruch des Osmanischen Reiches und der Gründung des türkischen Staates durch Kemal Atatürk im Jahr 1923 büßte der Patriarch von Konstantinopel viele seiner früheren Einflussmöglichkeiten ein. Trotz seiner ungesicherten Rechtsstellung im türkischen Staat und fortdauernder Repressalien durch die türkischen Behörden nimmt der Patriarch von Konstantinopel jedoch bis heute seine Funktion als Ehrenoberhaupt aller orthodoxen Christen byzantinischer Tradition wahr.

2.5 Die orthodoxen Kirchen in Südosteuropa

Die Christianisierung der Völker Südosteuropas vollzog sich in mehreren Phasen, wobei es oft zu konkurrierenden Missionsversuchen von Seiten Roms und Konstantinopels kam. Bereits im 4. Jahrhundert gab es erste christliche Gemeinden an der Adriaküste und im Donauraum, die von römischen Siedlungen und Legionslagern aus begründet wurden. In Sardika (heute: Sofia), der Hauptstadt der römischen Provinz Dakien, gab es schon im 4. Jahrhundert einen Bischofssitz, an dem im Jahr 343 eine große Reichssynode stattfand. Das Vordringen heidnischer slawischer Stämme auf den Balkan ab dem 6. Jahrhundert machte jedoch einen Großteil der frühkirchlichen Strukturen zunichte. Erst die byzantinisch-griechische Slawenmission im 9. Jahrhundert, deren Erfolge im Wesentlichen auf der wegweisenden Tätigkeit der beiden aus Makedonien stammenden Brüder Kyrillos und Methodios beruhten, führte zu einer nachhaltigen Verwurzelung des Christentums auf der Balkanhalbinsel. Im Gegensatz zu den lateinischen Missionaren bedienten sich Kyrillos und Methodios sowie ihre Schüler der slawischen Volkssprache, die von ihnen durch die Schaffung des glagolitischen, später des kyrillischen Alphabets auch verschriftlicht wurde. Dies ermöglichte die Übersetzung der Bibel und der liturgischen Bücher ins Slawische, womit eine wesentliche Voraussetzung zur Inkulturation des Christentums auf dem Balkan geschaffen wurde.

Für die beiden serbischen Fürstentümer Diokletien (an der Adriaküste) und Raszien (im Binnenland) lässt sich die Christianisierung nicht genau datieren, jedoch tragen die Herrscher seit dem Ende des 9. Jahrhunderts christliche Namen. Die Bulgaren nahmen unter Khan Boris I. (852–889) im Jahr 864 den christlichen Glauben an. Boris I. versuchte sich die Konkurrenz zwischen Rom und Byzanz zunutze zu machen und Privilegien für die bulgarische Kirche auszuhandeln. Als seine Verhandlungen mit Papst Nikolaus I. scheiterten, entschied er sich für Konstantinopel und das Christentum byzantinischer Prägung. Kliment von Ochrid, ein Schüler der Slawenapostel Kyrillos und Methodios, wurde 893 der erste slawische Bischof in Bulgarien und führte dort die slawische Liturgiesprache (anstelle der griechischen) ein. Nachdem die Bulgaren ihr Herrschaftsgebiet zu Beginn des 10. Jahrhunderts erheblich ausgeweitet hatten (das Bulgarische Reich umfasste damals fast den gesamten Balkan von der Adriaküste bis zum Schwarzen Meer und von der Donau bis zur Ägäis), nahm Fürst Symeon 911 den Zarentitel an und ernannte den Erzbischof von Preslav zum Patriarchen. 927 erkannte Byzanz das bulgarische Patriarchat an, das jedoch nur bis zur Zerschlagung des Ersten Bulgarischen Reiches durch die Byzantiner im Jahr 1018 Bestand hatte.

In der Zeit der byzantinischen Herrschaft (1018–1185) entwickelte sich Ochrid, wo die bulgarischen Patriarchen seit 971 residierten, zum geistlichen Zentrum der Bulgaren. 1185 entstand das Zweite Bulgarische Reich mit der Hauptstadt Trnovo (heute: Veliko Tarnovo), dessen Herrscher die staatliche Unabhängigkeit durch die Selbstständigkeit der bulgarischen Kirche untermauern wollten, wobei sie erneut versuchten, Rom und Byzanz gegeneinander auszuspielen. Nach erfolgreichen Verhandlungen mit Rom gewährte zunächst Papst Innozenz III. 1204 dem bulgarischen Zaren die Königskrone und dem Erzbischof von Trnovo das Pallium. Aufgrund von Auseinandersetzungen zwischen den Bulgaren und dem lateinischen Kaiserreich in Konstantinopel zerbrach die Verbindung mit Rom jedoch schon bald wieder und die bulgarische Kirche erreichte von dem in Nizäa residierenden Patriarchen von Konstantinopel 1235 die Anerkennung als Patriarchat. Nach der Zerschlagung des Zweiten Bulgarischen Reiches durch die Türken (1393–1396) wurde die bulgarische Kirche erneut der byzantinischen untergeordnet, was sich einerseits an der Verdrängung der slawischen Liturgiesprache durch das Griechische und andererseits durch die Besetzung der Bischofsstühle mit Griechen aus Byzanz (Phanarioten) zeigte. Dadurch war die bulgarische Kirche bereits im 15. Jahrhundert wieder weitgehend in die byzantinische integriert, obwohl das Patriarchat formell erst 1767 aufgehoben wurde.

Parallel zum Zweiten Bulgarischen Reich entwickelte sich auf dem westlichen Balkan ab dem ausgehenden 12. Jahrhundert ein zweites Machtzentrum: Der serbische Fürst Stefan Nemanja vereinte die serbischen Fürstentümer Raszien und Diokletien und dehnte sein Herrschaftsgebiet auf weite Teile des westlichen Balkans aus. Kirchlich orientierte sich Stefan, der Begründer der serbischen Nemanjiden-Dynastie, an Byzanz. Nach seiner Abdankung gründete er zusammen mit seinem Sohn Sava, der bereits 1192 Mönch auf dem Athos geworden war, das serbische Athos-Kloster Chilandar. Nach dem Tod seines Vaters nutzte Sava die prekäre Situation der byzantinischen Kirche nach der Eroberung Konstantinopels durch die Lateiner, reiste 1219 nach Nizäa und ließ sich von dem dort residierenden Patriarchen von Konstantinopel zum Erzbischof von Serbien weihen. 1221 krönte er seinen Bruder Stefan zum König der Serben und festigte dadurch die serbische Herrschaft auf dem westlichen Balkan. Aufgrund seiner großen Verdienste um die Selbstständigkeit des serbischen Staates und der serbischen Kirche ist Sava bis heute der Nationalheilige des serbischen Volkes. Auf dem Höhepunkt der Macht des mittelalterlichen serbischen Reiches wurde der Erzbischof von Peć 1346 zum Patriarchen erhoben, 1375 wurde das serbische Patriarchat von Konstantinopel anerkannt. Doch nach der Niederlage gegen die Osmanen bei der Schlacht auf dem Amselfeld (Kosovo polje) setzte 1389 der Niedergang des serbischen Reiches ein, dessen Herrschaftsgebiet ab Mitte des 15. Jahrhunderts vollständig in das Osmanische Reich integriert war. Im Osmanischen Reich waren die orthodoxen Serben zwar sozial benachteiligt und durften ihr kirchliches Leben nur begrenzt entfalten, wurden aber nicht zur Annahme des Islam gezwungen. Nach einem misslungenen Aufstand flüchteten gegen Ende des 17. Jahrhunderts Zehntausende Serben mit ihrem Patriarchen auf das Gebiet Österreich-Ungarns, wo sie in Sremski Karlovci eine eigene Kirchenstruktur aufbauten. Das serbische Patriarchat wurde 1766 von den Osmanen aufgelöst, der serbische Metropolit von Sremski Karlovci erhielt 1848 den Patriarchentitel und damit die Funktion des Oberhaupts aller Byzantiner im Habsburgerreich.

Auch der südliche und östliche Teil des heutigen Rumänien wurde von Byzanz aus christianisiert. Bereits am ersten Konzil von Nizäa 325 soll ein Bischof aus der an der Schwarzmeerküste gelegenen Dobrudscha teilgenommen haben. Später gerieten diese Gebiete unter bulgarischen Einfluss: Im 10. Jahrhundert übernahmen die Rumänen die kirchenslawische Liturgiesprache und während des Zweiten Bulgarischen Reiches (13./14. Jahrhundert) unterstanden sie der Jurisdiktion des bulgarischen Patriarchen in Trnovo. Im 14. Jahrhundert entstanden die beiden südlich und östlich der Karpaten gelegenen rumänischen Fürstentümer Walachei und Moldau, die 1359 (Metropolie der Walachei in Curtea de Arges) bzw. 1401 (Metropolie der Moldau in Suceava) eigenständige Metropolitansitze im Rahmen des Patriarchats von Konstantinopel erhielten. In der Folgezeit kam es zu einem Aufschwung des kirchlichen Lebens in den beiden rumänischen Fürstentümern, was sich aus den zahlreichen Klostergründungen in dieser Zeit ablesen lässt, die in den berühmten Moldauklöstern mit ihren einzigartigen Außenwandmalereien ihren architektonischen Höhepunkt fanden.

Vom 16. bis ins 19. Jahrhundert waren die beiden rumänischen Fürstentümer Vasallen des Osmanischen Reiches, konnten jedoch eine gewisse Selbstständigkeit wahren. Im 17. Jahrhundert verdrängte allmählich die rumänische Sprache das Kirchenslawische in der Liturgie. Die orthodoxen Rumänen im innerhalb des Karpatenbogens gelegenen Fürstentum Siebenbürgen, das nach der Vertreibung der Osmanen 1687 der Habsburgermonarchie eingegliedert worden war, schlossen auf Druck des Wiener Hofes und in der Hoffnung auf eine Verbesserung ihrer sozialen Stellung am Ende des 17. Jahrhunderts eine Union mit Rom ab, der sich anfangs die meisten Orthodoxen anschlossen. Um die Mitte des 18. Jahrhunderts kam es jedoch zu einer starken Rückwanderungsbewegung zur Orthodoxie, so dass die Habsburger 1761 der Gründung einer orthodoxen Metropolie in Siebenbürgen zustimmten. 1859 vereinigten sich die beiden Fürstentümer Moldau und Walachei zu einem Staat, der 1878 seine Unabhängigkeit vom Osmanischen Reich erlangte. Bereits 1885 erkannte das Ökumenische Patriarchat die Autokephalie der Orthodoxen Kirche in Rumänien an. Nachdem sich das Territorium Rumäniens 1918 durch die Eingliederung Siebenbürgens, Bessarabiens und der Bukowina beinahe verdoppelt hatte, wurde die Orthodoxe Kirche in Rumänien 1925 zum Patriarchat erhoben.

2.6 Die Ausbreitung des Christentums in Osteuropa

Der Beginn der Christianisierung der slawischen Völker Osteuropas wird in der Geschichtsschreibung auf das Jahr 988 datiert, als der Kiewer Großfürst Wladimir sich von byzantinischen Priestern taufen ließ und anschließend sein Volk geschlossen zum Christentum führte. Zuvor hatte es zwar schon vereinzelt Christen im Kiewer Reich gegeben, unter ihnen auch die Fürstin Olga († 969), die den deutschen Kaiser Otto I. um die Entsendung eines Missionsbischofs gebeten hatte. Die von Otto dem Großen veranlasste Missionsreise des Trierer Mönchs Adalbert, des späteren Erzbischofs von Magdeburg, im Jahr 961 blieb jedoch ohne Erfolg. Mit der Entscheidung des Großfürsten Wladimir, der das Christentum wohl vor allem annahm, um die byzantinische Kaisertochter Anna heiraten zu können und dadurch in den Kreis der weltweit anerkannten Herrscher aufzusteigen, wurden die Ostslawen in den byzantinischen Kulturkreis eingegliedert.

Nach anfänglichen Auseinandersetzungen zwischen Anhängern und Gegnern des christlichen Glaubens, bei denen u. a. Boris und Gleb, zwei Söhne Großfürst Wladimirs, ermordet wurden, vermochte Großfürst Jaroslaw der Weise (1019–1054) das Christentum endgültig als Volksreligion im Kiewer Reich zu etablieren. Er gründete Bistümer in allen größeren Städten des Reiches, ließ in Kiew die Sophienkathedrale bauen, begründete mit dem Kiewer Höhlenkloster das russische Mönchtum und ließ seine ermordeten Brüder Boris und Gleb als erste Heilige des russischen Volkes kanonisieren. Die Inkulturation des Christentums im Kiewer Reich wurde erleichtert durch die bereits vorhandenen Übersetzungen der Heiligen Schrift und der liturgischen Bücher ins Kirchenslawische, die von den Slawenaposteln Kyrillos und Methodios und ihren Schülern für die Missionsarbeit unter den slawischen Völkern Südosteuropas angefertigt worden waren und nun auch im Kiewer Reich rasche Verbreitung fanden. Die erste Blütezeit des Christentums im Kiewer Reich endete mit der Invasion der Tataren (Mongolen), die ab 1237 innerhalb von nur drei Jahren das gesamte altrussische Reich eroberten. In der Zeit der Tatarenherrschaft (1237–1480) festigte sich die Verbindung zwischen russischem Nationalbewusstsein und orthodoxem Christentum.

Der Schwerpunkt des Russischen Reiches verlagerte sich in der Folgezeit nach Norden, wo sich der Nowgoroder Fürst Alexander

1240 in der Schlacht an der Newa erfolgreich gegen die Schweden behaupten konnte. Die Kiewer Metropoliten suchten bald darauf den Kontakt zu Alexander Newskij und verlegten ihre Residenz in die Stadt Wladimir, wo der Großfürst ab 1252 residierte. Im 14. Jahrhundert verlagerte sich das Machtzentrum nach Moskau, dessen Fürsten allmählich alle benachbarten Fürstentümer unterwarfen – ein Prozess, der in der russischen Geschichtsschreibung als „Sammeln der russischen Länder“ bezeichnet wird. Ab 1326 residierten auch die Metropoliten in Moskau, obwohl sie weiterhin den Titel eines „Metropoliten von Kiew und der ganzen Rus’“ führten. Zur gleichen Zeit wurde das frühere Kernland des Kiewer Reiches im Süden den Tataren entrissen und gelangte unter die Herrschaft des polnisch-litauischen Reiches. Das Ökumenische Patriarchat setzte für die orthodoxen Christen im polnisch-litauischen Reich einen Metropoliten mit Sitz in Kiew ein, so dass es im 14. und 15. Jahrhundert zeitweise zwei Metropoliten von Kiew gab, von denen der eine in Kiew und der andere in Moskau residierte.

Die Moskauer Metropoliten, die bis dahin immer noch der Jurisdiktion des Ökumenischen Patriarchats unterstanden, entzogen sich im 15. Jahrhundert zunehmend dem Einfluss Konstantinopels. Als nach dem Unionskonzil von Ferrara-Florenz 1438/39 der griechischstämmige Metropolit Isidor die Union in Moskau durchsetzen wollte, ließ Großfürst Wasilij ihn verhaften und veranlasste die Bischöfe seines Reiches, auf einer Synode in Moskau 1448 ohne Zustimmung Konstantinopels einen neuen Metropoliten zu wählen. Das Jahr 1448 gilt daher als Beginn der Autokephalie der russischen Kirche, deren Ersthierarchen sich ab 1461 Metropoliten von Moskau und ganz Russland nennen. Die russische Kirche erlebte in dieser Zeit eine zweite Blüteperiode, wie sich u. a. an den zahlreichen Klostergründungen zeigt. Die russischen Mönche ließen sich dabei häufig in den unbesiedelten Regionen Russlands nieder, um dem weltlichen Leben zu entfliehen. Dennoch zogen die neuen Klöster immer wieder Menschen (Handwerker, Bauern) an, so dass auf diese Weise weite Teile Russlands erschlossen und kultiviert wurden. Die zunehmende Macht der orthodoxen Kirche führte innerhalb des russischen Mönchtums zu Auseinandersetzungen zwischen einer asketischen Strömung, als deren Vertreter vor allem Nil Sorskij († 1508) gilt, und einer den Großgrundbesitz der Klöster verteidigenden Richtung, deren Protagonist Iosif von Wolokolamsk († 1515) war. Mit Hilfe der Großfürsten konnte sich die letztere Strömung durchsetzen.

Nachdem Konstantinopel 1453 von den Osmanen erobert worden war, bemühte sich Großfürst Iwan III., das Russische Reich zum „Erben" von Byzanz zu machen, was auch einer der Gründe dafür sein dürfte, warum er eine Nichte des letzten byzantinischen Kaisers heiratete. Im 16. Jahrhundert versuchte man dieses Bestreben geschichtsphilosophisch zu untermauern durch die Theorie von „Moskau als dem dritten Rom": Da Rom (das erste Rom) vom wahren Glauben abgefallen und Konstantinopel (das zweite Rom) in die Hände der Ungläubigen gefallen sei, müsse nun Moskau als drittes Rom zum Zentrum der Christenheit und zur Bewahrerin der Orthodoxie werden. Der Anspruch auf die Fortführung der

Tradition der byzantinischen Kaiser zeigte sich 1547 in der Krönung Iwans IV. zum Zaren (= Kaiser) und in der Übernahme des byzantinischen Doppeladlers in das Wappen der russischen Zaren. Konsequenterweise folgte 1589 die Erhebung der Moskauer Metropolie zum Patriarchat, das in der Rangfolge der Patriarchate den fünften Platz nach den altkirchlichen Patriarchaten von Konstantinopel, Alexandrien, Antiochien und Jerusalem erhielt.

Beinahe parallel zu dieser Aufwertung der russischen Kirche wurde auf dem Gebiet des polnisch-litauischen Staates eine Union der dortigen orthodoxen Christen mit dem Römischen Stuhl abgeschlossen. Initiatoren waren die Bischöfe der Kiewer Metropolie, die bis dahin dem Ökumenischen Patriarchat unterstand. Die Union wurde im Dezember 1595 in Rom promulgiert und im Oktober 1596 von einer Synode in Brest bestätigt. Da Klerus und Volk auf die Entscheidung der Hierarchie jedoch nicht genügend vorbereitet worden waren, regte sich bald Widerstand, so dass letztlich nur ein Teil der Gläubigen sich der mit Rom unierten Ostkirche anschloss, während ein anderer Teil sich der 1620 erneuerten orthodoxen Hierarchie unterstellte.

Das Moskauer Reich stürzte zu Beginn des 17. Jahrhunderts in eine tiefe Krise, die durch das Aussterben der ersten russischen Zarendynastie im Jahr 1598 verursacht wurde. In der darauf folgenden „Zeit der Wirren“ versuchten die Polen sich das Russische Reich zu unterwerfen und besetzten zeitweise (1610–1612) Moskau. Nach der erfolgreichen Vertreibung der polnischen Truppen übernahm die Dynastie der Romanows die Macht in Moskau: 1613 war Michail Romanow zum neuen Zaren gewählt worden; die Wahl seines Vaters Filaret (Romanow) zum Patriarchen von Moskau (1619–1633) stärkte die Position der orthodoxen Kirche im Rahmen der „Symphonia“ von Staat und Kirche. Aus dieser starken Stellung des Patriarchats heraus entschloss sich Patriarch Nikon (1652–1666), die liturgischen Bücher nach griechischem Muster zu reformieren. Die Liturgiereform, die von Nikon zur Glaubensfrage stilisiert wurde, stieß jedoch auf den Widerstand zahlreicher Gläubiger und führte zum Schisma der Altgläubigen, die unter

Führung des Erzpriesters Awwakum die Reformen Nikons ablehnten. Die Altgläubigen wurden mit unnachgiebiger Härte verfolgt und in die unbesiedelten Gebiete Sibiriens abgedrängt. Doch konnten sie bis heute als eigenständige Kirchenorganisation überleben.

Unter Zar Peter dem Großen (1682–1725), der Russland nach westlichem Vorbild modernisieren wollte, wurde die Machtfülle der orthodoxen Kirche in Russland merklich beschnitten. Als im Jahr 1700 Patriarch Adrian starb, unterband Peter die Wahl eines Nachfolgers und ließ von Erzbischof Feofan Prokopowitsch ein „Geistliches Reglement" nach dem Vorbild des protestantischen Staatskirchentums erarbeiten. Das Patriarchat wurde abgeschafft und durch einen „Heiligen Synod" ersetzt, der zwar aus Bischöfen bestand, jedoch unter der Kontrolle eines vom Zaren eingesetzten „Oberprokurors" stand. Die orthodoxe Kirche wurde auf diese Weise mehr oder weniger in den Staatsapparat integriert, was u. a. zur Aufhebung vieler Klöster und zur Verstaatlichung des Klosterlandes führte. Die Bischöfe mussten einen Treueeid auf den Zaren ablegen und wie Staatsbeamte den Weisungen des Oberprokurors folgen.

Ende des 18. Jahrhunderts bildete sich im russischen Mönchtum eine Reformbewegung gegen die zunehmende Säkularisierung und das Staatskirchentum: Die russischen Starzen (von russ. „starec", alter Mönch = geistlicher Vater) leiteten eine Phase der Erneuerung des Mönchtums ein, die auch zahlreiche gebildete Laien in ihren Bann zog. Nach dem Sieg gegen Napoleon setzte sich im 19. Jahrhundert in Russland allmählich eine nationalorthodoxe, „slawophile" Strömung gegen das sogenannte Westlertum durch. In dieser Zeit gewann die russische Religionsphilosophie zunehmend an Bedeutung und Einfluss. Auch die theologische Wissenschaft erlebte in Russland an der Wende vom 19. zum 20. Jahrhundert eine Blütezeit. Der sich immer deutlicher abzeichnende innerkirchliche Reformbedarf wurde von einem Landeskonzil der Russischen Orthodoxen Kirche 1917/18 aufgegriffen, auf dem das Patriarchat wiederhergestellt und zahlreiche Reformen beschlossen wurden. Aufgrund der Machtübernahme durch die Sowjets konnten die auf der Ebene der Gemeinden geplanten Reformen in Russland selbst nicht mehr umgesetzt, sondern nur noch in der russischen Diaspora in Westeuropa realisiert werden. Die Russische Orthodoxe Kirche erlebte in der Sowjetunion in den 1930er-Jahren eine Zeit schwerster Verfolgungen und konnte sich erst während und nach dem Zweiten Weltkrieg wieder auf einem gewissen, wenn auch sehr begrenzten Niveau konsolidieren.

2.7 Die orientalischen Kirchen in Indien

Die Christen auf dem indischen Subkontinent führen ihre Tradition auf den Apostel Thomas zurück, weshalb sie in der Literatur häufig als „Thomaschristen" bezeichnet werden. In der Tat ist die Wahrscheinlichkeit groß, dass es in Indien schon in apostolischer Zeit Christen gab. Hintergrund dürften die regen Handelsbeziehungen zwischen Persien und Ostindien sowie die jüdische Diaspora in Indien sein, die bereits für die apostolische Zeit nachgewiesen ist und einen günstigen Anknüpfungspunkt für die christliche Mission bildete. Die enge Verbindung der indischen Thomaschristen mit der ostsyrischen Kirche wird historisch greifbar um die Mitte des 4. Jahrhunderts, als der syrische Kaufmann Thomas Cana zusammen mit einem Bischof und mehreren Priestern im Auftrag des Katholikos von Seleukia-Ktesiphon nach Indien reiste und dort eine Handelsniederlassung gründete. Auf diese Einwanderung geht die bis heute – quer durch die später entstandenen konfessionellen Gruppierungen – zu beobachtende Differenzierung innerhalb der Thomaschristen zwischen den „Nordisten", die als Nachkommen der vom Apostel Thomas zum Christentum Bekehrten gelten, und den „Südisten" zurück, die ihre Tradition auf die Einwanderer um Thomas Cana zurückführen.

Im Werk des aus Alexandrien stammenden Kosmas Indikopleustes, der in der ersten Hälfte des 6. Jahrhunderts an die indische Malabarküste reiste, wird die Verbindung der indischen Thomaschristen mit der persischen Kirche bestätigt. Von ihr übernahmen sie den ostsyrischen Ritus, auch wenn dieser im indischen Kontext und aufgrund der großen Distanz zur Mutterkirche im Laufe der Jahrhunderte eine eigene Ausprägung erhielt. Aufgrund der sporadischen Quellen wissen wir nur wenig über die Entwicklung der Kirche in Indien vom 7. bis zum 12. Jahrhundert. Sicher ist, dass Indien im 8. Jahrhundert eine selbstständige Metropolie unter der Jurisdiktion des ab 780 in Bagdad residierenden Katholikos der Kirche des Ostens war. 1293 kam Marco Polo auf der Rückreise von China nach Indien. Er berichtete über die Wallfahrt der indischen Christen zum Grab des Apostels Thomas in Mailapor (südlich von Madras). Bemerkenswert ist, dass die indischen Christen trotz ihrer geographisch isolierten Lage nie das Bewusstsein für die Verbindung mit der Gesamtkirche verloren. So wurde beispielsweise der päpstliche Legat Johannes von Marignola, der 1348/49 auf der Rückreise von China an die indische Malabarküste kam, freundlich aufgenommen und erhielt von den Thomaschristen eine monatliche Unterstützung.

Einen empfindlichen Einschnitt in die Entwicklung des indischen Christentums bedeutete die Kolonialisierung Indiens durch die Portugiesen, die mit der Landung Vasco da Gamas an der Malabarküste 1498 begann. Obwohl die Thomaschristen die Portugiesen aufgrund des gemeinsamen christlichen Glaubens freundlich aufnahmen und ihnen die neuen Herrscher zunächst auch Schutz und finanzielle Unterstützung gewährten, kam es aufgrund der unterschiedlichen Riten bald zu Differenzen. Mit den Portugiesen kamen zunehmend lateinische Missionare ins Land, welche die Neubekehrten wie selbstverständlich dem lateinischen Ritus eingliederten. Das unsensible Vorgehen der lateinischen Missionare verschärfte sich mit dem Aufkommen der Glaubensspaltungen innerhalb der abendländischen Christenheit. Nun stellten die Lateiner auch die Gültigkeit der von den Thomaschristen vollzogenen Taufe in Frage und versuchten, den lateinischen Ritus als die allein gültige Form der Liturgie durchzusetzen. Den traurigen Höhepunkt dieser Entwicklung stellt die Synode von Diamper 1599 dar, auf der der lateinische Erzbischof von Goa die Thomaschristen unter Androhung der Exkommunikation zwang, die Beschlüsse des Konzils von Trient anzunehmen und ihre liturgischen Bücher nach dem Vorbild des lateinischen Ritus zu überarbeiten. Die Beschlüsse der Synode von Diamper bedeuteten eine Demütigung der Thomaschristen und stellten einen tiefgehenden Bruch mit ihrer bisherigen Tradition dar. Damit war der Keim für zahlreiche neue Spaltungen innerhalb des indischen Christentums in den folgenden Jahrhunderten gelegt.

Die Unterordnung der Thomaschristen unter die lateinischen Bischöfe und die weiter voranschreitende Latinisierung riefen bald Widerstände hervor. 1653 wählten die Thomaschristen den Erzdiakon Thomas, der damals an der Spitze ihrer Gemeinschaft stand, zum Erzbischof und ließen ihm von zwölf Priestern die Hände auflegen. Der Bruch mit dem lateinischen Jesuitenbischof, den auch die von der „Propaganda fide“ zur Beilegung des Konflikts nach Malabar entsandten Karmeliten nicht mehr verhindern konnten, war damit vorprogrammiert. Eine unvorhergesehene Wendung nahm die Entwicklung, als 1663 die Niederländer Cochin eroberten und alle Europäer zwangen, Malabar zu verlassen. Auf Bitten des Erzdiakons, der sich weiterhin um eine kanonische Bischofsweihe bemühte, kam 1665 der vom westsyrischen Patriarchen von Antiochien entsandte Bischof Mar Gregorios an die Malabarküste. Er legte die Grundlage für den Aufbau einer westsyrischen Hierarchie in Indien. Die Tatsache, dass viele Thomaschristen ohne Zögern den Traditionswechsel vom ostsyrischen zum westsyrischen Ritus vollzogen, zeigt, wie weit die von den lateinischen Missionaren betriebene Entfremdung vom eigenen Ritus bereits vorangeschritten war.

Obwohl die dem Syrisch-orthodoxen Patriarchat von Antiochien unterstehenden Hierarchen sich im ausgehenden 17. und im 18. Jahrhundert bemühten, auf frühe Wurzeln des westsyrischen Ritus in Indien zu verweisen, blieb das Bewusstsein für den ostsyrischen Ursprung des indischen Christentums bei den Gläubigen lebendig. Immer wieder führte dies im Laufe des 18. Jahrhunderts zu Spannungen unter den orthodoxen Thomaschristen und zu Bestrebungen, sich mit den unter der Jurisdiktion Roms verbliebenen ostsyrischen Christen zu vereinen. Als 1795 die Engländer die Niederländer aus Indien verdrängten, kamen auch anglikanische Missionare an die Malabarküste. Nach anfänglicher Zusammenarbeit mit der *Church Missionary Society* verwarf 1836 eine Synode der orthodoxen Thomaschristen die von den Anglikanern angestoßenen Reformen. Ein kleiner Teil der Kirche schloss sich jedoch den Anglikanern an, übernahm das einheimische Malayalam als Liturgiesprache und bildete die Gemeinschaft der Anglo-Syrer. 1947 schloss sich diese Gruppierung der neu gegründeten *Church of South India* an, einer der ersten im Kontext der ökumenischen Bewegung entstandenen Unionskirchen, in der sich

Kongregationalisten, Methodisten, Presbyterianer und Anglikaner zusammenschlossen.

Die von den anglikanischen Missionaren angestoßenen Reformen, insbesondere die Verwendung der Landessprache, blieben auch innerhalb der orthodoxen Thomaschristen virulent. 1843 kam es zum Schisma zwischen Reformern und Orthodoxen, das erst 1875 durch die persönliche Intervention des antiochenischen Patriarchen Petros VI. beendet werden konnte. Die vom Patriarchen wiederhergestellte enge Bindung der orthodoxen Thomaschristen an das westsyrische Patriarchat führte jedoch zur Abspaltung einer Reformgruppierung, aus der die Mar-Thoma-Kirche hervorging, eine evangelische Kirche hochkirchlichen Stils, die Kommuniongemeinschaft mit den Anglikanern pflegt. Schließlich führte das 19. Jahrhundert auch noch zur Wiederbelebung einer von Rom unabhängigen ostsyrischen Hierarchie, die aus der mit Rom unierten Kirche hervorging und sich 1907 endgültig als unabhängige Kirche des ostsyrischen Ritus formieren konnte.

Auch im 20. Jahrhundert verlief die Geschichte der indischen Christen nicht weniger turbulent. 1911 kam es zur Spaltung innerhalb der orthodoxen Kirche des westsyrischen Ritus zwischen denjenigen, die eine enge Bindung an das Patriarchat von Antiochien befürworteten (Patriarchats-Partei), und denjenigen, die eine größere Autonomie der indischen Kirche unter der Leitung eines eigenen Katholikos forderten (Katholikos-Partei). 1912 gelang es der Letzteren, eine von Antiochien unabhängige Hierarchie zu errichten. Trotz vielfältiger Vermittlungsversuche konnte die Gemeinschaft zwischen diesen beiden Gruppen der orthodoxen Thomaschristen bis heute nicht wiederhergestellt werden. Als „Syrisch-orthodoxe Kirche von Malankar“ stellt die Patriarchats-Partei heute die zahlenmäßig stärkste Gruppe innerhalb des Syrisch-orthodoxen Patriarchats von Antiochien dar, während die Katholikos-Partei heute als „Malankarische Orthodoxe Syrische Kirche“ eine eigenständige, autokephale orientalisch-orthodoxe Kirche der westsyrischen Tradition bildet. Angesichts der Auseinandersetzungen unter den orthodoxen Thomaschristen trat 1930 ein kleinerer Teil beider Parteien in die Gemeinschaft mit dem Römischen Stuhl. Die hieraus entstandene Syro-malankarische Kirche ist eine unierte Ostkirche des westsyrischen Ritus, die unterschieden werden muss von den bereits auf die portugiesische Zeit zurückgehenden, ebenfalls mit Rom unierten Christen des ostsyrischen Ritus, die der Syro-malabarischen Kirche angehören.

Das indische Christentum, das zu Beginn der Neuzeit auf eine 1500-jährige gemeinsame Geschichte zurückblicken konnte, hat sich somit in den vergangenen 400 Jahren zu einem vielfältigen Spektrum konkurrierender Konfessionen mit jeweils mehreren Kirchen orthodoxer, katholischer und protestantischer Provenienz entwickelt. Am Beginn dieser aus heutiger Sicht bedauernswerten Aufspaltung des indischen Christentums stand die Synode von Diamper 1599. Aus Anlass der 400-Jahr-Feier dieser Synode brachte die gemeinsame Kommission der katholischen Kirche und der Malankarischen Orthodoxen Syrischen Kirche 1999 ihr Bedauern über das damalige Vorgehen der lateinischen Missionare zum Ausdruck, die der indischen Ortskirche großen Schaden zugefügt hätten, und hofften auf eine „Tilgung schmerzlicher Erinnerungen", um so den Weg zur Wiederherstellung der Kirchengemeinschaft zu bereiten.

2.8 Die Kirchen des Ostens in der „westlichen" Welt

Wenn wir umgangssprachlich von den „Ostkirchen" reden, so haben wir dabei meist die orthodoxen oder mit Rom unierten Kirchen byzantinischer Tradition in Osteuropa vor Augen. Der konfessionskundliche Überblick und die bisherigen Ausführungen über die Geschichte des christlichen Ostens haben bereits verdeutlicht, dass sich das östliche Christentum schon im ersten Jahrtausend keineswegs auf das Oströmische Reich und den östlichen Mittelmeerraum beschränkte. Insbesondere die Kirchen der ost- und westsyrischen Tradition entwickelten eine erfolgreiche Missionstätigkeit, die das Christentum in weiten Teilen Asiens verbreitete. Verbietet somit schon eine nüchterne Betrachtung der Geschichte, den Begriff „Ostkirchen“ in einem geographischen Sinne zu verstehen, so wird eine solche Begrenzung des Begriffes vollends problematisch im Blick auf die Entwicklungen in der Neuzeit. Im 18. und 19. Jahrhundert waren es vor allem zwei Faktoren, die die weltweite Verbreitung der Kirchen des christlichen Ostens beförderten: zum einen die in unseren Breiten kaum wahrgenommene Missionstätigkeit orthodoxer Geistlicher, zum anderen die zunehmenden Handelsbeziehungen zwischen den Kontinenten, durch die auch Handlungsreisende orthodoxen Glaubens in alle Teile der Welt kamen und dort ihre Handelsniederlassungen gründeten. Im 20. und 21. Jahrhundert kam es dann zu größeren Migrationsbewegungen, in deren Rahmen viele orthodoxe Christen ihre angestammten Länder verließen und eine neue Heimat in Westeuropa oder Amerika suchten. Ursächlich hierfür waren zunächst die russische Oktoberrevolution und die nachfolgende kommunistische Machtergreifung in vielen Ländern Osteuropas, später dann die Arbeitsmigration aus den ärmeren Ländern Südosteuropas nach Deutschland und in andere wirtschaftlich starke Länder. Am Beginn des 21. Jahrhunderts lässt sich schließlich ein bedauernswerter Exodus der Christen aus den Ländern des Nahen Ostens beobachten, der unmittelbar durch Verfolgungen seitens islamistischer Gruppierungen bedingt ist, mittelbar aber auch durch militärische Interventionen und eine verfehlte Politik der westlichen Staaten in der Region verursacht wurde.

Da es im vorliegenden Rahmen nicht möglich ist, die Entwicklung in allen Teilen der Welt zu verfolgen, soll an dieser Stelle exemplarisch auf die Verbreitung der orthodoxen Kirche in Nordamerika sowie die Entwicklung in Westeuropa verwiesen werden. Nach **Nordamerika** kam das orthodoxe Christentum zunächst durch orthodoxe Missionare aus Russland, die am Ende des 18. Jahrhunderts erste Niederlassungen auf den Aleuten-Inseln und im westlichen Teil Alaskas errichteten. Sie entfalteten ihre Missionstätigkeit vom Nordwesten des amerikanischen Kontinents aus, der in unmittelbarer Nachbarschaft zu den östlichen Gebieten Sibiriens liegt. 1840 errichtete der Heilige Synod der Russischen Orthodoxen Kirche einen Bischofssitz für Nordamerika, der nach dem 1867 erfolgten Verkauf Alaskas an die Vereinigten Staaten von Amerika im Jahr 1872 zunächst nach San Francisco und dann im Jahr 1905 nach New York verlegt wurde. In der zweiten Hälfte des 19. Jahrhunderts begannen auch orthodoxe Griechen, die als Handlungsreisende nach Amerika gekommen waren, eigene Kirchen und Pfarreien in den größeren amerikanischen Städten zu errichten. Diese Entwicklung nahm ihren Ausgang vom Süden (New Orleans) und Osten (New York) der Vereinigten Staaten. Bis 1922 wurden insgesamt 141 griechisch-orthodoxe Kirchen in den USA errichtet, die den damals etwa 300 000 griechischen Immigranten als geistliche Heimat dienten.

Lange Zeit blieben die orthodoxen Griechen in Amerika ohne bischöfliche Führung, weil viele griechische Gläubige sich nicht der Jurisdiktion der in Amerika bereits ansässigen Bischöfe der Russischen Orthodoxen Kirche unterstellen wollten. Auf der anderen Seite zögerten sowohl das Ökumenische Patriarchat als auch die Kirche von Griechenland, einen eigenen Bischof für die orthodoxen Griechen zu ernennen, da das Kirchenrecht die Ernennung eines Bischofs in einem Territorium untersagt, wo es bereits einen kanonischen (rechtmäßigen) Bischof gibt. Erst ab 1918 gab es einen griechisch-orthodoxen Bischof in Nordamerika und 1921 wurde die Griechisch-Orthodoxe Erzdiözese von Nord- und Südamerika gegründet. Die internen Auseinandersetzungen innerhalb der Russischen Orthodoxen Diözese in Nordamerika, die durch die Machtergreifung der Sowjets und die dadurch erforderlich gewordene Verhältnisbestimmung zur Kirche im Heimatland ausgelöst wurden, führten dazu, dass der Protest von russischer Seite gegen den Aufbau paralleler Kirchenstrukturen für die griechische Diaspora nur schwach ausfiel.

Die Entwicklung der orthodoxen Kirche in Amerika ist ein gutes Beispiel dafür, dass die ab dem 19. Jahrhundert in der Orthodoxie zu beobachtende Bindung an ein bestimmtes nationalkirchliches Selbstverständnis sich bei den orthodoxen Gläubigen in der Diaspora eher noch verstärkt hat. Außerhalb ihrer angestammten Heimat legen sie besonderen Wert darauf, dass die Liturgie in der ihnen vertrauten Sprache gefeiert wird und sie in der Gemeinde die Möglichkeit haben, sich mit ihren Landsleuten zu treffen. Daher haben nicht nur Russen und Griechen, sondern später auch Rumänen, Serben und die arabischsprachigen Orthodoxen des Patriarchats von Antiochien eigene Diözesen in Amerika gegründet. Trotz dieser jurisdiktionellen Aufsplitterung schufen die orthodoxen Bischöfe in Nordamerika schon bald institutionalisierte Formen der Zusammenarbeit: Die „Standing Conference of Canonical Orthodox Bishops in the Americas" (SCOBA) wurde 1960 gegründet und im Jahr 2010 umgewandelt zur „Assembly of Canonical Orthodox Bishops". Doch diese Form der interorthodoxen Kooperation entspricht streng genommen nicht dem Selbstverständnis der Orthodoxie als einer Kirche, innerhalb derer es keine sich überschneidenden Diözesanstrukturen geben dürfte. Das Patriarchat von Moskau, das sich aufgrund der frühen Präsenz russischer Bischöfe auf dem amerikanischen Kontinent als „Mutterkirche" der amerikanischen Orthodoxen betrachtet, entließ seine amerikanischen Diözesen im Jahr 1970 in die Autokephalie, doch die auf diese Weise gebildete selbstständige „Orthodoxe Kirche in Amerika" wird von den anderen orthodoxen Patriarchaten bis heute nicht anerkannt.

In **Westeuropa** wurden orthodoxe Christen erst im 20. Jahrhundert heimisch. Zwar gab es schon zuvor einzelne orthodoxe Kirchen in den westeuropäischen Hauptstädten (vor allem Botschaftskirchen) oder in den beim europäischen Adel beliebten Kurorten, in denen russische Adelige Kirchen im byzantinischen Stil errichten ließen und orthodoxe Priester für die Seelsorge engagierten. Doch einen größeren Zustrom orthodoxer Christen löste erst die Oktoberrevolution in Russland aus. Nach der Machtergreifung der Sowjets flohen viele orthodoxe Gläubige aus den mittleren und gehobenen Schichten des alten Russlands in den Westen, wo sie sich zunächst in der Hoffnung niederließen, eines Tages in ihr Heimatland zurückkehren zu können. Berlin, Prag und Paris entwickelten sich in den 1920er-Jahren zu Zentren russischer Kultur. In Paris wurde eine eigene theologische Hochschule begründet, die an das hohe Niveau der orthodoxen Theologie in Russland vor der Oktoberrevolution anknüpfen konnte und sich auch für orthodoxe Theologiestudierende aus anderen Nationen öffnete. Nach dem Zweiten Weltkrieg folgte eine zweite Welle der Emigration, die nun auch orthodoxe Christen aus Rumänien, Bulgarien und Serbien in den Westen brachte. Speziell in Deutschland gab es in den 1970er-Jahren eine dritte Welle der Zuwanderung orthodoxer Gläubiger, die durch die Anwerbung zahlreicher Gastarbeiter aus Jugoslawien und Griechenland ausgelöst wurde, die sich – zum Teil auf Dauer – in Deutschland niederließen und hier orthodoxe Gemeinden gründeten. Eine vierte Welle der Zuwanderung war nach dem Zusammenbruch der kommunistischen Regime Osteuropas zu verzeichnen, als viele Menschen aus Osteuropa – oft aus wirtschaftlichen Gründen – in den Westen zogen, um sich hier eine neue Existenz aufzubauen. Eine fünfte und bislang letzte Migrationswelle bilden die Christen aus dem Nahen Osten und Nordafrika, die in den Jahren 2014/15 vor den kriegerischen Auseinandersetzungen in ihrer Region und der zunehmenden Verfolgung durch islamistische Gruppierungen in die Europäische Union, vor allem nach Deutschland, flohen. Zwar stellen Muslime die Mehrzahl der Flüchtlinge, doch laut Statistik gehören 15–20 Prozent der in Deutschland aufgenommenen Migranten einer christlichen Kirche an. Damit dürften allein in diesen beiden Jahren rund 250 000 Gläubige aus den orientalisch-orthodoxen Kirchen, der orthodoxen Kirche und den mit Rom unierten Ostkirchen nach Deutschland gekommen sein. Aller Voraussicht nach werden sie nicht so schnell in ihre Heimat zurückkehren können. Dementsprechend ist die Zahl orthodoxer und orientalischer Gemeinden in Deutschland in den letzten Jahren kontinuierlich gewachsen.

Heute sind orthodoxe Christen in vielen Ländern Westeuropas beheimatet: jeweils rund 1,5 Millionen in Italien und Spanien,

etwa 500 000 in Frankreich, ca. 350 000 in Großbritannien und gut 250 000 in Österreich. In **Deutschland** gibt es rund 1,8 Millionen orthodoxe Christen, die in knapp 500 Gemeinden von rund 270 orthodoxen Priestern und etwa 40 Diakonen pastoral betreut werden. Obwohl die orthodoxen Diözesen weiterhin in enger Verbindung mit den Mutterkirchen in der Heimat stehen, hat sich in den letzten Jahren eine die nationalkirchlichen Grenzen überschreitende Zusammenarbeit unter den orthodoxen Bischöfen, Priestern und Gemeinden entwickelt. Die Orthodoxen in Deutschland nahmen dabei in gewisser Weise eine Vorreiterrolle in Westeuropa ein: Bereits 1994 wurde eine „Kommission der Orthodoxen Kirche in Deutschland" (KOKiD) gegründet, die der Zusammenarbeit über Diözesangrenzen hinweg diente und sich beispielsweise für die Einführung eines orthodoxen Religionsunterrichts an staatlichen Schulen einsetzte. Im Februar 2010 waren die orthodoxen Bischöfe in Deutschland dann die Ersten, die eine Empfehlung der IV. Präkonziliaren Panorthodoxen Konferenz (Juni 2009) umsetzten und eine regionale Bischofskonferenz gründeten. Seither hat sich die innerorthodoxe Zusammenarbeit im Rahmen der „Orthodoxen Bischofskonferenz in Deutschland" (OBKD) merklich verbessert und intensiviert. Die 16 orthodoxen Bischöfe, die zur OBKD gehören (vgl. www.obkd.de), treffen sich zweimal jährlich zu einer Bischofsversammlung – immer in einer anderen Stadt und jeweils verbunden mit einer Begegnung mit den örtlichen Gemeinden, einem Treffen mit den Priestern vor Ort und einer gemeinsamen Liturgiefeier, bei der die Einheit der orthodoxen Kirche sichtbar und erfahrbar wird.

Darüber hinaus gibt es eine ganze Reihe von Diözesen und zahlreiche Gemeinden der orientalisch-orthodoxen Kirchen in Westeuropa und Nordamerika. Während sich in Nordamerika eine engere Kooperation der orientalisch-orthodoxen Bischöfe im Rahmen der 1973 gegründeten „Standing Conference of Oriental Orthodox Churches" entwickelt hat, gibt es in Deutschland nur eine lose Zusammenarbeit zwischen den Bischöfen der koptischen, syrischen, armenischen und äthiopischen Kirche.

Neben den erwähnten 1,8 Millionen Orthodoxen gibt es in Deutschland rund 220 000 orientalisch-orthodoxe Christen, so dass heute über zwei Millionen Gläubige aus den verschiedenen Kirchen des christlichen Ostens in Deutschland leben. Am Beginn des 21. Jahrhunderts sind orthodoxe Christen damit keine „entfernten Verwandten" in einem uns weitgehend verschlossenen Teil der Welt mehr, sondern direkte Nachbarn oder, besser gesagt, Brüder und Schwestern in unserer Nachbarschaft, die es verdienen, dass wir sie wahrnehmen, sie in ihrer oft schwierigen Situation unterstützen und das Gespräch mit ihnen suchen.

3.
Gegenwart

Auf der Basis der in Kapitel 2 geschilderten historischen Entwicklung gibt das folgende Kapitel einen Überblick über die gegenwärtige Situation der Kirchen des christlichen Ostens. Bei der Vorstellung der einzelnen Kirchen ist dabei ein kurzer Rückgriff auf die jeweilige Geschichte erforderlich, um dem Selbstverständnis der Kirchen des christlichen Ostens gerecht zu werden. Die Gliederung folgt konfessionskundlichen Gesichtspunkten, wobei im Text ausdrücklich auf die Konfessionsgrenzen überschreitende Verbindung im Ritus aufmerksam gemacht wird. Am Ende der Beschreibung der einzelnen Kirchen werden die wichtigsten Daten in einer Übersicht zusammengefasst. Neben Ritus und Liturgiesprache wird dabei auch erwähnt, welchem Kalender die betreffende Kirche folgt, da nur ein Teil der Kirchen des christlichen Ostens den bei uns üblichen gregorianischen Kalender verwendet; er wird im orthodoxen Sprachgebrauch und auch hier als „neuer Kalender" bezeichnet. Ein anderer Teil hält an dem zuvor geltenden julianischen Kalender fest, der um 13 Tage vom gregorianischen Kalender abweicht (Näheres dazu in Kapitel 4.2); er wird im Folgenden „alter Kalender" genannt. Eine dritte Gruppe folgt schließlich einem „Mischkalender", in dem das (terminlich variierende) Osterfest und alle von ihm abhängenden kirchlichen Feste (Christi Himmelfahrt, Pfingsten etc.) nach dem „alten" julianischen Kalender, die an ein bestimmtes Datum gebundenen Feste (wie z. B. Weihnachten) jedoch nach dem „neuen" gregorianischen Kalender gefeiert werden.

Eine besondere Schwierigkeit stellen die in den Übersichten enthaltenen Angaben über die Zahl der Gläubigen dar, da in den wenigsten Ostkirchen eine genaue Statistik geführt wird. Die angegebenen Zahlen beruhen auf Vergleichen zwischen Angaben, die von den Kirchen selbst gemacht werden (für die katholischen Ostkirchen z. B. im „Annuario Pontificio"), und statistischen Erhebungen von Dritten, um so einen möglichst realistischen Wert zu erzielen. In der Addition ergeben sich dabei folgende Angaben über die Zahl der Gläubigen in den Kirchen des christlichen Ostens:

– 500 000 Gläubige	in der Assyrischen Kirche des Ostens
– 65 Millionen Gläubige	in den orientalisch-orthodoxen Kirchen
– 180 Millionen Gläubige	in der Orthodoxen Kirche
– 18 Millionen Gläubige	in den mit Rom unierten Ostkirchen

Weltweit gibt es somit rund 265 Millionen Menschen, die den verschiedenen Kirchen des christlichen Ostens angehören. Diese Tatsache führt uns noch einmal deutlich vor Augen, wie wichtig es ist, sich mit dieser großen Gruppe innerhalb der weltweiten Christenheit vertraut zu machen.

Die Kirchen der orientalischen Ritusfamilien

Autokephale Kirchen	*Mit Rom unierte Ostkirchen*
VOREPHESINISCHE ORTHODOXIE	
Ostsyrischer Ritus	
ASSYRISCHE KIRCHE DES OSTENS	Chaldäische Kirche
ALTE KIRCHE DES OSTENS	Syro-malabarische Kirche
VORCHALCEDONISCHE ORTHODOXIE [ORIENTALISCH-ORTHODOXE KIRCHEN]	
Alexandrinischer Ritus	
KOPTISCHE ORTHODOXE KIRCHE (Patriarchat von Alexandrien)	Koptisch-katholische Kirche
ÄTHIOPISCHE ORTHODOXE KIRCHE	Äthiopisch-katholische Kirche
ERITREISCHE ORTHODOXE KIRCHE	Eritreisch-katholische Kirche
Westsyrischer Ritus	
SYRISCHE ORTHODOXE KIRCHE (Patriarchat von Antiochien)	Syrisch-katholische Kirche
MALANKARISCHE ORTHODOXE SYRISCHE KIRCHE	Syro-malankarische Kirche
– / –	Maronitische Kirche
Armenischer Ritus	
ARMENISCHE APOSTOLISCHE KIRCHE	Armenisch-katholische Kirche

3.1 Die Assyrische Kirche des Ostens

Die Assyrische Kirche des Ostens geht auf das altkirchliche Patriarchat von Seleukia-Ktesiphon zurück, das sich ab dem 5. Jahrhundert zum jurisdiktionellen Zentrum der ostsyrischen Tradition entwickelte und dessen geistlichen Mittelpunkt die theologischen Schulen von Edessa und Nisibis bildeten (vgl. Kapitel 2.2). Die Zentren des Christentums ostsyrischer Prägung lagen somit bereits früh außerhalb der Grenzen des Römischen Reiches. Dies führte dazu, dass die ostsyrische Kirche die Beschlüsse der beiden Ökumenischen Konzile von Nizäa 325 und Konstantinopel 381 erst zu Beginn des 5. Jahrhunderts annahm, während die Beschlüsse der folgenden Konzile gar nicht rezipiert wurden. Daher wird die Assyrische Kirche des Ostens in der Konfessionskunde heute als „vorephesinische Orthodoxie" bezeichnet. Die polemische Bezeichnung „Nestorianer" sollte heute nicht mehr für die ostsyrischen Christen verwendet werden, da neuere Forschungen zu der Erkenntnis geführt haben, dass die Ostsyrer nie eine „nestorianische" Christologie vertreten haben. Aufgrund der historischen Entwicklung steht die ostsyrische Kirche, die sich selbst „Heilige Apostolische Katholische Assyrische Kirche des Ostens" nennt, bis heute nicht in Kirchengemeinschaft mit einer der anderen orthodoxen oder orientalisch-orthodoxen Kirchen.

Im 20. Jahrhundert wurden die Assyrer zunehmend aus ihren traditionellen Siedlungsgebieten vertrieben. 1933 wurde der Patriarch der Assyrischen Kirche des Ostens aus dem Irak ausgewiesen und nahm nach Aufenthalten in Zypern und mehreren europäischen Hauptstädten schließlich zu Beginn der 1940er-Jahre seinen Sitz in der assyrischen Diasporagemeinde in Chicago (Illinois/USA). Von den USA aus bemühte sich Patriarch Mar Eshai Shimun XXI. um den Wiederaufbau seiner Kirche. Während seine Bemühungen in der Diaspora sehr erfolgreich waren und es ihm 1961 auch gelang, die Einheit mit der Metropolie in Südindien wiederherzustellen, führten einige Reformen, die Patriarch Shimun im März 1964 einführte, zu einer Spaltung zwischen den

Exil-Assyrern und den im Irak verbliebenen Gläubigen dieser Kirche. Letztere lehnten die liturgischen Reformen, vor allem die Einführung des gregorianischen Kalenders und die Verkürzung der Fastenzeiten, als „westliche“ Neuerungen ab. Die „Altkalendarier“ – wie sie genannt werden, weil sie weiterhin am „alten Kalender“ festhalten – wählten 1968 einen Gegenpatriarchen, was zu einer Spaltung der Assyrischen Kirche des Ostens in zwei Jurisdiktionen führte.

Unter Katholikos-Patriarch Mar Dinkha IV. (1976–2015) öffnete sich die Assyrische Kirche des Ostens zunehmend dem ökumenischen Dialog. Vorbereitet durch entsprechende Tagungen der Wiener Stiftung Pro Oriente, unterzeichneten Papst Johannes Paul II. und Mar Dinkha IV. 1994 eine „Gemeinsame Christologische Erklärung“, mit der die jahrhundertealten christologischen Differenzen offiziell bereinigt werden konnten. In den folgenden Jahren trafen sich Vertreter der assyrischen und der katholischen Kirche regelmäßig zu ökumenischen Gesprächen, die auch zu einer bemerkenswerten Annäherung zwischen der Assyrischen Kirche des Ostens und der mit Rom unierten Chaldäischen Kirche führten. Auf dieser Grundlage gestattete der Vatikan im Juli 2001 eine begrenzte eucharistische Gemeinschaft zwischen Assyrern und Chaldäern, wodurch die enge Zusammengehörigkeit dieser beiden aus der ostsyrischen Tradition stammenden Kirchen nun auch für die Gläubigen einen lebendigen und erfahrbaren Ausdruck findet. Der im September 2015 zum Katholikos-Patriarch gewählte Mar Gewargis III. hat den Sitz des Patriarchats wieder zurück in den Irak verlegt und residiert in Erbil.

Apostolische Katholische Assyrische Kirche des Ostens

Ritus:	ostsyrisch
Liturgiesprache:	syrisch
Kirchenjahr:	neuer Kalender
Gläubige:	ca. 400 000
Titel Ersthierarch:	Katholikos-Patriarch der Assyrischen Kirche des Ostens

Sitz Ersthierarch:	Erbil (Irak)
Diözesen:	11
Präsenz in Dtl.:	ca. 5000 Gläubige; 4 Gemeinden; 4 Priester

Literatur: W. Baum / D. W. Winkler, Die Apostolische Kirche des Ostens. Geschichte der sogenannten Nestorianer, Klagenfurt 2000.
Chr. Baumer, Frühes Christentum zwischen Euphrat und Jangtse. Eine Zeitreise entlang der Seidenstraße zur Kirche des Ostens, Stuttgart 2005.
S. Lundgren, Die Assyrer. Von Ninive bis Gütersloh, Berlin 2015.

Internet: news.assyrianchurch.org

Die seit 1968 von der Mutterkirche getrennten Altkalendarier der ostsyrischen Tradition nennen sich „Alte Apostolische Kirche des Ostens". Diese ist hauptsächlich im traditionellen Siedlungsgebiet der Assyrer im Irak beheimatet. Im Jahr 2015 gab es, nach dem Tod von Mar Dinkha IV., Versuche zu einer Wiedervereinigung mit der Assyrischen Kirche des Ostens, die jedoch scheiterten.

Alte Apostolische Kirche des Ostens

Ritus:	ostsyrisch
Liturgiesprache:	syrisch
Kirchenjahr:	alter Kalender
Gläubige:	ca. 100 000
Titel Ersthierarch:	Katholikos-Patriarch der Alten Kirche des Ostens
Sitz Ersthierarch:	Bagdad (Irak)
Diözesen:	8
Präsenz in Dtl.:	ca. 1000 Gläubige; 1 Priester

3.2 Die orientalisch-orthodoxen Kirchen

Als orientalisch-orthodoxe Kirchen werden in der Konfessionskunde jene Kirchen bezeichnet, die die Beschlüsse des Konzils von Chalcedon (451) ablehnten und sich deshalb von der Reichskirche trennten. Wie in Kapitel 1 bereits angedeutet, handelt es sich jeweils um eigenständige Kirchen, die sich jedoch gemeinsam als eine Kirchenfamilie betrachten. Innerhalb dieser Kirchenfamilie gibt es eine überlieferte Rangfolge, in der diese Kirchen im Folgenden aufgeführt sind.

An erster Stelle innerhalb der Familie der orientalisch-orthodoxen Kirchen steht traditionell die **Koptische Orthodoxe Kirche**. Sie steht in der Tradition des frühchristlichen Patriarchats von Alexandrien. Ihr Name leitet sich von der arabischen Bezeichnung für Ägypten „dar al Qibt" (Heimat der Ägypter) ab. Als Kopten werden heute jene Christen Ägyptens bezeichnet, deren Ursprünge auf die alexandrinische Kirche zurückgehen und die nach dem Konzil von Chalcedon zu dessen Gegnern zählten. Die wenigen Anhänger des Konzils von Chalcedon im Bereich des Patriarchats von Alexandrien waren fast alle Griechen; sie gehören heute dem Griechisch-Orthodoxen Patriarchat von Alexandrien an (vgl. Kapitel 3.3).

Nach einer wechselvollen Geschichte mit Phasen der Unterdrückung und des Wiederauflebens (vgl. Kapitel 2.3) konnte die Koptische Orthodoxe Kirche im 20. Jahrhundert ihre Position in ihrem heute mehrheitlich muslimisch geprägten Heimatland Ägypten festigen. Die Grundlage hierfür legte bereits im 19. Jahrhundert der „Reformpatriarch" Kyrill IV. (1854–1861), vor allem durch die Erneuerung und Ausweitung des koptischen Bildungswesens. Das beachtliche Bildungsniveau der koptischen Christen sicherte ihnen im 20. Jahrhundert eine zunehmende gesellschaftliche Anerkennung. Das große Engagement der Kopten im Bereich des Schulwesens sowie sozial-karitativer Einrichtungen erfuhr in der zweiten Hälfte des 20. Jahrhunderts eine Ergänzung durch die Revitalisierung des koptischen Mönchtums sowie des geistlichen

Lebens in den Pfarrgemeinden, die vor allem den Aktivitäten des Patriarchen Kyrill VI. (1959–1971) zu verdanken sind. Sein Nachfolger Shenouda III. (1971–2012) knüpfte hieran an, setzte jedoch durch sein Engagement im Bereich der Katechese, die Vertiefung der Kontakte mit der weltweiten koptischen Diaspora sowie die Intensivierung der ökumenischen Beziehungen der Koptischen Orthodoxen Kirche auch eigene Akzente. Die Aktivitäten und die Popularität Papst Shenoudas III. wurden auch durch den staatlich verordneten Rückzug in ein Wüstenkloster (1981–1985) nur unwesentlich beeinträchtigt. In ihrer bis heute schwierigen Lage in einem mehrheitlich muslimischen Land kann die Koptische Orthodoxe Kirche jedoch stets auf die Unterstützung der nicht geringen Zahl koptischer Christen in der weltweiten Diaspora zählen.

So präsentiert sich die Koptische Orthodoxe Kirche trotz der Minderheitensituation in ihrem Ursprungsland heute als eine weltweite, lebendige Kirche. Dass ihr Oberhaupt nicht nur den Patriarchentitel trägt, sondern auch als Papst bezeichnet wird, bedeutet nicht, dass er dem römischen Bischofsstuhl vergleichbare Primatsansprüche erhebt, sondern hängt mit der historischen Rolle des Patriarchen von Alexandrien zusammen, der schon früh eine zentrale Rolle in der alexandrinischen Kirche innehatte und deshalb auf Griechisch als „Papas“ (Vater) bezeichnet wurde. Seit 2012 steht Papst Tawadros II. an der Spitze der Koptischen Orthodoxen Kirche. Er sucht verstärkt die ökumenische Zusammenarbeit, wie seine Teilnahme an der Amtseinführung des neuen koptisch-katholischen Patriarchen im März 2013, sein Besuch bei Papst Franziskus im Mai 2013 oder seine Zustimmung zur Gründung eines Ökumenischen Rates der Kirchen in Ägypten zeigen. Der Zusammenhalt der Christen in Ägypten erscheint umso wichtiger, als in den letzten Jahren die Repressalien von Seiten muslimischer Fundamentalisten erneut zunehmen. Ihren vorläufigen Höhepunkt fanden sie in der auch medial verbreiteten Hinrichtung 21 koptischer Christen durch IS-Terroristen im Februar 2015.

Koptische Orthodoxe Kirche (Patriarchat von Alexandrien)	
Ritus:	alexandrinisch
Liturgiesprache:	koptisch (bohairisch), arabisch
Kirchenjahr:	alter Kalender
Gläubige:	ca. 10 Millionen, davon etwa 2 Millionen in der weltweiten Diaspora
Titel Ersthierarch:	Papst von Alexandrien und Patriarch des Stuhles des heiligen Markus
Sitz Ersthierarch:	Kairo (Ägypten)
Diözesen:	85, davon 60 in Ägypten, 3 weitere auf dem afrikanischen Kontinent, 9 in Westeuropa, 4 in den USA und 2 in Australien
Präsenz in Dtl.:	ca. 12 000 Gläubige; 2 Bischöfe mit Sitz in einem der beiden koptischen Klöster (Höxter-Brenkhausen und Waldsolms-Kröffelbach); 8 Gemeinden (jeweils mit mehreren Gottesdienststätten); 5 verheiratete Priester, 7 Mönchspriester

Literatur: A. Gerhards / H. Brakmann (Hg.), Die koptische Kirche. Einführung in das ägyptische Christentum, Stuttgart u. a. 1994.
E. Brunner-Traut, Die Kopten. Leben und Lehre der frühen Christen in Ägypten, Freiburg i. Br. 2000.
K. Pinggéra (Hg.), Christentum im Schatten von Pyramiden und Minaretten. Beiträge zu Geschichte und Gegenwart der Koptischen Kirche, Hofgeismar 2009.
Internet: www.copticpope.org; www.coptic.org; www.kopten.de

Die **Syrische Orthodoxe Kirche** geht zurück auf das frühchristliche Patriarchat von Antiochien, das sich nach dem Konzil von Chalcedon 451 aufspaltete in die Gruppe der Anhänger der christologischen Beschlüsse von Chalcedon, die als „Melkiten" (Kaisertreue) bezeichnet wurden und heute im Griechisch-Orthodoxen

Patriarchat von Antiochien zu finden sind (vgl. Kapitel 3.3), und die Gegner von Chalcedon, die über Jahrhunderte als Monophysiten bezeichnet und von den byzantinischen Kaisern verfolgt wurden und heute dem Syrisch-Orthodoxen Patriarchat von Antiochien angehören. Die Grundlage für die Etablierung einer eigenen Hierarchie der Chalcedongegner legte im 6. Jahrhundert Jakob Baradai, weshalb die syrisch-orthodoxen Christen in älteren Konfessionskunden auch als Jakobiten bezeichnet werden.

Nach einer Blütezeit im 12./13. Jahrhundert folgte ab dem 14. Jahrhundert eine lange Periode des Niedergangs unter der muslimischen Herrschaft. In dieser Zeit wurde die Identität der Syrisch-Orthodoxen Kirche vor allem vom Mönchtum bewahrt, dessen Zentrum die Klöster des Tur Abdin (im Südosten der heutigen Türkei) bildeten. In der Mitte des 17. Jahrhunderts schloss sich ein großer Teil der indischen Thomaschristen, die ursprünglich zur ostsyrischen Tradition gehörten, aufgrund der Unionspolitik der katholischen Portugiesen dem Syrisch-Orthodoxen Patriarchat von Antiochien an und übernahm von diesem den westsyrischen Ritus. Heute bilden die indischen Diözesen eine autonome Kirche innerhalb des Syrisch-Orthodoxen Patriarchats von Antiochien, die sich selbst als „Syrisch-Orthodoxe Kirche von Malankar" bezeichnet.

Die Patriarchen der Syrisch-Orthodoxen Kirche hatten nach der Zerstörung Antiochiens über Jahrhunderte in verschiedenen Klöstern Mesopotamiens residiert, zuletzt in Mardin im Südosten der heutigen Türkei. Aufgrund des starken Verfolgungsdrucks auf die syrischen Christen, die in der Türkei zwischen die Fronten von Türken und Kurden gerieten, wurde der Patriarchatssitz 1924 nach Homs in Syrien und von dort 1959 nach Damaskus verlegt. Die angespannte Situation im traditionellen Siedlungsgebiet der syrischen Christen im Südosten der Türkei führte im 20. Jahrhundert zu einer Auswanderungswelle nach Europa und Amerika, so dass heute der größte Teil der Gläubigen dieser Kirche nicht mehr im Ursprungsland, sondern in der westlichen Diaspora lebt. Die Liturgie der Syrisch-Orthodoxen Kirche wird bis heute in altaramäischer

Sprache gefeiert und damit in jener Sprache, die nach Überzeugung der syrisch-orthodoxen Christen auch Jesus selbst gesprochen hat. Wegen ihrer aramäischen Sprache und Kultur werden die westsyrischen Christen daher vielfach auch als Aramäer bezeichnet.

Syrische Orthodoxe Kirche (Patriarchat von Antiochien)

Ritus:	westsyrisch
Liturgiesprache:	aramäisch
Kirchenjahr:	Mischkalender (nur in der Syrisch-Orthodoxen Kirche von Malankar: neuer Kalender)
Gläubige:	ca. 2 Millionen, davon rund 1 Million in Indien in der autonomen Syrisch-Orthodoxen Kirche von Malankar
Titel Ersthierarch:	Patriarch der Syrisch-Orthodoxen Kirche von Antiochien und dem ganzen Orient
Sitz Ersthierarch:	Damaskus (Syrien)
Diözesen:	28 (+ 16 der autonomen Syrisch-Orthodoxen Kirche von Malankar)
Präsenz in Dtl.:	ca. 100 000 Gläubige; Bischofssitz in Warburg (seit 1997); 2 Bischöfe; 47 Gemeinden; 51 Priester

Literatur: M. Tamcke, Die Christen vom Tur Abdin. Hinführung zur Syrisch-Orthodoxen Kirche, Frankfurt a. M. 2009. J. Önder, Die Syrisch-Orthodoxen Christen. Zwischen Orient und Okzident, Glane-Losser 2013.

Internet: www.syriacpatriarchate.org; www.syrisch-orthodox.org

Die **Armenische Apostolische Kirche** führt ihre Gründung auf die Apostel Thaddäus und Bartholomäus zurück. 301 wurde Armenien unter König Trdat III. der erste christliche Staat der Welt. Die Grundlage für die Entwicklung des armenischen Christentums legte Gregor „der Erleuchter“, der als erster Bischof der armenischen Kirche gilt. Im 6. Jahrhundert verurteilte die armenische Kirche, deren kirchliches Zentrum zu dieser Zeit im persischen Sassanidenreich lag, die Beschlüsse des Konzils von Chalcedon. Aus diesem Grund zählt die Armenische Apostolische Kirche bis heute zu den orientalisch-orthodoxen Kirchen. Aufgrund wechselnder politischer Machtverhältnisse wurde der Sitz des „Katholikos", wie der Ersthierarch der Armenischen Apostolischen Kirche genannt wird, mehrfach verlegt, bis er schließlich im Königreich von Kilikien (Klein-Armenien) eine neue Heimat fand. Konkurrierende Interessen der politischen Machthaber führten jedoch im 14. und 15. Jahrhundert zu einer zunehmenden Aufsplitterung der armenischen Kirchenstrukturen: 1311 errichteten die ägyptischen Mamluken ein armenisches Patriarchat von Jerusalem. 1441 wurde das Katholikat wieder nach Etschmiadzin verlegt, was jedoch im Katholikat von Kilikien nicht akzeptiert wurde, so dass es fortan zwei getrennte Katholikate gab. Schließlich errichtete der osmanische Sultan 1461 ein armenisches Patriarchat von Konstantinopel.

Die Zuständigkeitsbereiche der verschiedenen armenischen Katholikate und Patriarchate überschnitten sich zum Teil und ließen unfruchtbare Doppelhierarchien entstehen. Die mit dem Zerfall des Osmanischen Reiches verbundenen Pogrome gegen die Armenier auf dem Gebiet der heutigen Türkei führten zu einer Relativierung dieser innerkirchlichen Differenzen und bestärkten die Solidarität der nun in einer weltweiten Diaspora lebenden Armenier. In der Sowjetrepublik Armenien vermochte der armenische Katholikos von Etschmiadzin, Vasken I., das kirchliche Leben nach dem Tod Stalins allmählich zu stabilisieren und zu erneuern. Nach dem Zerfall der Sowjetunion 1991 gewann die Kirche ihre führende Stellung in Armenien zurück. 1995 kam es durch die Wahl des vormaligen Katholikos Karekin von Kilikien zum Nachfolger von Vasken I. zur Wiederherstellung der vollen Kirchengemeinschaft zwischen den ehemals konkurrierenden armenischen Katholikaten. In der zweiten Hälfte des 20. Jahrhunderts spielte die armenische Kirche eine führende Rolle bei der Öffnung der orientalisch-orthodoxen Kirchen für das ökumenische Gespräch. Bis heute nehmen armenische Bischöfe und Theologen eine führende Rolle in der Ökumene ein.

Armenische Apostolische Kirche	
Ritus:	armenisch
Liturgiesprache:	alt-armenisch (Grabar)
Kirchenjahr:	neuer Kalender (nur im Armenischen Patriarchat von Jerusalem: alter Kalender)
Gläubige:	ca. 8 Millionen, davon etwa die Hälfte in der weltweiten Diaspora
Titel Ersthierarch:	Oberster Patriarch und Katholikos aller Armenier
Sitz Ersthierarch:	Etschmiadzin (Armenien)
Diözesen:	47, davon 33 im Katholikat von Etschmiadzin, 11 im Katholikat von Kilikien, 1 im Patriarchat von Konstantinopel, 2 im Patriarchat von Jerusalem
Präsenz in Dtl.:	ca. 45 000 Gläubige; Bischofssitz in Köln (seit 1992); 14 Gemeinden; 6 Priester, 10 Diakone

Literatur: F. Heyer (Hg.), Die Kirche Armeniens, Stuttgart 1978.
Karekin I. – Katholikos aller Armenier, Herausforderung zur Erneuerung. Für ein neues Zeitalter in der Armenischen Kirche, Köln 1998.
M. Tamcke (Hg.), „Dich, Ararat, vergesse ich nie!“ Neue Beiträge zum Schicksal Armeniens und der Armenier, Berlin 2006.
M. K. Krikorian, Die Armenische Kirche, Frankfurt a. M. ^{2}2007.
Internet: www.etchmiadzin.com; www.armenianorthodoxchurch.org; www.armenische-kirche.de

Die **Malankarische Orthodoxe Syrische Kirche** führt ihre Ursprünge wie alle indischen christlichen Kirchen auf den Apostel Thomas zurück. Obwohl die indischen Christen ursprünglich der ostsyrischen Tradition folgten, vollzog ein Großteil von ihnen in der Mitte des 17. Jahrhunderts aufgrund der Latinisierungstendenzen der von den Portugiesen eingesetzten lateinischen Bischöfe einen Rituswechsel zum westsyrischen Ritus. Ab 1665 standen die orientalisch-orthodoxen Bischöfe in Indien daher in Gemeinschaft mit dem Syrisch-orthodoxen Patriarchat von Antiochien. Im Laufe der Zeit entwickelten sich zunehmend Spannungen innerhalb der indischen orthodoxen Christen zwischen denjenigen, die eine stärkere Bindung an das Patriarchat von Antiochien befürworteten, und denjenigen, die eine größere Autonomie der indischen Kirche forderten. 1912 errichteten Letztere eine eigene Hierarchie, indem sie das alte „Katholikat des Ostens" in Indien wiederherstellten und ihre Kirche für autokephal erklärten. Zwischen 1958 und 1975 kam es zwar noch einmal zu einer Wiederherstellung der Gemeinschaft zwischen beiden Gruppierungen, doch bis heute sind die autokephale Malankarische Orthodoxe Syrische Kirche und die in Gemeinschaft mit dem Patriarchat von Antiochien stehende autonome Syrisch-orthodoxe Kirche von Malankar jurisdiktionell getrennt, obwohl beide dem gleichen (westsyrischen) Ritus angehören. Aufgrund der nahen Verwandtschaft wechseln immer wieder einmal Gemeinden, Priester und Bischöfe von der einen zur anderen Seite, so dass die zahlenmäßige Größe beider Gruppierungen schwer einzuschätzen ist. Von den insgesamt rund drei Millionen orthodoxen Christen in Indien gehören etwa zwei Drittel der Malankarischen Orthodoxen Syrischen Kirche an.

Malankarische Orthodoxe Syrische Kirche

Ritus:	westsyrisch
Liturgiesprache:	aramäisch, Malayalam (südindische Sprache)
Kirchenjahr:	neuer Kalender

Gläubige:	ca. 2 Millionen, fast ausschließlich im indischen Bundesstaat Kerala
Titel Ersthierarch:	Katholikos des Ostens und des Apostolischen Throns des hl. Thomas
Sitz Ersthierarch:	Kottayam, Kerala (Indien)
Diözesen:	27 Diözesen, davon 25 in Indien und je 1 in Europa und den USA
Präsenz in Dtl.:	wenige, verstreut lebende Gläubige; 1 Priester

Literatur: W. Hage, Die Malankarisch-Orthodoxe Kirche, in: Ders., Das orientalische Christentum, Stuttgart 2007, 341–354.
Internet: www.orthodoxsyrianchurch.com; www.mosc.in

Die **Äthiopische Orthodoxe Kirche** ist mit rund 40 Millionen Gläubigen (43 Prozent der Bevölkerung des Landes) die größte der orientalisch-orthodoxen Kirchen. Die Äthiopier, deren Apostel der Legende nach der hl. Matthäus war, zählen zu den ältesten christlichen Völkern. Kirchengeschichtliche Quellen belegen, dass das Christentum bereits in der ersten Hälfte des 4. Jahrhunderts zur offiziell anerkannten Religion im damaligen Königreich von Aksum wurde. Die enge Verbindung mit der Kirche Ägyptens (vgl. Kapitel 2.3) dürfte der Hauptgrund dafür sein, dass auch die Äthiopische Orthodoxe Kirche zur vorchalcedonischen Orthodoxie gehört. In ihrer Selbstbezeichnung führt sie das Wort „Tewahedo“ (Einheit), um ihren von der miaphysitischen Tradition geprägten Glauben an die Einheit von Gottheit und Menschheit in Jesus Christus zu betonen.

Auf den Einfluss der zu Beginn des 6. Jahrhunderts in Äthiopien eingewanderten semitischen Oberschicht sind die zahlreichen jüdischen Spuren im äthiopischen Christentum zurückzuführen, zu denen u. a. das Begehen des Sabbats sowie die Verehrung der Bundeslade mit den Gesetzestafeln des Mose gehört, die der Legende nach von König Menilek I., einem Sohn König Salomos und der Königin von Saba, aus Jerusalem an den Hof von Aksum gebracht worden sein soll. In jeder äthiopischen Kirche gibt es daher den „Tabot“, einen hölzernen Schrein, der die Bundeslade Israels (den „Ur-Tabot“) symbolisiert und als das Allerheiligste eines jeden Kirchengebäudes gilt.

Bis ins 20. Jahrhundert hinein war die Äthiopische Orthodoxe Kirche jurisdiktionell abhängig von der Koptischen Orthodoxen Kirche. Das Oberhaupt der äthiopischen Kirche wurde jeweils vom koptischen Patriarchen von Alexandrien geweiht, so dass die Äthiopische Orthodoxe Kirche de facto eine Metropolie des koptischen Patriarchats bildete. Erst aufgrund nachhaltigen Drängens des äthiopischen Kaisers Haile Selassie (1930–1974) wurde 1951 erstmals ein Äthiopier vom koptischen Patriarchen zum Oberhaupt der Äthiopischen Orthodoxen Kirche ernannt. 1959 erkannte die Koptische Orthodoxe Kirche offiziell die Autokephalie der äthiopischen Kirche an.

Als 1974 der greise Kaiser Haile Selassie von den eigenen Militärs unter Führung von Major Mengistu gestürzt wurde, endete damit auch die Zeit des Staatskirchentums in Äthiopien. Während der 17-jährigen Herrschaft des Mengistu-Regimes hatte die Äthiopische Orthodoxe Kirche mit großen Schwierigkeiten zu kämpfen. Die marxistisch-leninistisch orientierte Militärdiktatur wollte einen religiös neutralen Staat etablieren. Durch die Enteignung des Kirchenlandes, dessen Bewirtschaftung den Lebensunterhalt der Priester gesichert hatte, wurde der Kirche 1975 ihre materielle Basis entzogen. Nur aufgrund großzügiger Spenden der Gläubigen konnten die Priester und Bischöfe der äthiopischen Kirche überleben. Die gewaltsame Umstrukturierung der äthiopischen Gesellschaft in der sozialistischen Periode und die damit verbundene Unabhängigkeit der Kirche vom Staat führte dabei nicht zu einer Schwächung, sondern eher zu einem Erstarken der orthodoxen Kirche in Äthiopien. Im Mai 1991 wurde das Mengistu-Regime gestürzt und die Demokratische Republik Äthiopien ausgerufen. Dem 1992 zum Patriarchen gewählten Abuna Paulos

(† 2012), der in Princeton (USA) studiert hatte, gelang es, das kirchliche Leben wieder zu stabilisieren. Heute nimmt die Äthiopische Orthodoxe Kirche, an deren Spitze seit Februar 2013 Abuna Mathias steht, wieder eine prägende Rolle in der äthiopischen Gesellschaft ein.

Äthiopische Orthodoxe Tewahedo Kirche	
Ritus:	äthiopisch
Liturgiesprache:	alt-äthiopisch (Ge'ez)
Kirchenjahr:	alter Kalender
Gläubige:	ca. 40 Millionen, fast ausschließlich in Äthiopien
Titel Ersthierarch:	Patriarch der Äthiopischen Orthodoxen Kirche
Sitz Ersthierarch:	Addis Abeba (Äthiopien)
Diözesen:	47, überwiegend in Äthiopien, zwei in Europa und je eine im Heiligen Land, in den USA und in Lateinamerika
Präsenz in Dtl.:	ca. 20 000 Gläubige; 11 Gemeinden; 8 Priester, 6 Diakone

Literatur: W. Raunig (Hg.), Das christliche Äthiopien. Geschichte – Architektur – Kunst, Regensburg 2005.
K. Pinggéra (Hg.), Tradition und Wandel im Land der Königin von Saba. Ansichten aus und zu Äthiopien, Hofgeismar 2011.
K. Merten, Das äthiopisch-orthodoxe Christentum, Berlin 2012.

Internet: www.ethiopianorthodox.org; www.aethiopisch-orthodoxe-kirche-deutschland.de

Die **Eritreische Orthodoxe Kirche**, der rund 40 Prozent der Bevölkerung des Landes angehören, ist erst seit dem Jahr 1998 autokephal. Die Entwicklung zur Selbstständigkeit dieser Kirche wurde angestoßen durch die Ausrufung der Unabhängigkeit Eritreas im Jahr 1993. Die orthodoxe Kirche in der ehemals äthiopischen Provinz Eritrea versuchte daraufhin, sich aus der Jurisdiktion der Äthiopischen Orthodoxen Kirche zu lösen. Diese Bestrebungen wurden vom koptischen Patriarchen Shenouda III. unterstützt, der im Juni 1994 fünf Äbte eritreischer Klöster zu Bischöfen weihte. Zum ersten Patriarchen der unabhängigen Kirche wurde 1998 der über 90-jährige Abuna Philipos (1905–2002) gewählt, der am 7./8. Mai 1998 in der Markuskathedrale in Kairo geweiht und am 29. Mai 1998 in Asmara inthronisiert wurde. Liturgie und Lehre der Eritreischen Orthodoxen Kirche sind weitgehend identisch mit der äthiopischen. Die vom koptischen Patriarchat einseitig vollzogene Anerkennung der Autokephalie belastet jedoch bis heute das Verhältnis zur äthiopischen Mutterkirche. Zudem ist die orthodoxe Kirche in Eritrea durch Konflikte mit den staatlichen Machthabern geschwächt. Der im Frühjahr 2004 zum Patriarchen gewählte Abuna Antonios steht seit Januar 2006 wegen seiner Proteste gegen die Regierungspolitik unter Hausarrest. Ein von staatlicher Seite unterstützter Gegenpatriarch, Abuna Dioskoros (2007–2015), führte zu einer innerkirchlichen Spaltung, da viele Priester und Bischöfe weiterhin Abuna Antonios als legitimes Oberhaupt der Kirche betrachten.

Eritreische Orthodoxe Kirche

Ritus:	alexandrinisch
Liturgiesprache:	alt-äthiopisch (Ge'ez)
Kirchenjahr:	alter Kalender
Gläubige:	ca. 3 Millionen
Titel Ersthierarch:	Patriarch der Eritreischen Orthodoxen Kirche
Sitz Ersthierarch:	Asmara (Eritrea)
Diözesen:	9, vorwiegend in Eritrea, je eine in Europa und den USA
Präsenz in Dtl.:	ca. 40 000 Gläubige; 6 Gemeinden; 4 Priester

Literatur: K. Zelleke / F. Heyer, Das orthodoxe Äthiopien und Eritrea in jüngster Geschichte, Heidelberg 2001.
W. Hage, Die Eritreisch-Orthodoxe Kirche, in: Ders., Das orientalische Christentum, Stuttgart 2007, 222–226.

Internet: www.lisantewahdo.org; www.tewahdo.org

3.3 Die orthodoxen Kirchen

Die orthodoxen Kirchen des byzantinischen Ritus verstehen sich, wie in Kapitel 1 bereits dargelegt wurde, grundsätzlich als *eine* Kirche, in der es zwar mehrere administrativ eigenständige, sich nach bestimmten staatlichen oder nationalen Kriterien definierende Kirchen gibt, die jedoch durch denselben Glauben, dieselbe Liturgie und nahezu identische Kirchenstrukturen untereinander verbunden sind. Diese Einheit kam im ersten Jahrtausend vor allem auf gemeinsamen Synoden der Bischöfe zum Ausdruck. Nachdem es im zweiten Jahrtausend in der orthodoxen Kirche eine, vor allem durch äußere Faktoren bedingte, lange Phase des Nebeneinanders der einzelnen Patriarchate gab, haben sich im 20. Jahrhundert durch die panorthodoxen Konferenzen und die vom Ökumenischen Patriarchen einberufene „Synaxis" (Versammlung) der Ersthierarchen aller autokephalen orthodoxen Kirchen neue Formen entwickelt, in denen diese grundlegende Verbundenheit – trotz weiterhin bestehender Meinungsunterschiede in Einzelfragen – zum Ausdruck kommt. Innerhalb der orthodoxen Kirche gibt es eine genau festgelegte Rangfolge der Kirchen, die in den „Diptychen" festgehalten ist. Das Diptychon ist ein Verzeichnis derer, die im Großen Fürbittgebet während der Liturgie erwähnt werden, was als Ausdruck der bestehenden Kirchengemeinschaft gilt. Im Folgenden werden die einzelnen Kirchen entsprechend der in den Diptychen festgelegten Reihenfolge vorgestellt.

Die Kirchen der byzantinischen Ritusfamilie

Autokephale (selbstständige) orthodoxe Kirchen	*Mit Rom unierte Ostkirchen*
Chalcedonische Orthodoxie	
Ökumenisches Patriarchat von Konstantinopel	– / –
Griechisch-Orthodoxes Patriarchat von Alexandrien	Melkitisches Patriarchat von Alexandrien, Antiochien und Jerusalem
Griechisch-Orthodoxes Patriarchat von Antiochien	Melkitisches Patriarchat von Alexandrien, Antiochien und Jerusalem
Griechisch-Orthodoxes Patriarchat von Jerusalem	Melkitisches Patriarchat von Alexandrien, Antiochien und Jerusalem
Orthodoxes Patriarchat von Moskau und ganz Russland	Ukrainische und Ruthenische Griechisch-Katholische Kirche
Orthodoxes Patriarchat von Serbien	Apostolische Exarchate für die griech. Katholiken in Serbien, Kroatien und Makedonien
Orthodoxes Patriarchat von Rumänien	Rumänische Griechisch-Katholische Kirche
Orthodoxes Patriarchat von Bulgarien	Apostolisches Exarchat für die griech. Katholiken in Bulgarien
Orthodoxes Patriarchat von Georgien	– / –
Orthodoxe Kirche von Zypern	– / –
Orthodoxe Kirche von Griechenland	Apostolisches Exarchat für die griech. Katholiken in Griechenland
Orthodoxe Kirche von Polen	Ordinariat für die griech. Katholiken in Polen
Orthodoxe Kirche von Albanien	Apostolische Administratur Südalbanien
Orthodoxe Kirche von Tschechien und der Slowakei	Griechisch-katholische Kirche in der Slowakei

Das **Ökumenische Patriarchat von Konstantinopel** steht in der Rangfolge der orthodoxen Kirchen an erster Stelle. Dieser Ehrenvorrang der Kirche von Konstantinopel beruht auf der Stellung Konstantinopels als Hauptstadt des Byzantinischen Reiches, in dem das orthodoxe Christentum eine staats- und kulturprägende Rolle spielte (vgl. Kapitel 2.4). Auch während der jahrhundertelangen Herrschaft der Osmanen (1453–1923) blieb diese Vorrangstellung theoretisch erhalten, obwohl der unmittelbare Jurisdiktionsbereich des Patriarchats von Konstantinopel durch die Entstehung unabhängiger (autokephaler) Nationalkirchen im 19. Jahrhundert immer weiter schrumpfte. Im türkischen Staat verlor das Patriarchat von Konstantinopel seine gesicherte Rechtsstellung und hat unter fortdauernden Repressalien seitens der türkischen Behörden zu leiden. Zusätzlich geschwächt wurde seine Stellung im türkischen Staat durch den mit Griechenland vereinbarten Bevölkerungsaustausch, durch den ein Großteil der griechischsprachigen Bevölkerung Kleinasiens nach Griechenland umsiedelte. Mit der staatlich verordneten Schließung der Theologischen Hochschule von Chalki verlor das Ökumenische Patriarchat 1971 auch seine international renommierte Ausbildungsstätte.

In Istanbul leben heute nur noch einige Hundert orthodoxe Christen, die zum Ökumenischen Patriarchat gehören, jedoch unterstehen alle griechisch-orthodoxen Diözesen in der weltweiten Diaspora der Jurisdiktion des Patriarchen von Konstantinopel, wodurch die personellen und finanziellen Ressourcen des Patriarchats einigermaßen gesichert sind. Auch die Diözesen der sogenannten „Neuen Länder“ im Norden Griechenlands unterstehen formell der geistlichen Oberhoheit des Ökumenischen Patriarchen, werden jedoch seit 1928 von der Synode der Kirche von Griechenland verwaltet. Der Sitz des Ökumenischen Patriarchats liegt im Phanar (türkisch: Fener), einem früher vor allem von Griechen bewohnten Stadtteil Konstantinopels (heute Istanbul).

Trotz seiner von staatlicher Seite eingeschränkten Wirkungsmöglichkeiten gilt der Ökumenische Patriarch bis heute als Ehrenoberhaupt der weltweiten orthodoxen Kirche. Eine führende Rolle hat das Patriarchat von Konstantinopel im 20. Jahrhundert auch im Bereich der innerchristlichen Ökumene sowie im Blick auf den Dialog der orthodoxen Kirche mit den Weltreligionen eingenommen. Patriarch Bartholomaios, der dieser Kirche seit 1991 vorsteht, hat sich nicht nur einen Namen als „grüner Patriarch" (wegen seines Einsatzes für Umweltfragen) gemacht, sondern sich auch besonders für das Zustandekommen eines Panorthodoxen Konzils (vgl. Kapitel 4.9) eingesetzt.

Ökumenisches Patriarchat von Konstantinopel

Ritus:	byzantinisch
Liturgiesprache:	griechisch
Kirchenjahr:	Mischkalender
Gläubige:	ca. 4 Millionen (vor allem in der weltweiten griechischsprachigen Diaspora)
Titel Ersthierarch:	Erzbischof von Konstantinopel, des Neuen Roms, und Ökumenischer Patriarch
Sitz Ersthierarch:	Istanbul (Türkei)
Diözesen:	67, davon 9 in Westeuropa und 12 in Nordamerika
Präsenz in Dtl.:	ca. 450 000 Gläubige; Griechisch-Orthodoxe Metropolie von Deutschland mit Sitz in Bonn: 1 Metropolit, 3 Vikarbischöfe; 61 Gemeinden; 69 Priester

Literatur: Metropolit Maximos von Sardes, Das Ökumenische Patriarchat in der Orthodoxen Kirche, Freiburg i. Br. 1980. J. Chryssavgis, The Ecumenical Patriarchate today, London 2014.

Internet: www.patriarchate.org; www.orthodoxie.net

Das **Griechisch-Orthodoxe Patriarchat von Alexandrien** umfasste ursprünglich die überwiegend griechischstämmige Minderheit der Christen in Ägypten, die den Beschlüssen des Konzils von Chalcedon folgten (vgl. Kapitel 2.3). Da sie auf diese Weise die Kirchenpolitik der byzantinischen Kaiser stützten, wurden sie von den Chalcedongegnern als „Melkiten" (Kaisertreue) bezeichnet. Obwohl das Melkitische Patriarchat formell nie aufgehoben wurde, gab es, insbesondere nach der arabischen Eroberung Ägyptens 642, längere Phasen, in denen das Patriarchat verwaist war. In der Zeit des Osmanischen Reiches (ab 1517) residierten die griechischen Patriarchen von Alexandrien in der Regel im Exil in Konstantinopel. Erst 1846 konnte wieder ein griechisch-orthodoxer Patriarch seinen Sitz in Alexandrien einnehmen. Während die Griechen die Liturgie anfangs wie die Kopten im alexandrinischen Ritus feierten, setzte sich ab dem 10. Jahrhundert allmählich der byzantinische Ritus durch.

In der ersten Hälfte des 20. Jahrhunderts gelang es dem Griechisch-Orthodoxen Patriarchat, seine Stellung als unabhängige Kirche innerhalb des ägyptischen Staates abzusichern. Zugleich entwickelte es zunehmend missionarische Aktivitäten, zunächst in Ostafrika, später auch im Süden des Kontinents. Heute hat das Griechisch-Orthodoxe Patriarchat von Alexandrien außer in Ägypten auch Bischofssitze in Uganda, Simbabwe, Kenia, Tansania, Kamerun, Nigeria, Ghana und Südafrika. Die schwarzafrikanischen Christen stellen inzwischen die Mehrheit der Gläubigen des Patriarchats, während die Bischöfe weiterhin meist Griechen sind. In ökumenischer Hinsicht gilt das Griechisch-Orthodoxe Patriarchat von Alexandrien als sehr aufgeschlossen: Es gehörte 1948 zu den Gründungsmitgliedern des Ökumenischen Rates der Kirchen und pflegt gute Kontakte mit den anderen christlichen Kirchen auf dem afrikanischen Kontinent. Die Patriarchen Parthenios III. (1987–1996) und Petros VII. (1997–2004) engagierten sich beide aktiv in der ökumenischen Bewegung. Der derzeitige, seit 2004 amtierende Patriarch Theodoros II. vermittelte darüber hinaus in innerorthodoxen Konflikten. Bemerkenswert sind schließlich die Bemühungen des Patriarchats von Alexandrien um eine Inkulturation des östlichen Christentums in Afrika, was sich

u. a. daran zeigt, dass die Liturgie zum Teil in afrikanischen Sprachen gefeiert wird.

Griechisch-Orthodoxes Patriarchat von Alexandrien	
Ritus:	byzantinisch
Liturgiesprache:	griechisch, teils auch in Arabisch und verschiedenen afrikanischen Sprachen
Kirchenjahr:	Mischkalender
Gläubige:	ca. 1 Million
Titel Ersthierarch:	Papst und Patriarch von Alexandrien und ganz Afrika
Sitz Ersthierarch:	Alexandria (Ägypten)
Diözesen:	34, auf dem ganzen afrikanischen Kontinent
Präsenz in Dtl.:	keine

Literatur: W. Hage, Das Griechisch-Orthodoxe Patriarchat Alexandria, in: Ders., Das orientalische Christentum, Stuttgart 2007, 70–78.
Internet: www.patriarchateofalexandria.com

Das **Griechisch-Orthodoxe Patriarchat von Antiochien** ist aus den Anhängern der Beschlüsse des Konzils von Chalcedon innerhalb des frühchristlichen Patriarchats von Antiochien hervorgegangen (vgl. Kapitel 2.1). Die Eroberung Antiochiens durch die muslimischen Araber 637 führte zu einer Schwächung dieser Kirche und brachte sie zunehmend unter byzantinischen Einfluss. Der westsyrische Ritus wurde allmählich durch den byzantinischen ersetzt. Während der Kreuzfahrer-Herrschaft musste der Patriarch ins Exil nach Byzanz fliehen. Nach der Eroberung Antiochiens durch die ägyptischen Mamluken 1268 konnte er zwar wieder nach Antiochien zurückkehren, doch die Stadt verlor zunehmend an Bedeutung, so dass das Patriarchat schon im 14. Jahrhundert seinen Sitz nach Damaskus verlegte. Als die Region 1517 von den türkischen Osmanen erobert wurde und alle orthodoxen

Gläubigen dem Patriarchen von Konstantinopel unterstellt wurden, geriet das Patriarchat von Antiochien noch stärker unter byzantinischen Einfluss. In der Regel wurden nur noch Griechen als Bischöfe und Patriarchen eingesetzt. Das führte zu Spannungen mit der inzwischen arabischsprachigen Mehrheit der Gläubigen, die erst ab 1899 durch die Einsetzung arabischstämmiger Patriarchen allmählich überwunden werden konnten.

Die enge Verbindung des Patriarchats mit Konstantinopel zeigt sich bis heute daran, dass es in der arabischen Sprache als „Rum-Orthodoxes Patriarchat“ bezeichnet wird. Das Wort „Rum“ ist die arabische Bezeichnung für die Rhomäer/Römer, womit die Byzantiner gemeint sind, die Byzanz als das „Neue Rom“ betrachteten. Das Griechisch-Orthodoxe Patriarchat von Antiochien hat sich in der zweiten Hälfte des 20. Jahrhunderts innerhalb der Orthodoxie zu einem Promotor des ökumenischen Dialogs entwickelt. Das langjährige Oberhaupt der Rum-Orthodoxen Kirche, Patriarch Ignatios IV. (1979–2012), hat sich durch sein ökumenisches Engagement hohes Ansehen weit über die Grenzen der eigenen Kirche hinaus erworben. Der derzeitige Patriarch Johannes X. (seit 2012) gilt ebenfalls als ökumenisch aufgeschlossen, ist aber durch einen Streit über das Jurisdiktionsgebiet mit dem Patriarchat von Jerusalem innerorthodox in eine isolierte Position geraten.

Griechisch-Orthodoxes Patriarchat von Antiochien

Ritus:	byzantinisch
Liturgiesprache:	arabisch
Kirchenjahr:	Mischkalender
Gläubige:	ca. 3 Millionen
Titel Ersthierarch:	Rum-Orthodoxer Patriarch von Antiochien und dem ganzen Orient
Sitz Ersthierarch:	Damaskus (Syrien)
Diözesen:	23, vor allem in Syrien und im Libanon, außerdem in den USA (3) und in Lateinamerika (4)

Präsenz in Dtl.:	ca. 50 000 Gläubige; Antiochenisch-Orthodoxe Metropolie von Deutschland: 1 Metropolit mit Sitz in Köln, 1 Vikarbischof in Berlin; 23 Gemeinden; 19 Priester

Literatur: G. Tamer, Kirche der Übergänge – die Rum-Orthodoxe Kirche im Libanon und in Deutschland, in: S. Gralla (Hg.), Oriens Christianus. Geschichte und Gegenwart des nahöstlichen Christentums, Münster u. a. 2003, 93–110.
A. Chehadeh, Die Griechisch-Orthodoxe Kirche von Antiochien und dem ganzen Orient (Rum-orthodox), in: Wort und Antwort 51 (2010) 170–176.

Internet: www.antiochpatriarchate.org; www.rum-orthodox.de

Das **Griechisch-Orthodoxe Patriarchat von Jerusalem** entstand 451, als das Konzil von Chalcedon beschloss, die Kirche von Jerusalem in den Rang eines Patriarchats zu erheben. Zuvor gehörten die christlichen Gemeinden im Heiligen Land zum Patriarchat von Antiochien. Mit seinem Beschluss reagierte das Konzil von Chalcedon auf die zunehmende Bedeutung Jerusalems als Ziel christlicher Wallfahrer, vor allem seit der Konstantinischen Wende. Die Blütezeit des Christentums im Heiligen Land endete jedoch bereits zu Beginn des 7. Jahrhunderts, als zunächst die Perser und später die muslimischen Araber Jerusalem eroberten (vgl. Kapitel 2.1). Während der Kreuzfahrer-Herrschaft im 12. Jahrhundert errichtete Rom ein lateinisches Patriarchat von Jerusalem. Nach der Eroberung durch Seldschuken und Mamluken gehörte das Heilige Land ab 1516 für mehr als 400 Jahre zum Osmanischen Reich, in dem alle orthodoxen Christen dem Patriarchen von Konstantinopel unterstellt waren. Die Patriarchen von Jerusalem residierten in dieser Zeit in der Regel in Konstantinopel. Die Osmanen übertrugen die Aufsicht über die heiligen Stätten in

Jerusalem weitgehend den Griechen. Dies führte allmählich zu einer Entfremdung zwischen der griechischstämmigen Hierarchie und der arabisch sprechenden Bevölkerung, die heute zunehmend die Beziehungen zwischen den Gemeinden und den Bischöfen des Patriarchats von Jerusalem belastet. Die Bischöfe des Patriarchats von Jerusalem werden aus den Reihen der „Bruderschaft vom Heiligen Grab" gewählt, der ausschließlich Griechen angehören. Die verheirateten Gemeindepriester und die Gläubigen sind dagegen größtenteils Araber, was dazu führt, dass die Liturgie nur noch in den Klöstern auf Griechisch gefeiert wird, während in den Gemeinden in der Regel das Arabische als Liturgiesprache verwendet wird.

Zum Patriarchat von Jerusalem gehört auch das autonome Erzbistum vom Berge Sinai, das praktisch identisch ist mit der Bruderschaft des Katharinenklosters auf dem Sinai. 1575 erklärte der Ökumenische Patriarch die Mönchsgemeinschaft für autonom, wobei der von den Mönchen gewählte Abt jeweils vom Patriarchen von Jerusalem zum Erzbischof geweiht wird. Unter Patriarch Diodoros I. (1981–2000) entwickelte sich das Patriarchat von Jerusalem zu einem Sprecher derjenigen Orthodoxen, die der Ökumene sehr reserviert gegenüberstehen, und zog seine Delegierten aus allen bilateralen ökumenischen Dialogen der orthodoxen Kirche zurück. Eine schwierige Zeit durchlebte das Patriarchat unter Patriarch Irenaios I. (2001–2005), der schließlich wegen umstrittener Immobiliengeschäfte abgesetzt wurde und seither unter Hausarrest steht. Mit dem seit 2005 amtierenden Patriarchen Theophilos III. öffnete sich das Patriarchat erneut für die Ökumene und nahm seine Mitarbeit im Ökumenischen Rat der Kirchen und dem Nahöstlichen Kirchenrat sowie in den internationalen Dialogen wieder auf. Im Jahr 2014 war das Patriarchat von Jerusalem Gastgeber der Internationalen orthodox-katholischen Dialogkommission, die in der jordanischen Hauptstadt Amman tagte.

Griechisch-Orthodoxes Patriarchat von Jerusalem	
Ritus:	byzantinisch
Liturgiesprache:	griechisch, arabisch
Kirchenjahr:	alter Kalender
Gläubige:	ca. 120 000
Titel Ersthierarch:	Griechisch-Orthodoxer Patriarch von Jerusalem
Sitz Ersthierarch:	Jerusalem (Israel)
Diözesen:	4 in Israel und Jordanien; autonomes Erzbistum auf dem Berg Sinai
Präsenz in Dtl.:	keine

Literatur: E. Chr. Suttner, Das Patriarchat von Jerusalem, in: Der christliche Osten 42 (1987) 82–97.
S. Rusos, The Patriarchate of Jerusalem in the Greek – Palestinian – Israeli triangle, in: One in Christ 39 (2004) 15–25.

Internet: www.jerusalem-patriarchate.info

Die **Russische Orthodoxe Kirche** führt ihre Entstehung zurück auf das Jahr 988, als der Kiewer Großfürst Wladimir das Christentum annahm und damit sein Volk in die byzantinische Kirche integrierte (vgl. Kapitel 2.6). Nach der Eroberung des Kiewer Reiches durch die Tataren (ab 1237) verlagerte sich der Schwerpunkt des Reiches nach Norden und die Metropoliten von Kiew nahmen ihren Sitz ab 1326 in Moskau. Bis ins 15. Jahrhundert unterstand die Kiewer Metropolie dem Ökumenischen Patriarchat. 1448 kam es zum Bruch zwischen Moskau und Byzanz, als der Kiewer Metropolit Isidor die Beschlüsse des Unionskonzils von Ferrara-Florenz (1438/39) in Russland durchsetzen wollte. Nach dem endgültigen Zerfall des Byzantinischen Reiches 1453 sahen sich Zar und Kirche in Russland zunehmend als einzig legitime „Hüter der Orthodoxie“. Diese Entwicklung führte 1589 zur Erhebung der Russischen Orthodoxen Kirche in den Rang eines Patriarchats. Nach einer Periode wachsender Machtfülle des Patriarchats im 17. Jahrhundert geriet die orthodoxe Kirche in Russland nach der Abschaffung des Patriarchats durch Zar Peter den Großen zu Beginn des 18. Jahrhunderts zunehmend unter staatliche Kontrolle.

Eine von der russischen Religionsphilosophie angestoßene Blütezeit der Theologie in Russland führte zu Beginn des 20. Jahrhunderts zu einer großen Reformbewegung, die im Landeskonzil von 1917/18 ihren Höhepunkt fand. Die von diesem Konzil beschlossenen innerkirchlichen Reformen sowie die Wiederherstellung des Patriarchats sollten es der orthodoxen Kirche ermöglichen, wieder zu einer gesellschaftsprägenden Kraft zu werden. Die Machtübernahme der Sowjets machte diese Pläne zunichte. Orthodoxe Bischöfe, Priester und Laien wurden verfolgt, erschossen oder in die berüchtigten Gulags gesteckt. Auch eine von Metropolit Sergij, in dessen Händen seit dem Tod Patriarch Tichons (1917–1925) die Leitung der russischen Kirche lag, im Jahr 1927 abgegebene Loyalitätserklärung gegenüber den Sowjets konnte die Verfolgungen nicht verhindern, führte aber zur Abspaltung zahlreicher russischer Emigranten vom Moskauer Patriarchat, die mit der „Russischen Orthodoxen Kirche im Ausland" nun eine eigene Kirchenstruktur schufen.

Der Zweite Weltkrieg brachte ein Ende der massiven Verfolgungen, weil Stalin bei der Verteidigung des Vaterlandes die moralische Unterstützung der orthodoxen Kirche benötigte. Nach 1945 fanden Staat und Kirche in der Sowjetunion zu einem Modus Vivendi, der dem Moskauer Patriarchat eine begrenzte seelsorgliche Tätigkeit innerhalb der wenigen geöffneten Kirchen ermöglichte, jedoch jeglichen gesellschaftlichen Einfluss durch das Verbot katechetischer und sozial-karitativer Tätigkeit der Kirche und die strikte Begrenzung des theologischen Nachwuchses zu unterbinden versuchte. 1961 durfte das Moskauer Patriarchat dem Ökumenischen Rat der Kirchen beitreten, weil sich die Machthaber von diesem Schritt erhofften, von den staatlichen Restriktionen, die unter Nikita Chruschtschow (1953–1964) wieder verstärkt worden waren, ablenken zu können. Das Moskauer Patriarchat nutzte den gegebenen Freiraum in den folgenden Jahrzehnten geschickt, um ein Netz von ökumenischen Beziehungen aufzubauen, durch das die sowjetischen Machthaber von allzu offener Verfolgung der orthodoxen Kirche abgehalten werden konnten.

Die von Michail Gorbatschow eingeleitete „Perestrojka" brachte auch für die Russische Orthodoxe Kirche neue Freiheiten mit sich. Im Jahr 1988 konnte das Moskauer Patriarchat in aller Öffentlichkeit die Tausendjahrfeier der Taufe der Kiewer Rus' begehen. Nach dem Zerfall der Sowjetunion 1991 gewann die orthodoxe Kirche in der Russischen Föderation sowie den übrigen Nachfolgestaaten der Sowjetunion rasch an Einfluss. Zugleich verschlechterten sich die ökumenischen Beziehungen, u. a. wegen der zahlreichen Missionare, die in den 1990er-Jahren in die ehemalige Sowjetunion strömten. Das Moskauer Patriarchat reagierte auf die zunehmende Konkurrenz, indem es das Territorium der ehemaligen Sowjetunion (mit Ausnahme Georgiens und Armeniens) zu seinem „kanonischen Territorium" erklärte. Um dem wachsenden Nationalbewusstsein in den Nachfolgestaaten der Sowjetunion Rechnung zu tragen, wurde den orthodoxen Kirchen in der Ukraine und in Weißrussland ein autonomer Status gewährt. Nach mehrjährigen Vorbereitungen wurde im Mai 2007 die Wiederherstellung der Kirchengemeinschaft zwischen dem Moskauer Patriarchat und der russischen Auslandskirche besiegelt, die jedoch als „sich selbst verwaltender Zweig" der Russischen Orthodoxen Kirche eine relative Unabhängigkeit bewahrt. Unter Patriarch Kyrill, der seit 2009 an der Spitze der Kirche steht, sind deutliche Veränderungen in der Kirchenstruktur zu beobachten (Gründung zahlreicher neuer Diözesen im Zuge der Errichtung von Metropolien mit Suffraganbistümern). Außerdem legt der Patriarch großen Wert auf eine solide theologische Ausbildung des Klerus, was zur Gründung einer kirchlichen „Doktorandenschule" in Moskau und zu Umstrukturierungen in den Geistlichen Seminaren und Akademien führte.

Orthodoxes Patriarchat von Moskau und ganz Russland	
Ritus:	byzantinisch
Liturgiesprache:	kirchenslawisch
Kirchenjahr:	alter Kalender
Gläubige:	ca. 120 Millionen
Titel Ersthierarch:	Patriarch von Moskau und ganz Russland
Sitz Ersthierarch:	Moskau (Russland)
Diözesen:	293, davon 53 der autonomen „Ukrainischen Orthodoxen Kirche", 15 der autonomen „Orthodoxen Kirche in Weißrussland", 9 der autonomen „Russischen Orthodoxen Kirche im Ausland"
Präsenz in Dtl.:	ca. 400 000 Gläubige; zwei Diözesen: (1) Berliner Diözese des Moskauer Patriarchats (Bischofssitz in Berlin), 89 Gemeinden, 72 Priester, 15 Diakone; (2) Diözese der Russ. Orth. Kirche im Ausland mit 2 Bischöfen (Diözesanbischof und Vikarbischof), 62 Gemeinden, 42 Priester, 16 Diakone

Literatur: Die Russische Orthodoxe Kirche, hg. von Metropolit Pitirim von Volokolamsk, Berlin/New York 1988.
Th. Bremer, Kreuz und Kreml. Geschichte der orthodoxen Kirche in Russland, Freiburg i. Br. ²2016.

Internet: www.patriarchia.ru; www.mospat.ru; www.rokmp.de; www.rocor.de

Die **Serbische Orthodoxe Kirche** verdankt ihre Selbstständigkeit dem hl. Sava, der 1219 zum ersten Erzbischof von Serbien geweiht wurde und bis heute als Nationalheiliger des serbischen Volkes verehrt wird. Einen nachhaltigen Eindruck im serbischen Geschichtsbewusstsein hat die verlorene Schlacht auf dem Amselfeld (Kosovo polje) hinterlassen, die 1389 den Beginn der osmanischen

Herrschaft auf dem Balkan markierte (vgl. Kapitel 2.5). Im 17. Jahrhundert bauten die Serben im Süden der Habsburgermonarchie eine eigene Kirchenstruktur unter Führung des Metropoliten von Sremski Karlovci auf. Nach Auflösung des (ersten) serbischen Patriarchats von Peć (1346–1766) durch die Osmanen erlangten die Metropoliten von Sremski Karlovci als oberste Repräsentanten aller Orthodoxen in der Habsburgermonarchie große Bedeutung und erhielten ab 1848 auch den Titel Patriarch. Nach Wiedererlangung der staatlichen Selbstständigkeit (1882 Königreich Serbien, nach dem Ersten Weltkrieg 1918 erweitert zum „Königreich der Serben, Kroaten und Slowenen") kam es zur Wiedervereinigung der Kirchenstrukturen innerhalb und außerhalb des serbischen Stammlandes. 1920 erkannte das Ökumenische Patriarchat die Wiederherstellung des serbischen Patriarchats an, das seither seinen Sitz in Belgrad hat.

Nach dem Zweiten Weltkrieg hatte die Serbische Orthodoxe Kirche im Jugoslawien Titos erneut unter Verfolgungen zu leiden. Zusätzlich geschwächt wurde sie 1967 durch die von staatlicher Seite unterstützte Autokephalie-Erklärung der Makedonischen Orthodoxen Kirche, die seither nicht mehr unter der Jurisdiktion Belgrads steht. Während der Balkankriege 1991–1995 trat die orthodoxe Kirche für die Einheit des serbischen Volkes ein, was vom Westen als Kriegstreiberei kritisiert wurde, obwohl Patriarch Pavle (1990–2009) mehrfach zu Gewaltlosigkeit und Versöhnung aufrief. Der Konflikt um den Kosovo war aus orthodoxer Sicht von besonderer Brisanz, weil dort das historische Zentrum der serbischen Kirche (das Kloster Peć) liegt. Die Serbische Orthodoxe Kirche verfügt über ein solides theologisches Ausbildungssystem mit mehreren Priesterseminaren und einer theologischen Fakultät an der staatlichen Universität in Belgrad. Unter Patriarch Irinej (seit 2010) zeigt sie auch eine größere Aufgeschlossenheit für ökumenische Kontakte und Kooperation.

Orthodoxes Patriarchat von Serbien	
Ritus:	byzantinisch
Liturgiesprache:	serbisch
Kirchenjahr:	alter Kalender
Gläubige:	ca. 9 Millionen
Titel Ersthierarch:	Erzbischof von Peć, Metropolit von Belgrad und Karlovci und serbischer Patriarch
Sitz Ersthierarch:	Belgrad (Serbien)
Diözesen:	39, davon je 5 in Westeuropa und in Amerika
Präsenz in Dtl.:	ca. 350 000 Gläubige; Diözese von Frankfurt und ganz Deutschland mit Bischofssitz in Hildesheim-Himmelsthür; 43 Gemeinden mit 76 Seelsorgestellen; 51 Priester, 4 Diakone

Literatur: Th. Bremer, Kleine Geschichte der Religionen in Jugoslawien, Freiburg i. Br. 2003.
R. Kisić, Vertrauen und Zusammenarbeit. Die Orthodoxe Kirche im heutigen Serbien, in: Herder Korrespondenz 66 (2012) 626–631.

Internet: www.spc.rs; www.serbische-diozese.org

Die **Rumänische Orthodoxe Kirche** ist einzigartig innerhalb der Kirchen der byzantinischen Orthodoxie, insofern sie von einer romanischen Sprache und Kultur geprägt ist, was ihr eine besondere Brückenfunktion zur lateinischen Kirche des Westens verleiht. Trotz frühchristlicher Wurzeln auf dem Gebiet des heutigen Rumänien und einer lebendigen Entwicklung der orthodoxen Kirche in den beiden rumänischen Fürstentümern Walachei und Moldau gibt es erst seit der Vereinigung dieser beiden Fürstentümer zu einem Staat in der Mitte des 19. Jahrhunderts eine eigenständige Rumänische Orthodoxe Kirche (vgl. Kapitel 2.5). 1885 erkannte das Ökumenische Patriarchat von Konstantinopel die Autokephalie der rumänischen Kirche an. 1925 wurde die Rumänische Orthodoxe Kirche zum Patriarchat erhoben, nachdem sich das Territorium Rumäniens nach dem Ersten Weltkrieg durch die Eingliederung Siebenbürgens, Bessarabiens und der Bukowina beinahe verdoppelt hatte.

Während der kommunistischen Herrschaft in Rumänien hatte die orthodoxe Kirche wie alle christlichen Kirchen unter Restriktionen und Verfolgungen zu leiden, während die Kirchenleitung zur Loyalität gegenüber den Staatsorganen verpflichtet wurde. Im Gegensatz zu anderen osteuropäischen Ländern blieben jedoch zahlreiche Klöster, mehrere Priesterseminare und auch einige theologische Hochschulen geöffnet. Dadurch gelang es der orthodoxen Kirche in Rumänien nach dem Sturz Nicolae Ceauşescus im Dezember 1989 schneller und besser als in anderen Ländern Osteuropas, das Glaubens- und Gemeindeleben zu reaktivieren und das Niveau der theologischen Ausbildung wieder anzuheben. Zu den weltweit einflussreichsten orthodoxen Theologen im 20. Jahrhundert zählt der rumänische Theologe Dumitru Staniloae (1903–1993). Die Rumänische Orthodoxe Kirche ist seit 1961 Mitglied im Ökumenischen Rat der Kirchen und rumänische Theologen gehören seit Jahren zu den aktivsten Vertretern der orthodoxen Kirche im ökumenischen Dialog. Rumänien war das erste mehrheitlich orthodoxe Land, das Papst Johannes Paul II. 1999 besuchen konnte. Auch die Gastgeberrolle für die Dritte Europäische Ökumenische Versammlung in Sibiu (Hermannstadt) im September 2007 zeugt vom ökumenischen Engagement der Rumänischen Orthodoxen Kirche. Eine entscheidende Rolle spielte dabei Metropolit Daniel (Ciobotea) von Iaşi, der kurz danach zum Patriarchen der Rumänischen Orthodoxen Kirche gewählt wurde. Patriarch Daniel (seit 2007) bemüht sich um eine stärkere gesellschaftliche Rolle der orthodoxen Kirche und legt in diesem Zusammenhang besonderen Wert auf eine gute Medienarbeit der Kirche.

Orthodoxes Patriarchat von Rumänien

Ritus:	byzantinisch
Liturgiesprache:	rumänisch
Kirchenjahr:	Mischkalender
Gläubige:	ca. 20 Millionen
Titel Ersthierarch:	Erzbischof von Bukarest, Metropolit der Walachei und Patriarch der Orthodoxen Kirche in Rumänien
Sitz Ersthierarch:	Bukarest (Rumänien)
Diözesen:	40, vorwiegend in Rumänien, einige in den Nachbarstaaten, 5 in Westeuropa und je 1 in den USA und in Australien
Präsenz in Dtl.:	ca. 400 000 Gläubige; Rumänische Orthodoxe Metropolie von Deutschland, Zentral- und Nordeuropa: 1 Metropolit mit Sitz in Nürnberg, 1 Vikarbischof in München; 64 Gemeinden; 71 Priester, 11 Diakone; außerdem gibt es 8 rumänische Kirchengemeinden im Rahmen der Griechisch-Orthodoxen Metropolie von Deutschland

Literatur: M. Păcurariu, Geschichte der Rumänischen Orthodoxen Kirche, Erlangen 1994.
J. Henkel, Einführung in Geschichte und kirchliches Leben der Rumänischen Orthodoxen Kirche, Berlin 2007.
E. P. Tăvală, Kirche und Staat in Rumänien, Sibiu 2012.

Internet: www.patriarhia.ro; www.mitropolia-ro.de

Die **Bulgarische Orthodoxe Kirche** kann innerhalb der slawischsprachigen Orthodoxie die älteste Tradition für sich beanspruchen: Nach der Christianisierung 864 erlangte sie bereits im frühen 10. Jahrhundert ihre Selbstständigkeit (Erstes Bulgarisches Patriarchat: 927–1018), gewann nach einer Zwischenperiode byzantinischer Vorherrschaft erneut große Bedeutung für die Christianisierung des gesamten Balkans (Zweites Bulgarisches Patriarchat: 1235–1393), bevor die Türken die bulgarische Kirche wieder dem Patriarchen von Konstantinopel unterstellten (vgl. Kapitel 2.5). 1870 errichtete der Sultan ein bulgarisches Exarchat und verlieh der orthodoxen Kirche in Bulgarien damit einen autonomen Status. Das Streben des bulgarischen Exarchats nach vollständiger Unabhängigkeit von Konstantinopel führte 1872 zum Schisma zwischen der bulgarischen Kirche und dem Patriarchat von Konstantinopel, das den Bulgaren „Phyletismus" – die Organisation der Kirche nach dem Nationalitätsprinzip – vorwarf. Das Schisma wurde erst 1945 beendet, als das Ökumenische Patriarchat die Autokephalie der Bulgarischen Orthodoxen Kirche anerkannte und später auch der Wiedererrichtung des Patriarchats (Drittes Bulgarisches Patriarchat: seit 1951) zustimmte.

Während der kommunistischen Herrschaft hatte auch die orthodoxe Kirche in Bulgarien unter Restriktionen zu leiden, wie z. B. durch den Ausschluss der theologischen Fakultät aus der Sofioter Universität im Jahr 1950 (1991 wieder in die Universität integriert) oder die Verstaatlichung des berühmten Rila-Klosters im Jahr 1961. Die theologische Fakultät in Sofia konnte jedoch als „Geistliche Akademie" auch in kommunistischer Zeit weiterexistieren und die Ausbildung des Klerus sichern. Zu den bekanntesten bulgarischen Theologen des 20. Jahrhunderts gehört Stefan Zankow (1881–1965), der zu den orthodoxen Pionieren der ökumenischen Bewegung zählt und den Weg der Bulgarischen Orthodoxen Kirche in den Ökumenischen Rat der Kirchen (ÖRK) bereitete, dem sie 1961 beitrat. 1992 kam es zu einer Spaltung innerhalb der Bulgarischen Orthodoxen Kirche, weil einige Bischöfe dem amtierenden Patriarchen Maksim (1971–2012) vorwarfen, sein Amt nur mit Hilfe der kommunistischen Herrscher erlangt zu haben. Formell wurde dieses Schisma zwar 1998 durch eine kleine panorthodoxe Synode in Sofia behoben, aber die Auseinandersetzungen zwischen dem „alternativen Synod" und dem Patriarchat – vor allem um den Besitz von Kirchengebäuden – zogen sich noch über Jahre hin. Die internen Spannungen dürften auch der Hauptgrund für den 1998 erklärten Austritt der Bulgarischen Orthodoxen Kirche aus dem ÖRK sein. Unter Patriarch Neofit (seit 2013) scheint sich die Lage der orthodoxen Kirche in Bulgarien allmählich wieder zu stabilisieren.

Orthodoxes Patriarchat von Bulgarien

Ritus:	byzantinisch
Liturgiesprache:	kirchenslawisch
Kirchenjahr:	Mischkalender
Gläubige:	ca. 7 Millionen
Titel Ersthierarch:	Metropolit von Sofia und Patriarch von Bulgarien
Sitz Ersthierarch:	Sofia (Bulgarien)
Diözesen:	15, davon je 1 in Westeuropa und in Amerika
Präsenz in Dtl.:	ca. 80 000 Gläubige; Bulgarische Orthodoxe Metropolie von West- und Mitteleuropa: 1 Metropolit mit Sitz in Berlin, 6 Priester, 4 Diakone, 9 Gemeinden, 1 Kloster

Literatur: A. Sevova-Illert / M. Illert, Die Bulgarische Orthodoxe Kirche nach der Wende 1989, in: Ökumenische Rundschau 53 (2004) 25–32.
H.-D. Döpmann, Kirche in Bulgarien von den Anfängen bis zur Gegenwart, München 2006.
G. Vlantis, Die orthodoxe Kirche Bulgariens und die ökumenische Bewegung, in: Orthodoxes Forum 27 (2013) 57–69.
Internet: www.bg-patriarshia.bg; www.rilaeu.com

Die **Georgische Orthodoxe Kirche** zählt zu den ältesten christlichen Kirchen. Bereits zu Beginn des 4. Jahrhunderts gab es christliche Gemeinden an der georgischen Schwarzmeerküste im von den Griechen beherrschten Westgeorgien. Ostgeorgien, von den Griechen Iberien genannt, stand dagegen unter persischer Vorherrschaft. Die Christianisierung Ostgeorgiens vollzog sich vor allem mit Unterstützung der armenischen Kirche. Der Legende nach hat der georgische König Mirian das Christentum in Iberien um 337 zur Staatsreligion erklärt, nachdem die hl. Nino, eine aus Kappadokien stammende Christin, seine Frau von einer Krankheit geheilt hatte (vgl. Kapitel 2.2). Durch die Rezeption der Beschlüsse des Konzils von Chalcedon trennte sich die georgische Kirche zu Beginn des 7. Jahrhunderts von der armenischen Kirche und geriet infolgedessen stärker unter byzantinischen Einfluss. Trotz mehrfach wechselnder Fremdherrschaft konnte die georgische Kirche, vor allem durch das auch außerhalb Georgiens beheimatete Mönchtum, ihre Identität bewahren. Im 18. Jahrhundert geriet Georgien zunehmend unter russischen Einfluss und wurde schließlich 1801 dem Russischen Reich einverleibt.

Im Zuge der staatlichen Neuorganisation 1917–1921 erlangte die georgische Kirche ihre Selbstständigkeit wieder. Nach der Lockerung der restriktiven sowjetischen Religionspolitik während des Zweiten Weltkriegs erkannte das Patriarchat von Moskau 1943 die Autokephalie der Georgischen Orthodoxen Kirche an. Doch erst nach dem Tod Stalins, der als gebürtiger Georgier selbst einmal Schüler des Priesterseminars von Tbilisi gewesen war, konnte sich die Georgische Orthodoxe Kirche allmählich reorganisieren und wieder in Kontakt mit anderen christlichen Kirchen treten. Einen wesentlichen Beitrag zur Erneuerung des kirchlichen Lebens in Georgien leistete der seit 1977 (bis heute) amtierende Patriarch Ilia II., der sich auch im Ökumenischen Rat der Kirche (ÖRK) engagierte. Im März 1990 bestätigte das Ökumenische Patriarchat die Autokephalie der Georgischen Orthodoxen Kirche. Seit dem Zerfall der Sowjetunion und der Unabhängigkeitserklärung der Republik Georgien 1991 gewinnt die orthodoxe Kirche in Georgien wieder zunehmend an Einfluss auf die Gesellschaft. Damit verbunden ist auch eine Wiederbelebung des Mönchtums in Georgien, das allerdings sehr kritisch gegenüber ökumenischen Kontakten eingestellt ist, was im Mai 1997 zum Austritt der Georgischen Orthodoxen Kirche aus dem ÖRK führte.

Orthodoxes Patriarchat von Georgien	
Ritus:	byzantinisch
Liturgiesprache:	georgisch
Kirchenjahr:	alter Kalender
Gläubige:	ca. 4 Millionen
Titel Ersthierarch:	Erzbischof von Mzcheta, Metropolit von Tbilisi und Katholikos-Patriarch von ganz Georgien
Sitz Ersthierarch:	Tiflis (Georgien)
Diözesen:	47, fast ausschließlich in Georgien
Präsenz in Dtl.:	ca. 15 000 Gläubige; 1 Bischof mit Sitz in Düsseldorf; 4 Gemeinden; 2 Priester

Literatur: L. Heiser, Die Georgische Orthodoxe Kirche und ihr Glaubenszeugnis, Trier 1989.
H. Fähnrich, Geschichte Georgiens von den Anfängen bis zur Mongolenherrschaft, Aachen 1993.
N. Papuashvili, Aus der jüngsten Vergangenheit der Georgischen Orthodoxen Kirche, Tiflis 2012.
Internet: www.patriarchate.ge

Nach dem Zeugnis der Bibel reichen die Wurzeln der **Orthodoxen Kirche von Zypern** bereits bis in die apostolische Zeit zurück (vgl. Apg 13,4–13). Der aus Zypern stammende Apostel Barnabas gilt als erster Bischof der Insel. Anfangs unterstanden die orthodoxen Christen Zyperns dem Patriarchen von Antiochien, doch schon 431 gewährte das Konzil von Ephesus der Kirche von Zypern die Autokephalie. Seither wählt die Synode der zypriotischen Bischöfe ihren Erzbischof selbstständig. In der Rangfolge der orthodoxen Kirchen steht sie daher an erster Stelle nach den Kirchen mit Patriarchatsstatus.

Politisch gehörte die Mittelmeerinsel bis zum Ende des 12. Jahrhunderts zum Byzantinischen Reich, obwohl sie im 8. und 9. Jahrhundert mehrfach von Arabern okkupiert wurde. 1191 eroberte Richard Löwenherz die Insel, die danach für mehrere Jahrhunderte unter lateinischer Herrschaft stand, zuletzt (1489–1571) als venezianische Kolonie. In dieser Zeit wurden die orthodoxen Bischöfe größtenteils durch lateinische Hierarchen ersetzt, von denen nicht wenige durch die Konfiszierung orthodoxer Kirchengüter sich persönlich bereicherten. Während der osmanischen Herrschaft auf Zypern (1571–1878) wurde die lateinische Hierarchie des Landes verwiesen und die orthodoxen Bischöfe wieder als geistliche (und zivile) Repräsentanten des zypriotischen Volkes eingesetzt. Nach dem russisch-türkischen Krieg kam die Insel 1878 unter britische Vorherrschaft, die erst 1959 mit der Unabhängigkeit Zyperns endete. Die orthodoxe Kirche spielte bei den Unabhängigkeitsbestrebungen eine führende Rolle, so dass der zypriotische Erzbischof Makarios III. 1959 zum ersten Präsidenten der unabhängigen Republik Zypern gewählt wurde. Er übte dieses Amt unter Beibehaltung seiner geistlichen Ämter bis zu seinem Tod 1977 aus. Die Orthodoxe Kirche von Zypern, der seit 2006 Erzbischof Chrysostomos vorsteht, ist von der griechischen Sprache und Kultur geprägt und pflegt enge Beziehungen mit der Kirche von Griechenland.

Orthodoxe Kirche von Zypern

Ritus:	byzantinisch
Liturgiesprache:	griechisch
Kirchenjahr:	Mischkalender
Gläubige:	ca. 650 000
Titel Ersthierarch:	Erzbischof von Nea Justiniana und ganz Zypern

Sitz Ersthierarch:	Nikosia (Zypern)
Diözesen:	10, ausschließlich auf Zypern
Präsenz in Dtl.:	vgl. Griechisch-Orthodoxe Metropolie von Deutschland (Ökumenisches Patriarchat), S. 88

Literatur: G. Panagopoulos, Zur Entstehung der Autokephalie der Kirche Zyperns, in: Orthodoxes Forum 11 (1997) 11–19. Th. Nikolaou, Geschichte und Gegenwartslage der autokephalen Kirche von Zypern, in: Orthodoxes Forum 18 (2004) 31–40.

Internet: www.churchofcyprus.org.cy

Die **Orthodoxe Kirche von Griechenland** unterstand über Jahrhunderte der Jurisdiktion des Patriarchats von Konstantinopel. Erst im Zusammenhang mit den griechischen Unabhängigkeitsbestrebungen im 19. Jahrhundert, mit denen sich die Griechen aus dem Herrschaftsbereich des Osmanischen Reiches zu lösen vermochten, kam es zum Abbruch der Beziehungen zwischen der griechischen Kirche und dem Patriarchat von Konstantinopel (vgl. Kapitel 2.4). 1833 erklärte sich die griechische Kirche einseitig für autokephal, was nicht nur auf Seiten des Patriarchats, sondern auch in Griechenland selbst auf massive Kritik stieß. Nach langwierigen Auseinandersetzungen erkannte das Ökumenische Patriarchat im Juni 1850 schließlich die Autokephalie der Kirche von Griechenland an. Nach deutschem Vorbild wurden an den Universitäten von Athen und Thessaloniki theologische Fakultäten errichtet, die sich erfolgreich um eine Anhebung des Bildungsniveaus des orthodoxen Klerus in Griechenland bemühten.

Mit der Erweiterung des griechischen Staatsterritoriums im Zusammenhang mit den Balkankriegen zu Beginn des 20. Jahrhunderts kamen die sogenannten „Neuen Länder" im Norden Griechenlands hinzu, die formell weiter der Jurisdiktion des Patriarchen von Konstantinopel unterstehen, jedoch von der Synode der

Kirche von Griechenland unter Leitung des Erzbischofs von Athen verwaltet werden. Seit 1977 genießt die Orthodoxe Kirche von Griechenland den Status einer Körperschaft des öffentlichen Rechts, die in ihren inneren Angelegenheiten weitgehend unabhängig vom Staat agieren kann. Der Orthodoxen Kirche von Griechenland, deren höchster Repräsentant seit 2008 Erzbischof Hieronymos II. von Athen ist, gehören ca. 98 Prozent der griechischen Bevölkerung an. Der Berg Athos, die Kirche von Kreta, die Insel Patmos und der Dodekanes unterstehen jedoch, wie die griechischen Orthodoxen außerhalb Griechenlands, weiterhin der Jurisdiktion des Patriarchats von Konstantinopel.

Orthodoxe Kirche von Griechenland

Ritus:	byzantinisch
Liturgiesprache:	griechisch
Kirchenjahr:	Mischkalender
Gläubige:	ca. 10 Millionen (ausschließlich in Griechenland)
Titel Ersthierarch:	Erzbischof von Athen und ganz Griechenland
Sitz Ersthierarch:	Athen (Griechenland)
Diözesen:	84, einschließlich 36 Diözesen in den „Neuen Ländern", die formell dem Ökumenischen Patriarchat unterstehen
Präsenz in Dtl.:	vgl. Griechisch-Orthodoxe Metropolie von Deutschland (Ökumenisches Patriarchat), S. 88

Literatur: M. Wittig, Die Orthodoxe Kirche in Griechenland, Würzburg 1987.
V. N. Makrides, The Orthodox Church of Greece, in: L. N. Leustean (Hg.), Eastern Christianity and the Cold War 1945–1991, London 2010, 253–270.
Internet: www.ecclesia.gr

Die **Orthodoxe Kirche von Polen** existiert erst seit der Wiedererrichtung eines polnischen Staates im Jahr 1918 als eine selbstständige Größe. Zuvor gehörten die orthodoxen Gläubigen auf dem Territorium Polens zur Metropolie von Kiew, die bis 1686 dem Patriarchat von Konstantinopel unterstand, danach jedoch in das Patriarchat von Moskau integriert wurde. Vom 17. bis ins 19. Jahrhundert unterstanden die orthodoxen Christen polnischer Abstammung daher der Russischen Orthodoxen Kirche. Der 1918 unabhängig gewordene polnische Staat war jedoch daran interessiert, die orthodoxen Christen des Landes möglichst unabhängig von Moskau zu machen, und unterstützte daher die Autokephaliebestrebungen der orthodoxen Bischöfe in Polen. Im September 1921 verlieh der russische Patriarch Tichon der Orthodoxen Kirche von Polen den Status der Autonomie und gründete ein Exarchat im Rahmen des Moskauer Patriarchats. Nach der Verhaftung Patriarch Tichons durch die Sowjetbehörden beschloss ein Konzil der Orthodoxen Kirche von Polen im Juni 1922, den Status der Autokephalie anzustreben. Trotz des Widerstands der Russischen Orthodoxen Kirche erkannte der Ökumenische Patriarch Grigorios VII. im November 1924 die Autokephalie der Orthodoxen Kirche von Polen an. Diesem Beschluss folgten später auch die anderen autokephalen orthodoxen Kirchen.

Vor dem Zweiten Weltkrieg zählte die Orthodoxe Kirche von Polen, das damals noch weite Teile der heutigen Ukraine und Weißrusslands umfasste, mehr als vier Millionen Gläubige. Mit dem Verlust der polnischen Ostgebiete an die Sowjetunion sank die Zahl der orthodoxen Gläubigen in Polen erheblich, da die mehrheitlich orthodox geprägten Regionen nun auf dem Gebiet der Sowjetrepubliken Weißrussland und Ukraine lagen. 1948 wurde die Autokephalie der Polnischen Orthodoxen Kirche auch vom Moskauer Patriarchat anerkannt. In Ostpolen gibt es heute noch mehrheitlich orthodox geprägte Regionen (vor allem in dem Gebiet um Białystok), während in Westpolen eine weit verstreute Diaspora besteht, die vor allem durch die Zwangsumsiedlung ukrainischer und weißrussischer Bevölkerungsgruppen entstand. Die Polnische

Orthodoxe Kirche beteiligt sich aktiv am ökumenischen Dialog und feiert ihre Gottesdienste heute zum Teil auch in polnischer Sprache. Seit 1998 steht Metropolit Sawa der Orthodoxen Kirche von Polen vor.

Orthodoxe Kirche von Polen	
Ritus:	byzantinisch
Liturgiesprache:	kirchenslawisch, polnisch
Kirchenjahr:	alter Kalender
Gläubige:	ca. 500 000
Titel Ersthierarch:	Metropolit von Warschau und ganz Polen
Sitz Ersthierarch:	Warschau (Polen)
Diözesen:	6, ausschließlich in Polen
Präsenz in Dtl.:	ca. 10 000 Gläubige

Literatur: R. Zerelik, Die Orthodoxe Kirche in Polen zwischen dem Ersten und Zweiten Weltkrieg, in: Kirchliche Zeitgeschichte 15 (2002) 169–181.
Erzbischof Jeremiasz (Anchimiuk), Die Polnische Orthodoxe Kirche nach dem Zweiten Weltkrieg, ebd., 290–297.

Internet: www.orthodox.pl

Die **Orthodoxe Kirche von Albanien** nahm erst im 20. Jahrhundert eine eigenständige Entwicklung. Zuvor waren die orthodoxen Albaner vollständig in die griechischsprachige Orthodoxie integriert: Die Liturgiesprache war Griechisch und die meisten Bischöfe der albanischen Kirche stammten aus Griechenland. Erst in der zweiten Hälfte des 19. Jahrhunderts bildete sich ein albanisches Nationalbewusstsein aus. Als es nach dem Ersten Weltkrieg gelang, einen unabhängigen albanischen Staat zu etablieren, kam in Albanien sehr rasch auch der Wunsch nach einer unabhängigen orthodoxen Kirche auf. Im September 1922 erklärte sich die Albanische Orthodoxe Kirche für autokephal und ernannte einen in Jugoslawien geweihten Bischof zu ihrem provisorischen Leiter. Nach dem Scheitern mehrerer Vermittlungsversuche gab sich die albanische Kirche 1929 ein eigenes Statut, weihte mit serbischer Unterstützung weitere Bischöfe und etablierte eine eigene Bischofssynode. 1937 erfolgte die Anerkennung der Autokephalie der Albanischen Orthodoxen Kirche seitens des Ökumenischen Patriarchats.

Nach der Machtübernahme der Kommunisten im Jahr 1945 hatte die orthodoxe Kirche wie alle religiösen Gruppen in Albanien unter extremen Verfolgungsmaßnahmen zu leiden. Die kommunistischen Herrscher in Albanien verfolgten jegliche religiöse Tätigkeit und zerstörten konsequent alle Kirchenstrukturen. Erst nach dem Sturz des kommunistischen Regimes 1991 konnte sich in Albanien wieder kirchliches Leben entwickeln. Da kein einziger albanischer Bischof die kommunistische Herrschaft überlebt hatte, ernannte das Ökumenische Patriarchat 1991 den angesehenen griechischen Theologen Anastasios Yannoulatos zum Leiter der Orthodoxen Kirche von Albanien. Im Juni 1992 wurden drei weitere Bischöfe für Albanien geweiht und eine eigenständige Synode konstituiert. 1998 konnten erstmals wieder zwei Albaner zu Bischöfen geweiht werden. Die orthodoxen Albaner sind vor allem im Süden des Landes beheimatet. Erzbischof Anastasios, der bis heute der Albanischen Orthodoxen Kirche vorsteht, zählt zu den engagiertesten Vertretern der orthodoxen Kirche in der ökumenischen Bewegung.

Orthodoxe Kirche von Albanien

Ritus:	byzantinisch
Liturgiesprache:	albanisch
Kirchenjahr:	Mischkalender
Gläubige:	ca. 300 000
Titel Ersthierarch:	Erzbischof von Tirana, Durres und ganz Albanien
Sitz Ersthierarch:	Tirana (Albanien)
Diözesen:	6, ausschließlich in Albanien
Präsenz in Dtl.:	ca. 1000 Gläubige

Literatur: J. Forrest, The Resurrection of the Church in Albania – Voice of Orthodox Christians, Genf 2002.
Internet: www.orthodoxalbania.org

Die **Orthodoxe Kirche von Tschechien und der Slowakei** entstand erst gegen Ende des 19. Jahrhunderts. Zwar hatten die Slawenapostel Kyrillos und Methodios schon im 9. Jahrhundert im Großmährischen Reich missioniert, doch später entschieden sich die meisten Völker des westslawischen Sprachraums für das Christentum lateinischer Prägung. Die im 19. Jahrhundert propagierte Idee des Panslawismus führte in den letzten Jahrzehnten dieses Jahrhunderts zu Konversionen einzelner Tschechen und Slowaken zur Orthodoxie. 1874 wurde die erste orthodoxe Gemeinde in Prag gegründet. Diese sowie weitere orthodoxe Gemeinden in den tschechischen Kurorten wurden zunächst von orthodoxen Priestern aus Russland betreut, die neben den russischen Kurgästen bald auch tschechische Konvertiten in ihre Gemeinden aufnahmen. Im Jahr 1904 schloss sich eine größere Gruppe tschechischer Altkatholiken der orthodoxen Kirche an. Als nach dem Ende des Ersten Weltkriegs 1918 die Tschechoslowakei als unabhängiger Staat begründet wurde, entstand eine weitere orthodoxe Kirche, die größtenteils aus konvertierten Katholiken bestand. Während sich die eine Gruppe dem Ökumenischen Patriarchat unterstellte, unterstand die zweite der Jurisdiktion des Serbischen Patriarchats.

Nach dem Ende des Zweiten Weltkriegs, als die Zahl der orthodoxen Gläubigen in der Tschechoslowakei aufgrund der Annexion Transkarpatiens durch die Sowjetunion erheblich geschrumpft war, vereinigten sich die beiden Zweige zu einer einheitlichen Kirchenstruktur, die sich zunächst der Jurisdiktion des Moskauer Patriarchats unterstellte. Durch die 1950 von staatlicher Seite verfügte Auflösung der Griechisch-katholischen Kirche in der Slowakei und den Übertritt der meisten griechisch-katholischen Gläubigen zur Orthodoxie vergrößerte sich die Zahl der

Gläubigen erheblich. Auf dieser Basis verlieh das Patriarchat von Moskau der Orthodoxen Kirche in der Tschechoslowakei im Dezember 1951 den Status der Autokephalie. Das Patriarchat von Konstantinopel erkannte diesen einseitigen Schritt Moskaus lange Zeit nicht an und bestätigte erst im September 1998 die Autokephalie der Orthodoxen Kirche von Tschechien und der Slowakei. Nach dem Zusammenbruch des kommunistischen Regimes und der Aufteilung der Tschechoslowakei in zwei unabhängige Staaten wurde die Struktur der orthodoxen Kirche zum 1. Januar 1993 durch die Bildung zweier Kirchenprovinzen den neuen Gegebenheiten angepasst. Der theologische Nachwuchs wird in der Orthodoxen Theologischen Fakultät an der im Januar 1997 neu begründeten Universität von Prešov ausgebildet. Seit 1965 gehört die Orthodoxe Kirche von Tschechien und der Slowakei dem Ökumenischen Rat der Kirchen an. Nach dem Rücktritt von Metropolit Kryštof (2006–2013) kam es unter den Bischöfen zu Streitigkeiten über die Nachfolge im Amt des Ersthierarchen, die erst im Januar 2016 zugunsten von Metropolit Rastislav von Prešov beendet werden konnten.

Orthodoxe Kirche von Tschechien und der Slowakei

Ritus:	byzantinisch
Liturgiesprache:	kirchenslawisch, teilweise auch tschechisch und slowakisch
Kirchenjahr:	Mischkalender
Gläubige:	ca. 75 000, davon ca. 52 000 in der Slowakei und ca. 23 000 in der Tschechischen Republik
Titel Ersthierarch:	Metropolit der Tschechischen Lande und der Slowakei
Sitz Ersthierarch:	Prešov (Slowakei)
Diözesen:	je 2 in der Tschechischen Republik und in der Slowakei
Präsenz in Dtl.:	ca. 500 Gläubige

Literatur: E. Hauptmann, Die Orthodoxe Kirche auf ihren Wegen ins tschechische Volkstum, in: Kirche im Osten 11 (1968) 38–64.
T. Havlicek, The Czechoslovak Orthodox Church, in: L. N. Leustean (Hg.), Eastern Christianity and the Cold War 1945–1991, London 2010, 137–143.

Internet: www.pravoslavnacirkev.cz; www.orthodox.sk

Damit stehen wir am Ende des Überblicks über die autokephalen orthodoxen Kirchen, die untereinander in voller Gemeinschaft stehen. Neben den 14 autokephalen Kirchen gibt es noch eine Reihe „autonomer" Kirchen, die sich ebenfalls selbst verwalten, deren Oberhaupt aber der Bestätigung durch den Patriarchen der jeweiligen Mutterkirche bedarf. Hierzu zählen die Orthodoxen Kirchen in Estland und Finnland, die in Verbindung mit dem Patriarchat von Konstantinopel stehen, sowie die Orthodoxen Kirchen in China und Japan, denen das Patriarchat von Moskau einen autonomen Status verliehen hat.

In Estland gibt es bis heute Spannungen unter den rund 200 000 Orthodoxen in diesem Land, weil neben der autonomen Kirche in Verbindung mit Konstantinopel auch noch eine Metropolie des Moskauer Patriarchats existiert, die in der Zeit begründet wurde, als Estland Teil der Sowjetunion war. Nachdem der Streit über die Jurisdiktion in Estland kurzfristig sogar zu einer Unterbrechung der Kommuniongemeinschaft zwischen Konstantinopel und Moskau geführt hatte, hat sich die Situation inzwischen etwas beruhigt, obwohl beide Seiten nach wie vor darüber streiten, wer über mehr Gläubige und Gemeinden verfügt.

Eine besondere Stellung kommt der **Orthodoxen Kirche von Finnland** innerhalb der byzantinischen Kirche zu: Sie ist nicht nur die einzige orthodoxe Kirche, die das Kirchenjahr vollständig nach neuem Kalender feiert, sondern auch die einzige in einem nicht mehrheitlich orthodoxen Land, die offiziell den Status einer „Staatskirche" hat. Dieser wurde ihr 1922 verliehen im Zusammenhang mit den Bestrebungen des jungen finnischen Staates, sich von Russland abzugrenzen. Die finnische Orthodoxie verfügt über eine eigene theologische Ausbildungsstätte (Abteilung für orthodoxe Theologie an der Universität Joensuu) und ist sehr engagiert im ökumenischen Dialog. Ein orthodoxer Finne ist seit 2015 Generalsekretär der „Konferenz Europäischer Kirchen".

Orthodoxe Kirche von Finnland	
Ritus:	byzantinisch
Liturgiesprache:	finnisch
Kirchenjahr:	neuer Kalender
Gläubige:	ca. 65 000
Titel Ersthierarch:	Erzbischof von Karelien und ganz Finnland
Sitz Ersthierarch:	Kuopio (Finnland)
Diözesen:	3, ausschließlich in Finnland
Präsenz in Dtl.:	keine

Literatur: V. Purmonen (Hg.), Orthodoxy in Finland. Past and Present, Kuopio 1984.
A. Laitinen, Die orthodoxen Kirchen Finnlands und Estlands, in: Th. Bremer u. a. (Hg.), Die orthodoxen Kirchen der byzantinischen Tradition, Darmstadt 2013, 101–106.

Internet: www.ort.fi

Auch das Moskauer Patriarchat hat im 20. Jahrhundert einigen Kirchen in benachbarten Staaten einen autonomen Status verliehen: Die Orthodoxe Kirche von China erhielt diesen Status bereits 1956, war aber danach – wie alle anderen Christen in China – massiven Verfolgungen ausgesetzt. Die Zahl orthodoxer Christen in China heute ist unbekannt (Schätzungen schwanken zwischen 10 000 und 15 000 orthodoxen Chinesen). In den letzten zehn Jahren hat das Moskauer Patriarchat damit begonnen, chinesische Kandidaten in seinen Geistlichen Akademien auszubilden, um so allmählich wieder einen einheimischen orthodoxen Klerus aufzubauen. Erheblich stabiler ist die Situation der Orthodoxen Kirche von Japan, die seit 1970 autonom ist. In Japan gibt es heute ca. 30 000 orthodoxe Christen in zwei Diözesen mit rund 150 Gemeinden, die von zwei Bischöfen, 30 Priestern und 10 Diakonen betreut werden.

Darüber hinaus gibt es noch eine Reihe weiterer orthodoxer Kirchen, deren kanonischer Status entweder umstritten ist oder die ausdrücklich als „unkanonisch" (d. h. außerhalb der Gemeinschaft der orthodoxen Kirche stehend) betrachtet werden. Die in Kapitel 1 erwähnten „unkanonischen" Kirchen werden hier bewusst nicht näher beschrieben, weil sie aus orthodoxer Sicht nicht zur einen orthodoxen Kirche des byzantinischen Ritus gehören.

Zum Abschluss soll aber eine Kirche noch genauer vorgestellt werden, deren Status umstritten ist: die **Orthodoxe Kirche in Amerika**, die 1970 vom Moskauer Patriarchat in die Autokephalie „entlassen" (d. h. aus der eigenen Kirchenstruktur ausgegliedert) wurde. Ihre Bedeutung besteht vor allem darin, dass sie ein gelungenes Beispiel dafür ist, wie eine orthodoxe Ortskirche ihre Identität auch in einem von der westlichen Kultur geprägten Umfeld bewahren und sich dennoch in die Gesellschaft integrieren kann. So zählt sie zu den wenigen orthodoxen Kirchen, in denen die Liturgiesprache weitgehend identisch ist mit der Alltagssprache ihrer Gläubigen. Außerdem ist es ihr im Laufe der letzten drei Jahrzehnte gelungen, in ihre Kirchenstrukturen neben den ursprünglich russisch geprägten Diözesen auch je eine bulgarische, eine rumänische und eine albanische Diözese zu integrieren. Auf diese Weise ist die Orthodoxe Kirche in Amerika ein Beispiel dafür, wie die nationalkirchliche Verbundenheit vieler Gläubiger bewahrt werden kann, ohne deshalb konkurrierende Jurisdiktionen aufzubauen. Die Kirche verfügt über drei theologische Hochschulen, von denen vor allem das St. Vladimir's Orthodox Theological Seminary in Crestwood (New York) internationale Anerkennung genießt und auch Studierende aus anderen orthodoxen Kirchen anzieht. Die Orthodoxe Kirche in Amerika ist Mitglied der „Assembly of Canonical Orthodox Bishops“ in den USA, womit die „kanonischen“ orthodoxen Diözesen indirekt die Legitimität dieser Kirche anerkennen, auch wenn sie bislang noch keine Vertreter in panorthodoxe Kommissionen entsenden durfte.

Orthodoxe Kirche in Amerika	
Ritus:	byzantinisch
Liturgiesprache:	englisch
Kirchenjahr:	Mischkalender
Gläubige:	ca. 100 000
Titel Ersthierarch:	Erzbischof von Washington und Metropolit von ganz Amerika und Kanada
Sitz Ersthierarch:	New York (USA)
Diözesen:	12, davon 10 in den USA und je 1 in Kanada und in Mexiko
Präsenz in Dtl.:	keine

Literatur: M. Stokoe / L. Kishkovsky, Orthodox Christians in North America 1794–1994, New York 1995.
Th. Fitzgerald, The Orthodox Church (Denominations in America 7), Westport/Connecticut 1995.
Internet: www.oca.org

3.4 Die mit Rom unierten Ostkirchen

Aufgrund des spätmittelalterlichen Selbstverständnisses der katholischen Kirche, die in den nichtkatholischen Kirchen und Gemeinschaften nur häretische und schismatische Gruppen sah, die sich von der wahren Kirche und damit von der Einheit des Leibes Christi getrennt haben, sowie bedingt durch unterschiedliche historische Konstellationen (vgl. Kapitel 2) gibt es heute zu beinahe allen orientalisch-orthodoxen und orthodoxen Kirchen eine parallele Kirchenstruktur, deren Gläubige und Bischöfe in Gemeinschaft mit dem Bischof von Rom stehen. Diese mit Rom unierten Ostkirchen – meist kurz als „katholische Ostkirchen“ bezeichnet – stellen heute einerseits ein „Erbe der Geschichte“ dar, welches das Verhältnis von Orthodoxen und Katholiken belastet, sie sind aber andererseits auch ein positives Signal für die innerhalb der katholischen Kirche mögliche Vielfalt der Riten. Dies gilt nicht nur für die Art, wie der Gottesdienst gefeiert wird, sondern auch für die mit dem Ritus verbundenen kirchenrechtlichen Bestimmungen. So gibt es beispielsweise in den katholischen Ostkirchen Hunderte verheirateter katholischer Priester, weil die Priesterehe – im Gegensatz zum lateinischen Ritus – in den meisten ostkirchlichen Riten gängige Praxis ist. Die mit Rom unierten Ostkirchen sind daher zum einen ein anschauliches Beispiel für einen legitimen Pluralismus innerhalb der katholischen Kirche, der einem übertriebenen römischen Zentralismus vorbeugt, und können zum anderen als Brücke zu den Kirchen des christlichen Ostens dienen, die nicht in Gemeinschaft mit der katholischen Kirche stehen. Der folgende Überblick versucht in geraffter Form, der Vielfalt der historischen Ursprünge und der heutigen Lage dieser Kirchen gerecht zu werden.

Die Entstehung der **Chaldäischen Kirche** ist auf dem Hintergrund der zahlreichen Kontakte der Ostsyrer zu den „westlichen“ Christen (hierzu zählten aus ihrer Sicht nicht nur die Lateiner, sondern auch Byzantiner und Westsyrer) zu betrachten, die trotz des früh einsetzenden Entfremdungsprozesses zwischen den ostsyrischen Christen und den im Imperium Romanum beheimateten kirchlichen Traditionen nie ganz abrissen. Seitens der römischen Kirche nahmen im 13. Jahrhundert Dominikaner und Franziskaner Kontakt mit der ostsyrischen Kirche auf. Ihre Begegnungen führten zur Wiederaufnahme der Communio einzelner Bischöfe der ostsyrischen Kirche mit dem Römischen Stuhl, jedoch nicht zu einer dauerhaften Union. Dies gilt auch für die 1340 von den auf Zypern lebenden ostsyrischen Christen abgeschlossene Union mit Rom. Diese wurde zwar auf dem Konzil von Florenz 1445 noch einmal erneuert, doch bereits fünf Jahre später wandte sich ein Großteil der Unierten wieder von Rom ab. Der Unionsabschluss von 1445 ist heute nur noch insofern von Bedeutung, als seither der Terminus „Chaldäer“ für die mit Rom unierten Ostsyrer gebräuchlich ist.

Erst in der Mitte des 16. Jahrhunderts konnte sich eine mit Rom unierte chaldäische Hierarchie dauerhaft etablieren. Auslöser für die Union mit Rom war die Unzufriedenheit einer Reihe ostsyrischer Bischöfe mit der seit dem 15. Jahrhundert üblichen „Vererbung“ des Patriarchentitels vom Onkel auf den Neffen (vgl. Kapitel 2.2). 1552 wählten drei ostsyrische Bischöfe den Mönch Johannes Sulaqa zum Gegenpatriarchen. Mit Hilfe der Franziskaner reiste dieser nach Rom, wo Papst Julius III. ihn 1553 zum „Patriarchen der Chaldäer“ konsekrierte. Johannes Sulaqa nahm nach seiner Rückkehr seinen Sitz in Diyabakir (im Osten der heutigen Türkei), wurde jedoch schon 1555 auf Betreiben der Unionsgegner getötet. Dennoch gelang es, eine chaldäische Hierarchie zu etablieren, die in den folgenden 250 Jahren in ständiger Konfrontation mit der assyrischen Hierarchie lebte und deren Linie in dieser Zeit auch mehrfach abriss. Erst ab 1830, als Papst Pius VIII. das chaldäische Patriarchat bestätigte und der Patriarchensitz nach Mossul verlegt wurde, kam es zu einer gewissen Stabilisierung der Lage.

Während und nach dem Ersten Weltkrieg litten Chaldäer und Assyrer gleichermaßen unter den Verfolgungen durch Türken und Kurden, die sie der Kollaboration mit den Briten verdächtigten. Die Massaker an Tausenden von Gläubigen beider Kirchen und der allmähliche Wiederaufbau kirchlicher Strukturen in der Diaspora führten im 20. Jahrhundert zu einer Annäherung zwischen den beiden Kirchen ostsyrischer Tradition. Heute betonen Assyrer und Chaldäer ihre gemeinsamen Wurzeln im ostsyrischen Ritus und arbeiten, insbesondere in der Diaspora, in der Pastoral und Seelsorge eng zusammen. Die im Jahr 2001 von Rom gewährte begrenzte Sakramentsgemeinschaft zwischen Assyrern und Chaldäern trägt zu einer weiteren Vertiefung ihrer Beziehungen bei.

Chaldäische Kirche	
Ritus:	ostsyrisch
Liturgiesprache:	syrisch
Kirchenjahr:	neuer Kalender
Gläubige:	ca. 640 000, davon mehr als 240 000 in den USA
Titel Ersthierarch:	Patriarch von Babylon der Chaldäer
Sitz Ersthierarch:	Bagdad (Irak)
Diözesen:	20, davon 8 im Irak und 3 im Iran
Präsenz in Dtl.:	ca. 10 000 Gläubige, 4 Priester

Literatur: W. Baum / D. W. Winkler, Die Apostolische Kirche des Ostens. Geschichte der sog. Nestorianer, Klagenfurt 2000, 101–110.
W. Hage, Die Chaldäisch-Katholische Kirche, in: Ders., Das orientalische Christentum, Stuttgart 2007, 398–407.
J. Seferta, The Chaldean Church of Iraq. A Story of Survival, Oxford 2008.
Internet: www.chaldean-church.com; www.chaldeansonline.org

Neben der Chaldäischen Kirche ist die **Syro-malabarische Kirche** in Indien eine zweite mit Rom unierte Ostkirche, deren Wurzeln in der ostsyrischen Tradition liegen. Ihre Entstehung geht auf die Kolonisierung Indiens durch die Portugiesen im 16. Jahrhundert zurück. Die indischen Thomaschristen, die bis dahin der Obhut der Assyrischen Kirche des Ostens unterstanden (vgl. Kapitel 2.7), nahmen damals ohne Zögern die Eucharistie- und Kirchengemeinschaft mit den Vertretern der lateinischen Kirche auf, die mit den Portugiesen ins Land kamen, da sie sich der Spaltung der Christenheit nicht bewusst waren. Die lateinischen Hierarchen des 16. Jahrhunderts erwiesen sich jedoch als wenig sensibel gegenüber den Eigenarten des ostsyrischen Ritus. Der von ihnen betriebene Latinisierungsprozess fand seinen Höhepunkt in der

Synode von Diamper 1599, auf der sich die indische Kirche verpflichten musste, ihre liturgischen Bücher nach dem Vorbild des lateinischen Ritus zu überarbeiten. Zudem sorgten die Portugiesen dafür, dass das Territorium der mit Rom unierten Ostsyrer auf die westindische Malabarküste begrenzt blieb.

Als sich im 17. Jahrhundert ein großer Teil der indischen Thomaschristen aus Widerstand gegen die Latinisierung dem Syrisch-Orthodoxen Patriarchat von Antiochien unterstellte, gelang es nur mit Hilfe der von Rom entsandten Karmeliten, einen Teil der Thomaschristen in der Gemeinschaft mit Rom zu halten. Dieser Teil bildete den Kern der Syro-malabarischen Kirche, die jedoch erst ab dem 19. Jahrhundert diese Bezeichnung erhielt. Gegen Ende des 19. Jahrhunderts bekamen die syro-malabarischen Christen durch die Errichtung Apostolischer Vikariate und die Ernennung einheimischer Bischöfe eine eigene Kirchenstruktur. Papst Pius XI. errichtete 1923 eine selbstständige Kirchenprovinz und trug dazu bei, dass 1934 in der Syro-malabarischen Kirche wieder die ursprüngliche Form der ostsyrischen Liturgie eingeführt wurde. Nachdem das Zweite Vatikanum die Pflege der ostkirchlichen Riten innerhalb der katholischen Kirche nachdrücklich begrüßt hatte, approbierte der Heilige Stuhl im Dezember 1985 die aufgrund historischer Quellen rekonstruierte ostsyrische Liturgie. Im Januar 1993 wurde die Syro-malabarische Kirche in den Rang eines Großerzbistums erhoben, womit die Eigenständigkeit dieser Ortskirche ostsyrischer Tradition innerhalb der katholischen Kirche ausdrücklich bestätigt wurde.

Syro-malabarische Kirche

Ritus:	ostsyrisch
Liturgiesprache:	Malayalam (südindische Sprache)
Kirchenjahr:	neuer Kalender
Gläubige:	ca. 4,2 Millionen
Titel Ersthierarch:	Großerzbischof von Ernakulam-Angamaly
Sitz Ersthierarch:	Kochi, Kerala (Indien)

Diözesen:	31 (29 in Indien, je 1 in Australien und den USA)
Präsenz in Dtl.:	wenige, verstreut lebende Gläubige

Literatur: J. Perumthottam, Syro-Malabar Church. A Short Historical Introduction, in: P. Pallath (Hg.), Catholic Eastern Churches: Heritage and Identity, Rom 1994, 231–242.
P. Pallath, Die katholische Kirche in Indien gestern und heute, St. Ottilien 2008, 177–232.
Internet: www.syromalabarchurch.in

Die **Syro-malankarische Kirche** ist eine katholische Ostkirche des westsyrischen Ritus, die erst 1930 gegründet wurde und, wie die Syro-malabarische Kirche, im südindischen Kerala beheimatet ist. Ihr Entstehen lässt sich nur auf dem Hintergrund der Streitigkeiten innerhalb der orthodoxen Thomaschristen in Indien erklären, die seit 1912 in eine „Patriarchats-Partei" und eine „Katholikats-Partei" gespalten waren (vgl. Kapitel 2.6). Die Unzufriedenheit mit der durch die Spaltung entstandenen Doppelhierarchie führte dazu, dass die Synode der Katholikats-Partei 1926 einen Vertreter beauftragte, Kontakt mit der römischen Kirche aufzunehmen. In den schriftlich geführten Unionsverhandlungen mit Rom erreichte der Beauftragte der Synode, Mar Ivanios von Bethany, dass Rom die Beibehaltung des westsyrischen Ritus gestattete, die Weihen der in die Gemeinschaft mit Rom eintretenden Priester und Bischöfe anerkannte sowie die Errichtung einer eigenständigen Kirchenstruktur (unabhängig vom Syrisch-katholischen Patriarchat von Antiochien) akzeptierte. Daraufhin traten am 20. September 1930 zwei Bischöfe der Katholikats-Partei, Mar Ivanios und Mar Theophilos, zur katholischen Kirche über. Dieses Datum gilt als Geburtsstunde der Syro-malankarischen Kirche.

1932 errichtete der Vatikan für die neue katholische Gemeinschaft eine eigene Metropolie mit Sitz in Trivandrum, der Hauptstadt des indischen Bundesstaates Kerala. In den folgenden Jahrzehnten schlossen sich viele Gläubige, eine Reihe von Priestern und sogar einzelne Bischöfe aus den Reihen der orthodoxen Thomaschristen, die der Streitigkeiten zwischen der Patriarchats-Partei und der Katholikats-Partei überdrüssig waren, der Syro-malankarischen Kirche an. Trotz der vereinbarten Beibehaltung des westsyrischen Ritus, die im entsprechenden Dekret der römischen Ostkirchenkongregation ausdrücklich festgehalten worden war („puros ritus syros antiochenus"), kam es in den ersten Jahrzehnten zu einer starken Latinisierung der Syro-malankarischen Kirche, die vor allem auf den Einfluss syro-malabarischer Priester zurückzuführen ist, die von den syro-malankarischen Bischöfen anfangs um Unterstützung beim Aufbau der Priesterseminare und Ordenshäuser gebeten wurden. Im Februar 2005 verlieh der Vatikan dem Ersthierarchen der Syro-malankarischen Kirche den Titel eines Großerzbischofs, womit die Syro-malankarische Kirche nun auf der gleichen Ebene steht wie das ältere Großerzbistum der Syro-malabarischen Kirche.

Syro-malankarische Kirche

Ritus:	westsyrisch
Liturgiesprache:	Malayalam (südindische Sprache)
Kirchenjahr:	neuer Kalender
Gläubige:	ca. 450 000
Titel Ersthierarch:	Großerzbischof von Trivandrum der Syro-Malankaren
Sitz Ersthierarch:	Trivandrum (Indien)
Diözesen:	9 Diözesen (ausschließlich in Indien) und 2 Exarchate (Diözesen in der Diaspora)
Präsenz in Dtl.:	5 Gemeinden

Literatur: J. Madey, Die syro-malankarische Kirche Indiens. Hintergrund – Entfaltung – Strukturen, in: Von Kanaan bis Kerala (Festschrift für J. P. M. van der Ploeg), hg.

von W. C. Delsman u. a., Kevelaer/Neukirchen-Vluyn 1982, 457–480.
P. Pallath, Die katholische Kirche in Indien gestern und heute, St. Ottilien 2008, 261–276.
Internet: www.catholicate.net

Die **Maronitische Kirche** ist die älteste der mit Rom unierten Ostkirchen und zugleich die einzige, bei der es gelang, eine bestehende Ortskirche vollständig in die Gemeinschaft mit Rom zu führen, so dass es heute keine parallele, von Rom getrennte Ostkirche gibt. Der Name dieser Ostkirche leitet sich ab vom hl. Maron († 410), einem Einsiedler, der eine Gruppe von Schülern um sich scharte, die später das Kloster Beth Maron gründeten, das zwischen Aleppo und Antiochien lag. In den christologischen Auseinandersetzungen des 5. Jahrhunderts standen die Maroniten auf der Seite des Konzils von Chalcedon (vgl. Kapitel 2.1). Erst im 7. Jahrhundert kam es – einerseits aufgrund theologischer Streitfragen (Lehre des Monotheletismus), andererseits wegen politischer Differenzen (Verhältnis zum islamischen Kalifat) – zur Trennung von der chalcedonischen Orthodoxie. Da sie in der Folgezeit sowohl von den Anhängern wie auch von den Gegnern des Konzils von Chalcedon verfolgt wurden, flohen die Maroniten in die unwegsamen Berge des Libanon und nach Zypern. Im 8. Jahrhundert wählten sie einen eigenen Patriarchen und entwickelten sich damit allmählich zu einer eigenen Kirche.

In der Kreuzfahrerzeit nahmen die Maroniten ohne Probleme Kontakt mit der lateinischen Kirche auf. Ihrem Selbstverständnis nach waren sie nie von der römischen Kirche getrennt. Dennoch wurde die Union mit Rom 1182 formell bestätigt. Bald darauf besuchte der maronitische Patriarch Jeremias II. (1199–1230) Rom, wo er auch am vierten Laterankonzil 1215 teilnahm. Nach der Vertreibung der Kreuzfahrer wurden die Maroniten von den Mamluken zunächst verfolgt, genossen jedoch später im Osmanischen Reich eine gewisse Autonomie. Wie in vielen anderen mit Rom unierten Ostkirchen gab es auch in der Maronitischen Kirche im 18. und 19. Jahrhundert Tendenzen zur Latinisierung dieser Ostkirche, die sich in den letzten Jahrzehnten jedoch wieder stärker auf ihre syrischen Wurzeln besinnt. Beheimatet ist die Maronitische Kirche bis heute vor allem im Libanon, wo sie die größte kirchliche Gruppierung bildet und der Präsident laut Verfassung immer ein maronitischer Christ sein muss. Aufgrund des Bürgerkriegs im Libanon (1975–1992) gibt es heute auch eine starke maronitische Diaspora. Das 1584 in Rom gegründete maronitische Kolleg und die Heilig-Geist-Universität in Kaslik (Libanon) sichern heute den hohen Bildungsstand des maronitischen Klerus.

Maronitische Kirche

Ritus:	westsyrisch
Liturgiesprache:	arabisch, altsyrisch (aramäisch)
Kirchenjahr:	neuer Kalender
Gläubige:	ca. 3,5 Millionen, davon je ein Drittel im Libanon und in Lateinamerika
Titel Ersthierarch:	Patriarch von Antiochien der Maroniten
Sitz Ersthierarch:	Bkerké (Libanon)
Diözesen:	24 Diözesen (davon 11 im Libanon und 3 in Syrien) und 3 Exarchate
Präsenz in Dtl.:	ca. 8000 Gläubige; 6 Gemeinden

Literatur: H. Suermann, Die Gründungsgeschichte der Maronitischen Kirche, Wiesbaden 1998.
E. Loosely, The Maronite Catholic Church. History and Identity, in: One in Christ 42 (2008) 29–45.
Internet: www.bkerki.org/eng; www.maronitenmission.de

Für die Entstehung der **Syrisch-katholischen Kirche** lässt sich kein genaues Datum angeben. Bereits zur Zeit der Kreuzfahrer und auf dem Konzil von Ferrara-Florenz (1437–1445) gab es erste Ansätze zu einer Union, die jedoch keinen Bestand hatten. Ein erster nennenswerter Unionsversuch erfolgte in der zweiten Hälfte des 17. Jahrhunderts, als eine längere Vakanz des Bischofsstuhls von Aleppo dazu genutzt wurde, einen zur Union mit Rom bereiten Kandidaten einzusetzen. 1659 erkannte Papst Alexander VII. den vom maronitischen Patriarchen zum Bischof geweihten Syrer Andreas Akidjan als Erzbischof von Aleppo an und erteilte ihm die Erlaubnis, im westsyrischen Ritus zu zelebrieren. Doch bereits mit dem Tod seines Nachfolgers zerbrach im Jahr 1702 diese Union. 1774 gelang die Wiedererrichtung einer syrisch-katholischen Hierarchie, als der syrisch-orthodoxe Bischof Michael Garweh zum katholischen Glauben konvertierte. Nach dem Tod des syrisch-orthodoxen Patriarchen wurde Michael Garweh 1781 von der Mehrheit der syrisch-orthodoxen Bischöfe zum Patriarchen gewählt, konnte jedoch nicht die Anerkennung seitens der osmanischen Herrscher erreichen, die den von der Minderheit eingesetzten Gegenpatriarchen unterstützten. Dennoch erkannte der Papst 1783 Garweh als Patriarchen der Syrisch-katholischen Kirche an.

Nachdem die osmanischen Herrscher 1830 den syrischen Katholiken schließlich doch den Status eines eigenen Millet zuerkannt hatten, wurde der Sitz des Patriarchen nach Aleppo verlegt. Aufgrund der zunehmenden Verfolgungen der Christen in der Endphase des Osmanischen Reiches wurde das Patriarchat 1850 nach Mardin in der Südosttürkei und schließlich 1920 nach Beirut im Libanon verlegt. Nach der Gründung des türkischen Staates ließen sich die syrischen Katholiken mehrheitlich in Syrien und im Libanon nieder, fanden zum Teil aber auch eine neue Heimat in den USA oder in Lateinamerika. Zu einer prägenden Persönlichkeit der Syrisch-katholischen Kirche im 20. Jahrhundert wurde Ignatius Antonius Hayek, der als Erzbischof von Aleppo am Zweiten Vatikanischen Konzil teilnahm und von 1968 bis 1998 seiner Kirche als Patriarch vorstand.

Syrisch-katholische Kirche	
Ritus:	westsyrisch
Liturgiesprache:	aramäisch (Lesungen teils in Arabisch)
Kirchenjahr:	alter Kalender
Gläubige:	ca. 200 000
Titel Ersthierarch:	Patriarch von Antiochien der Syrer
Sitz Ersthierarch:	Beirut (Libanon)
Diözesen:	9 Diözesen und 5 Exarchate
Präsenz in Dtl.:	ca. 3000 Gläubige; 1 Priester

Literatur: K. Augustin, Die Syrisch-katholische Kirche. Die Problematik ihrer Entstehung und die gegenwärtige Situation, in: Ökumenisches Forum 23/24 (2000/01) 333–342.
Internet: www.syr-cath.org

Die **Koptisch-katholische Kirche** führt ihre Geschichte auf das auf dem Konzil von Florenz 1442 von einer kleinen koptischen Delegation unterzeichnete Unionsdekret „Cantate Domino“ zurück. Doch weder dieser Unionsabschluss noch die zahlreichen Unionsversuche im 17., 18. und zu Beginn des 19. Jahrhunderts fanden eine Resonanz bei den Christen Ägyptens. 1895 errichtete Papst Leo XIII. ein Koptisch-katholisches Patriarchat, das sich nach schwierigen Anfängen erst um die Mitte des 20. Jahrhunderts fest etablieren konnte. Seit 1947 ist der Patriarchenstuhl regelmäßig besetzt. Die Zahl der Gläubigen dieser Kirche ist in den letzten Jahren gestiegen, was aber wohl weniger durch Konversionen als vielmehr durch das allgemeine Bevölkerungswachstum bedingt ist.

Koptisch-katholische Kirche	
Ritus:	alexandrinisch
Liturgiesprache:	koptisch
Kirchenjahr:	Mischkalender
Gläubige:	ca. 170 000

Titel Ersthierarch:	Koptisch-katholischer Patriarch von Alexandrien
Sitz Ersthierarch:	Kairo (Ägypten)
Diözesen:	7, ausschließlich in Ägypten
Präsenz in Dtl.:	ca. 500 Gläubige

Literatur: F. Sidarouss, The Renewal of the Coptic Catholic Church. Grappling with Identity and Alterity, in: A. O'Mahony / J. Flannery (Hg.), The Catholic Church in the Contemporary Middle East, London 2010, 139–151.
H. Suermann, Die Koptisch-katholische Kirche. Kurze Geschichte einer kleinen Kirche, in: H. Behlmer / M. Tamcke (Hg.), Christen in Ägypten, Wiesbaden 2015, 141–154.
Internet: www.copticcatholicpatriarchate.net

Die Geschichte der **Äthiopisch-katholischen Kirche** reicht ins 16. Jahrhundert zurück, als der äthiopische König die Portugiesen und den Papst um Hilfe gegen den Islam bat. Nach dem Sieg der Portugiesen über die Muslime schickte der Papst Jesuiten ins Land, unter deren Einfluss König Susenyos (1607–1632) Katholik wurde und den katholischen Glauben zur Staatsreligion erklärte (vgl. Kapitel 2.3). Doch schon dessen Nachfolger verwies die Jesuiten einschließlich des von Papst Urban VIII. zum „Patriarchen von Äthiopien" ernannten Jesuiten Alfonso Mendez des Landes. Erst im 19. Jahrhundert gelang es katholischen Orden (vor allem Lazaristen und Kapuzinern), in Äthiopien wieder Fuß zu fassen. Zu einer Ausweitung der katholischen Missionstätigkeit kam es ab 1889, als Eritrea italienische Kolonie wurde (bis 1941). 1951 wurde ein Apostolisches Exarchat in Addis Abeba errichtet, das 1961 zu einer Metropolie mit Suffraganbistümern in Asmara und Adigrat erhoben wurde. Nachdem Eritrea 1993 ein unabhängiger Staat geworden war, lebte der größere Teil der unierten Äthiopier außerhalb Äthiopiens. Seit der Errichtung einer eigenständigen Eritreisch-katholischen Kirche (s. unten) beschränkt sich der Jurisdiktionsbereich der Kirche wieder auf Äthiopien.

Äthiopisch-katholische Kirche	
Ritus:	alexandrinisch
Liturgiesprache:	alt-äthiopisch (Ge'ez)
Kirchenjahr:	neuer Kalender
Gläubige:	ca. 70 000
Titel Ersthierarch:	Metropolit von Addis Abeba der Äthiopier
Sitz Ersthierarch:	Addis Abeba (Äthiopien)
Diözesen:	4, ausschließlich in Äthiopien
Präsenz in Dtl.:	ca. 500 Gläubige

Literatur: F. Heyer, Die Kirche Äthiopiens, Berlin/New York 1971, 291–308.
K. Robinson, The Ethiopian Catholic Church. A Tale of Two Rites, in: One in Christ 42 (2008) 46–74.
Internet: www.ecs.org.et

Die **Eritreisch-katholische Kirche** besteht als solche erst seit Januar 2015, als Papst Franziskus entschied, dass die bislang zur Äthiopisch-katholischen Kirche gehörenden Eparchien (Diözesen) auf dem Gebiet des seit 1993 von Äthiopien unabhängigen Staates Eritrea gemäß den Bestimmungen des katholischen Ostkirchenrechts zu einer eigenständigen Kirche („ecclesia sui iuris") im Rang einer Metropolie erhoben werden. Geschichte und Liturgie dieser Kirche sind weitgehend identisch mit der Äthiopisch-katholischen Kirche, aus der sie hervorgegangen ist. Eine eigenständige katholische Hierarchie gibt es auf dem Gebiet Eritreas seit 1930, als Papst Pius XI. ein Ordinariat für die äthiopischen Katholiken in Asmara errichtete. Seit 2015 ist die eritreische Hauptstadt nun Metropolitansitz, zu dem drei Suffraganbistümer gehören.

Eritreisch-katholische Kirche

Ritus:	alexandrinisch
Liturgiesprache:	alt-äthiopisch (Ge'ez)
Kirchenjahr:	neuer Kalender
Gläubige:	ca. 160 000
Titel Ersthierarch:	Metropolit von Asmara
Sitz Ersthierarch:	Asmara (Eritrea)
Diözesen:	4, ausschließlich in Eritrea
Präsenz in Dtl.:	ca. 1000 Gläubige

Die **Armenisch-katholische Kirche** entstand nach mehreren gescheiterten Unionsversuchen zur Zeit der Kreuzfahrer (Königreich von Kilikien, 1198–1375) und durch das Konzil von Florenz (Dekret über die Union mit den Armeniern, 1439) um 1740, als vier armenische Bischöfe eine Union mit Rom eingingen. Der von ihnen zum „unierten" Patriarchen von Kilikien gewählte Bischof Abraham (Ardzivian) wurde 1742 von Papst Benedikt XIV. bestätigt. Als Patriarchatssitz war Sis vorgesehen, was jedoch von den osmanischen Herrschern nicht gestattet wurde. Daher ist seit 1750 das Kloster Bzommar in der Nähe von Beirut im Libanon Sitz des armenisch-katholischen Patriarchats. Wie die orthodoxen Armenier hatten auch die katholischen Armenier unter den Verfolgungen in der Endphase des Osmanischen Reiches und im jungen türkischen Staat zu leiden. 1870 traten mehrere armenisch-katholische Priester und Bischöfe wegen der Beschlüsse des Ersten Vatikanischen Konzils wieder zur Armenischen Apostolischen Kirche über. Eine wichtige Rolle für die Bewahrung des kulturellen und kirchlichen Erbes der Armenier spielt der katholische Mechitharistenorden, der 1701 von Mechithar von Sebaste in Konstantinopel gegründet wurde. Durch seine wissenschaftlichen Aktivitäten entwickelten sich die Mechitharisten im 19. Jahrhundert zu einem Bindeglied zwischen orthodoxen und katholischen Armeniern. Die bedeutendsten Klöster des Ordens befinden sich in Venedig (San Lazzaro) und Wien. Die zahlenmäßig größten Gemeinden der katholischen Armenier befinden sich heute in Beirut (Libanon) und Aleppo (Syrien).

Armenisch-katholische Kirche	
Ritus:	armenisch
Liturgiesprache:	alt-armenisch
Kirchenjahr:	neuer Kalender
Gläubige:	ca. 700 000
Titel Ersthierarch:	Patriarch von Kilikien der Armenier
Sitz Ersthierarch:	Beirut (Libanon)
Diözesen:	11 Diözesen und 3 Exarchate
Präsenz in Dtl.:	keine

Literatur: F. Heyer (Hg.), Die Kirche Armeniens, Stuttgart 1978, 159–193.
J. Whooley, The Armenian Catholic Church in the Middle East, in: A. O'Mahony / J. Flannery (Hg.), The Catholic Church in the Contemporary Middle East, London 2010, 153–183.

Internet: www.armeniancatholic.org

Die **Melkitische Griechisch-katholische Kirche** ist eine Kirche des byzantinischen Ritus, die in der ersten Hälfte des 18. Jahrhunderts aufgrund von Auseinandersetzungen zwischen zwei rivalisierenden Strömungen innerhalb des Griechisch-Orthodoxen Patriarchats von Antiochien entstanden ist. Durch den Einfluss lateinischer Ordensgemeinschaften, vor allem der Kapuziner, Karmeliten und Jesuiten, die seit dem 17. Jahrhundert auf dem Gebiet des Patriarchats von Antiochien tätig waren, standen mehrere Bischöfe des antiochenischen Patriarchats einer Union mit Rom offen gegenüber. 1724 wählten diese Bischöfe Kyrillos VI., einen klaren Befürworter der Unionspläne, zum neuen Patriarchen. Parallel dazu wählten die antirömisch gesinnten Bischöfe in Aleppo den aus Zypern stammenden Mönch Sylvester zum Patriarchen.

Letzterer wurde vom Patriarchen von Konstantinopel zum neuen griechischen Patriarchen von Antiochien geweiht und von den osmanischen Herrschern als rechtmäßiger Nachfolger seines Vorgängers anerkannt. Kyrillos VI. wurde des Landes verwiesen, errichtete seinen Patriarchatssitz in einem Kloster im Libanon und wurde 1729 von Papst Benedikt XIII. als rechtmäßiger Patriarch anerkannt. Als Zeichen der Einheit mit Rom erhielt er das Pallium.

Im Laufe des 18. Jahrhunderts wuchs die Zahl der griechischen Katholiken im Nahen und Mittleren Osten rasch an, da viele Gläubige den orthodoxen Patriarchen eine zu große Nähe zu den osmanischen Herrschern vorhielten. 1772 wurden sämtliche Katholiken des byzantinischen Ritus auf dem Gebiet der drei alten Patriarchate von Alexandrien, Antiochien und Jerusalem dem griechisch-katholischen Patriarchen unterstellt, der etwa in dieser Zeit auch die bis dahin für die chalcedontreuen Orthodoxen übliche Bezeichnung „melkitisch" übernahm. Nach anfänglichem Widerstand erkannten die Osmanen 1848 die melkitische Kirche offiziell an. Seither residiert der Patriarch der Melkiten in Damaskus. Auf dem Ersten Vatikanischen Konzil (1869/70) gehörte der melkitische Patriarch Gregorios II. zu den schärfsten Gegnern der Konstitution „Pastor aeternus", mit der die Unfehlbarkeit und der Jurisdiktionsprimat des Papstes definiert wurde. Der Patriarch reiste vor der Verabschiedung des Dekrets aus Rom ab und akzeptierte es später nur mit dem Zusatz, dass alle Rechte und Privilegien der Patriarchen der östlichen Kirchen gewahrt blieben. Auf dem Zweiten Vatikanischen Konzil war der melkitische Patriarch Maximos IV. der Wortführer derjenigen, die sich gegen eine weitere Latinisierung der östlichen Katholiken und für eine stärkere Orientierung an den ostkirchlichen Traditionen, nicht nur im Bereich der Liturgie, sondern auch im Blick auf die Ekklesiologie, aussprachen. Die melkitischen Katholiken pflegen bis heute gute Kontakte mit den orthodoxen Patriarchaten im Nahen und Mittleren Osten und setzen sich aktiv für die Versöhnung zwischen Orthodoxen und Katholiken ein. Seit Dezember 2000 steht mit

Gregorios III. ein Patriarch an der Spitze dieser Kirche, der über zahlreiche persönliche Kontakte nach Deutschland verfügt.

Melkitische Griechisch-katholische Kirche	
Ritus:	byzantinisch
Liturgiesprache:	arabisch
Kirchenjahr:	Mischkalender
Gläubige:	ca. 1,5 Millionen, vor allem in Syrien, im Libanon und in Israel; große Diaspora in Lateinamerika
Titel Ersthierarch:	Patriarch von Antiochien und dem ganzen Orient, von Alexandrien und Jerusalem der griechischen Melkiten
Sitz Ersthierarch:	Damaskus (Syrien)
Diözesen:	19 Diözesen und 5 Exarchate
Präsenz in Dtl.:	ca. 2000 Gläubige; 2 Priester

Literatur: J. Chammas, Die Melkitische Kirche, Köln 2001.
W. Hage, Die Melkitisch-Katholische Kirche, in: Ders., Das orientalische Christentum, Stuttgart 2007, 411–424.
Internet: www.pgc-lb.org/home

Die **Ukrainische Griechisch-katholische Kirche** führt ihre Tradition auf die Christianisierung des Kiewer Reiches im 9./10. Jahrhundert zurück. Nach der Zerschlagung dieses Reiches durch die Tataren im 13. Jahrhundert befanden sich die orthodoxen Gläubigen in den westlichen Gebieten der heutigen Ukraine (Galizien und Wolhynien) auf dem Territorium des polnisch-litauischen Staates. Nach einer langen Periode friedlicher Koexistenz von Katholiken und Orthodoxen (Letztere standen unter der Leitung eines von Konstantinopel eingesetzten Metropoliten von Kiew, vgl. Kapitel 2.6) fand im 16. Jahrhundert der Gedanke einer Union von Orthodoxen und Katholiken aufgrund des Vordringens der Reformation in Polen und der von den Jesuiten betriebenen Gegenreformation zunehmend Anhänger. Die auf ein entsprechendes Bittgesuch orthodoxer Bischöfe 1595 von Rom approbierte und 1596 von einer Synode in Brest ratifizierte Union entsprach jedoch nicht der ursprünglichen Intention der Wiederaufnahme von Kirchengemeinschaft zwischen zwei gleichberechtigten Kirchen. Daher gab es unter den orthodoxen Gläubigen von Anfang an Widerstand gegen den Unionsabschluss, so dass es 1620 zur Wiedererrichtung einer orthodoxen Hierarchie mit einem eigenen Metropoliten von Kiew kam.

Infolge der Teilungen Polens am Ende des 18. Jahrhunderts fielen weite Teile des Siedlungsgebiets der unierten Christen an Russland. Dort setzten bald weitreichende Russifizierungsmaßnahmen ein, die 1839 zur Aufhebung der unierten Kirche in Russland und zur Eingliederung ihrer Gläubigen in die orthodoxe oder die römisch-katholische Kirche führten. Nur in Galizien (der heutigen Westukraine), das seit 1772 zu Österreich und ab 1918 wieder zu Polen gehörte, konnte die unierte Kirche weiterexistieren. Als nach dem Zweiten Weltkrieg auch die Westukraine der Sowjetunion einverleibt wurde, fand im März 1946 in Lemberg eine illegitime, weil nicht von den Bischöfen einberufene „Synode" der unierten Kirche statt, die auf Betreiben der sowjetischen Machthaber die Auflösung der Union und die Eingliederung der Gläubigen in die Russische Orthodoxe Kirche beschloss. Sofern sie sich nicht orthodoxen Gemeinden anschlossen, konnten unierte Christen in den folgenden vier Jahrzehnten in der Ukraine nur im Untergrund leben. Zahlreiche Emigranten hielten das Erbe der Ukrainischen Griechisch-katholischen Kirche jedoch in der Diaspora (vor allem in den USA und Kanada) lebendig.

Als im Dezember 1989 die griechischen Katholiken in der Ukraine wieder das Recht erhielten, sich offiziell als Gemeinden registrieren zu lassen, führte dies zu einer raschen Wiederbelebung des griechisch-katholischen Lebens in der Westukraine, aber auch zu großen Spannungen mit der orthodoxen Kirche, die in diesen Jahren viele Gläubige an die unierte Kirche verlor. 1991 konnte der Ersthierarch der Griechisch-katholischen Kirche aus dem römischen Exil nach Lemberg zurückkehren. 1994 wurde die von den Sowjets geschlossene Theologische Akademie in Lemberg wiedereröffnet; im Jahr 2002 erhielt sie – als erste und bisher einzige auf dem Gebiet der ehemaligen Sowjetunion – den Status einer katholischen Universität. Seit August 2005 residiert der Großerzbischof in Kiew, wodurch die Ukrainische Griechisch-katholische Kirche ihren Anspruch auf Fortführung der Kiewer Tradition demonstriert.

Ukrainische Griechisch-katholische Kirche

Ritus:	byzantinisch
Liturgiesprache:	ukrainisch
Kirchenjahr:	alter Kalender
Gläubige:	ca. 4,6 Millionen
Titel Ersthierarch:	Großerzbischof von Kiew-Halych
Sitz Ersthierarch:	Kiew (Ukraine)
Diözesen:	27 Diözesen und 6 Exarchate
Präsenz in Dtl.:	ca. 30 000 Gläubige; Apostolisches Exarchat von Deutschland und Skandinavien mit Bischofssitz in München (seit 1959); 25 Pfarreien (jeweils mit mehreren Seelsorgestellen); 19 Priester; 4 Gemeinschaften ukrainischer Ordensschwestern

Literatur: F. Heyer / Chr. Weise, Kirchengeschichte der Ukraine im 20. Jahrhundert, Göttingen 2003.

J. Marte (Hg.), Internationales Forschungsgespräch der Stiftung Pro Oriente zur Brester Union, 2 Bde., Würzburg 2004 und 2005.

Th. M. Németh, Eine Kirche nach der Wende. Die Ukrainische Griechisch-Katholische Kirche im Spiegel ihrer synodalen Tätigkeit, Freistadt 2005.

J. Marte u. a. (Hg.), Die Brester Union. Teil I: Vorgeschichte und Ereignisse der Jahre 1595/96, Würzburg 2010.

A. Mykhaleyko, Die Ukrainische Griechisch-Katholische Kirche, in: Ders., Die katholischen Ostkirchen, Göttingen 2012, 111–126.
Internet: www.ugcc.ua/en; www.ukrainische-kirche.de

Die **Ruthenische Griechisch-katholische Kirche** führt ihre Entstehung auf die Union von Užhorod im Jahr 1646 zurück. Die Christianisierung der Ruthenen, wie die slawischsprachige Bevölkerung Transkarpatiens genannt wurde, geht vermutlich noch auf die Missionstätigkeit der Slawenapostel Kyrillos und Methodios im Großmährischen Reich zurück. Ab dem 11. Jahrhundert gehörte die Region größtenteils zum Königreich Ungarn. Bestrebungen zum Abschluss einer Union der orthodoxen Christen in Ungarn mit Rom gab es erst ab dem Ende des 16. Jahrhunderts, um dem vordringenden Protestantismus entgegenzuwirken. Es waren jedoch nicht die Bischöfe, sondern zwei Basilianermönche, die im 17. Jahrhundert die Mehrheit des ruthenischen Klerus für die Union gewinnen konnten. Im April 1646 nahm der lateinische Bischof von Eger 63 ruthenische Priester in die Gemeinschaft mit der Kirche von Rom auf. Dieses Datum gilt als Geburtsstunde der Ruthenischen Griechisch-katholischen Kirche. Weitere lokale Unionsabschlüsse in den übrigen Gebieten der Karpato-Ukraine folgten 1664 und 1713. Obwohl damit zu Beginn des 18. Jahrhunderts fast alle slawischsprachigen Christen im Nordosten Ungarns in Gemeinschaft mit dem Römischen Stuhl standen, blieb die Situation der Ruthenen unbefriedigend: Ihr Bischof unterstand dem lateinischen Bischof von Eger und ihre Priester mussten als Vikare der lateinischen Pfarrer arbeiten. Erst 1771 errichtete Papst Clemens XIV. auf Bitten von Kaiserin Maria Theresia die selbstständige ruthenische Eparchie Mukačevo mit Sitz in Užhorod.

Nach dem Ersten Weltkrieg wurde Transkarpatien Teil der neu gebildeten Republik Tschechoslowakei. In der Tschechoslowakei gab es mit der Eparchie Mukačevo und dem 1818 von ihr abgetrennten Bistum Prešov zwei byzantinisch-katholische Diözesen. Nach dem Zweiten Weltkrieg wurde der größte Teil Transkarpatiens von der Sowjetunion annektiert und in die ukrainische Sowjetrepublik eingegliedert. 1949 wurde die Ruthenische Griechisch-katholische Kirche in der Sowjetunion verboten und ihre Gläubigen in die Russische Orthodoxe Kirche eingegliedert. Erst 1991 konnte der Heilige Stuhl wieder einen Bischof für die Eparchie von Mukačevo einsetzen. Die ruthenische Kirche, die sich heute auf demselben Staatsgebiet wie die weitaus größere Ukrainische Griechisch-katholische Kirche befindet, steht in enger Verbindung mit dieser, wehrt sich jedoch gegen eine Integration in die ukrainische Kirche, weil ihre Identität eng mit der ethnischen Gruppe der Ruthenen verbunden ist. In den USA gibt es eine große ruthenische Diaspora, die weitgehend in die Gesellschaft integriert ist und die Liturgie in der Regel in englischer Sprache feiert. 1996 wurde ein Apostolisches Exarchat für die Katholiken des byzantinischen Ritus in der Tschechischen Republik errichtet, das formell zum ruthenischen Ritus gehört, in das jedoch vor allem jene verheirateten lateinischen Priester aufgenommen wurden, die während der kommunistischen Herrschaft in der Tschechoslowakei geheim geweiht worden waren.

Ruthenische Griechisch-katholische Kirche

Ritus:	byzantinisch
Liturgiesprache:	kirchenslawisch, englisch
Kirchenjahr:	neuer Kalender
Gläubige:	ca. 420 000
Titel Ersthierarch:	Bischof von Mukačevo
Sitz Ersthierarch:	Užhorod (Ukraine)
Diözesen:	5 Diözesen (davon 1 in der Ukraine, 4 in den USA), 1 Exarchat in der Tschechischen Republik
Präsenz in Dtl.:	keine

Literatur: M. Lacko, Die Union von Užhorod (1646), in: W. de Vries, Rom und die Patriarchate des Ostens, Freiburg/München 1963, 114–131.
A. Mykhaleyko, Die Ruthenische Griechisch-Katholische Kirche, in: Ders., Die katholischen Ostkirchen, Göttingen 2012, 126–132.

Internet: www.mgce.uz.ua

Die **Rumänische Griechisch-katholische Kirche** entstand auf dem Gebiet Siebenbürgens (Transsylvaniens). Seit dem 11. Jahrhundert gehörte diese Region, deren Bevölkerung mehrheitlich aus orthodoxen Rumänen bestand, deren Oberschicht jedoch die eingewanderten Deutschen und Ungarn bildeten, zu Ungarn. Im 16. Jahrhundert eroberten die türkischen Osmanen die Region, wurden jedoch bald nach der erfolglosen Belagerung Wiens 1683 von Kaiser Leopold I. von Österreich vertrieben. Ab 1687 gehörte Siebenbürgen damit zum Habsburgerreich. Auf Betreiben der Habsburger begannen die Jesuiten unter der orthodoxen Bevölkerung Siebenbürgens zu missionieren und für eine Union mit Rom zu werben. Unterstützt durch entsprechenden staatlichen Druck – orthodoxen Gläubigen wurden öffentliche Ämter und höhere Bildung verwehrt und die orthodoxen Geistlichen hatten nicht die gleichen Vorrechte wie die katholischen Kleriker – wuchs unter den orthodoxen Christen die Bereitschaft zum Abschluss einer Union. Im September 1700 wurde die Union der orthodoxen Christen Siebenbürgens mit der Kirche von Rom von einer Synode formell beschlossen. Während sich anfangs fast alle Orthodoxen der Union anschlossen, kam es ab 1744 zu einer starken Rückkehrbewegung zur orthodoxen Kirche, so dass Kaiserin Maria Theresia sich schließlich gezwungen sah, im Jahr 1759 der Ernennung eines Bischofs für die orthodoxen Rumänen in Siebenbürgen zuzustimmen. Die Hoffnung auf eine Verbesserung ihrer gesellschaftlichen Stellung, die mit dem Unionsabschluss verbunden war, erfüllte sich für die griechisch-katholischen Rumänen anfangs nicht: Ihre Diözesen wurden dem ungarischen Primas von Esztergom unterstellt. Erst 1853 erhob Papst Pius IX. die Diözese von Făgăraş-Alba Julia zum Metropolitansitz und errichtete eine eigene griechisch-katholische Metropolie mit drei Suffraganbistümern.

Nach dem Ersten Weltkrieg wurde Siebenbürgen ein Teil Rumäniens. Bis zum Ausbruch des Zweiten Weltkriegs konnte sich die griechisch-katholische Kirche in Rumänien fruchtbar entfalten: 1940 gehörten ihr 1,5 Millionen Gläubige in 5 Diözesen an. Als nach dem Zweiten Weltkrieg die Kommunisten die Herrschaft in Rumänien übernahmen, hatte sie jedoch das gleiche Schicksal wie alle griechisch-katholischen Kirchen in Osteuropa zu leiden: 1948 wurde die Union formell aufgehoben und die griechisch-katholische Kirche verboten. Alle Bischöfe und zahlreiche Priester der griechisch-katholischen Kirche wurden verhaftet. Erst 41 Jahre später, nach dem Sturz des Ceauşescu-Regimes im Dezember 1989, konnte die griechisch-katholische Kirche in Rumänien wiederbelebt werden. Im März 1990 ernannte Papst Johannes Paul II. Bischöfe für alle fünf griechisch-katholischen Diözesen in Rumänien. In der Folgezeit kam es zu Auseinandersetzungen zwischen griechisch-katholischen und orthodoxen Rumänen, vor allem im Blick auf die Restitution des Kirchenbesitzes. Die griechischen Katholiken bestanden anfangs auf Rückgabe aller Kirchengebäude, die ihnen vor 1948 gehörten, während die Orthodoxen dies ablehnten mit der Begründung, dass dies weit über den heutigen Bedarf der griechisch-katholischen Kirche hinausgehe. Im Hintergrund standen weit differierende Angaben über die Zahl der Gläubigen: Während die griechischen Katholiken die Zahl ihrer Gläubigen mit ca. zwei Millionen angaben, bekannten sich nach einer Volkszählung aus dem Jahr 1992 nur 228 000 Rumänen zur griechisch-katholischen Kirche. Inzwischen hat auch die griechisch-katholische Hierarchie ihre eigenen Zahlen auf ein realistisches Maß reduziert. Das Verhältnis zur Rumänischen Orthodoxen Kirche hat sich nach dem Papstbesuch in Rumänien 1999 und der Bildung einer gemischten Dialogkommission merklich entspannt. Im Dezember 2005 ernannte Papst Benedikt XVI. den bisherigen Metropoliten zum Großerzbischof, wodurch die Rumänische Griechisch-katholische Kirche einen eigenständigeren Status erhielt.

Rumänische Griechisch-katholische Kirche

Ritus:	byzantinisch
Liturgiesprache:	rumänisch
Kirchenjahr:	Mischkalender
Gläubige:	ca. 500 000
Titel Ersthierarch:	Großerzbischof von Făgăraş und Alba Julia
Sitz Ersthierarch:	Blaj (Rumänien)
Diözesen:	7, davon 6 in Rumänien und 1 in den USA
Präsenz in Dtl.:	ca. 1000 Gläubige; 1 Priester

Literatur: E. Chr. Suttner, Beiträge zur Kirchengeschichte der Rumänen, Wien/München 1978.
G. Feige, Rumänien, in: E. Gatz (Hg.), Kirche und Katholizismus seit 1945, Bd. 2, Paderborn 1999, 132–151.
J. Marte u. a. (Hg.), Die Union der Rumänen Siebenbürgens mit der Kirche von Rom, 2 Bde., Bukarest 2010 und 2015.
Internet: www.bru.ro

Die **Griechisch-katholische Kirche in der Slowakei** ist aus der Ruthenischen Griechisch-katholischen Kirche (s. oben) hervorgegangen, deren Gläubige sich nach 1918 größtenteils auf dem Territorium der Tschechoslowakei befanden. In der Tschechoslowakei gab es mit der Eparchie Mukačevo und dem 1818 von ihr abgetrennten Bistum Prešov zwei byzantinisch-katholische Diözesen. Als nach dem Zweiten Weltkrieg der größte Teil Transkarpatiens von der Sowjetunion annektiert wurde, wurde die ruthenische Kirche durch die neuen Staatsgrenzen in einen ukrainischen und einen slowakischen Teil gespalten. Die auf dem Gebiet der Tschechoslowakei verbliebenen griechischen Katholiken unterstanden der Diözese Prešov. 1950 wurden sie jedoch auf Druck der kommunistischen Machthaber in die orthodoxe Kirche integriert; der unierte Bischof und seine Weihbischöfe wurden verhaftet. 1968 wurden während des „Prager Frühlings" wieder unierte Gemeinden zugelassen, was mehr als zwei Drittel der formell orthodoxen Gemeinden zur Rückkehr in die Gemeinschaft mit Rom nutzten. Die Wiederzulassung der griechisch-katholischen Kirche war eine der wenigen Reformen Alexander Dubčeks, die nach dem Einmarsch der sowjetischen Truppen nicht rückgängig gemacht wurden. Nachdem die Slowakische und die Tschechische Republik sich 1993 getrennt hatten, erhielt die Griechisch-katholische Kirche in der Slowakei ihren Kirchenbesitz größtenteils zurück. Im Jahr 2008 wurde die Diözese Prešov von Papst Benedikt XVI. in den Rang einer Metropolie erhoben, der zwei Suffraganbistümer (Košice und Bratislava) unterstehen; darüber hinaus gibt es noch eine Diasporadiözese in Kanada.

Griechisch-katholische Kirche in der Slowakei

Ritus:	byzantinisch
Liturgiesprache:	kirchenslawisch, slowakisch
Kirchenjahr:	neuer Kalender
Gläubige:	ca. 210 000
Titel Ersthierarch:	Metropolit von Prešov
Sitz Ersthierarch:	Prešov (Slowakei)
Diözesen:	4, davon 3 in der Slowakei, 1 in Kanada
Präsenz in Dtl.:	1 Gemeinde; 1 Priester als „Bischöflicher Delegat"

Literatur: A. Skoviera, Die Griechisch-Katholische Kirche in der Slowakei nach dem 2. Weltkrieg, in: Ostkirchliche Studien 57 (2008) 150–156.

Internet: www.grkat.nfo.sk

Die **Griechisch-katholische Kirche in Ungarn** entstand aus einem eigentümlichen Gemisch unterschiedlicher, meist slawischsprachiger Volksgruppen, die sich im 15. bis 17. Jahrhundert auf der Flucht vor den vordringenden Osmanen in Ungarn niedergelassen hatten und dort ihren byzantinischen Ritus beibehielten, sich jedoch den katholischen Bischöfen unterstellten. Im 18. Jahrhundert schloss sich eine größere Gruppe ungarischer Protestanten den byzantinischen Katholiken in Ungarn an, wodurch der Integrationsprozess in die ungarische Gesellschaft und Kultur gefördert wurde. Im Laufe des 19. Jahrhunderts wurde die byzantinische Liturgie immer häufiger in ungarischer Sprache gefeiert. Bei einer Wallfahrt nach Rom aus Anlass des Heiligen Jahres richtete im Jahr 1900 eine große Gruppe griechischer Katholiken aus Ungarn die Bitte an Papst Leo XIII., den Gebrauch der ungarischen Sprache in der Liturgie zu gestatten und eine eigene Diözese für die Katholiken des byzantinischen Ritus in Ungarn zu errichten. Nach langwierigen Verhandlungen zwischen dem Heiligen Stuhl und Budapest errichtete Papst Pius X. im Juni 1912 schließlich die Diözese von Hajdúdorog für die ungarischsprachigen griechischen Katholiken. Die damit verbundene Aufforderung, das Griechische als Liturgiesprache zu verwenden, wurde nie umgesetzt. 1924 wurde ein Apostolisches Exarchat in Miskolc für die ruthenischen Pfarreien errichtet, die zuvor zur Diözese von Prešov gehört hatten und nun auf ungarischem Territorium lagen. Da die ruthenischen Katholiken bald die ungarische Sprache in der Liturgie übernahmen, wird dieses Exarchat seit 1940 vom Bischof von Hajdúdorog mit verwaltet. 1980 wurde die Jurisdiktion des Bischofs von Hajdúdorog, der im ostungarischen Nyiregyháza residiert, auf die griechischen Katholiken in ganz Ungarn ausgedehnt. Im März 2015 erhob Papst Franziskus die Diözese Hajdúdorog in den Rang einer Metropolie mit den Suffraganbistümern Miskolc und Nyiregyháza.

Griechisch-katholische Kirche in Ungarn	
Ritus:	byzantinisch
Liturgiesprache:	ungarisch
Kirchenjahr:	neuer Kalender
Gläubige:	ca. 260 000
Titel Ersthierarch:	Metropolit von Hajdúdorog
Sitz Ersthierarch:	Nyiregyháza (Ungarn)
Diözesen:	3, ausschließlich in Ungarn
Präsenz in Dtl.:	keine

Literatur: T. Véghseö, Katholiken des byzantinischen Ritus in Ungarn. Von den Anfängen bis 1920, in: Ostkirchliche Studien 62 (2013) 281–309.
Internet: www.gorogkatolikus.hu

In der **Italo-Albanischen Kirche** klingt das reiche Erbe der byzantinischen Tradition in Süditalien nach. Im ersten Jahrtausend der christlichen Zeitrechnung gab es in Süditalien und Sizilien aufgrund der engen Verbindung mit Griechenland in der Antike einen großen griechischsprachigen Bevölkerungsanteil. Nach dem Zerfall des Weströmischen Reiches entzog der byzantinische Kaiser Leo III. die Region der päpstlichen Jurisdiktion und unterstellte Süditalien und Sizilien dem Patriarchat von Konstantinopel. Die Verbindung mit Konstantinopel führte zu einer Blütezeit des byzantinischen Christentums in Süditalien, die erst durch die Eroberung der Region durch die Normannen im 11. Jahrhundert und die Wiedereingliederung in das lateinische Patriarchat beendet wurde. In der Folgezeit wurden die byzantinischen Christen lateinischen Bischöfen unterstellt, was zu einer allmählichen Latinisierung führte. Im 15. Jahrhundert kam es jedoch zu einer Wiederbelebung des byzantinischen Erbes, als zahlreiche orthodoxe Albaner, die vor den türkischen Eroberern aus ihrem Land geflohen waren, sich in Italien niederließen. Gegen den Widerstand der lateinischen Ortsbischöfe unterstützten die römischen Päpste ab dem 16. Jahrhundert die Bewahrung des byzantinischen Ritus. Im 18. Jahrhundert wurden italo-albanische Seminare in Kalabrien und Palermo gegründet und im 19. Jahrhundert schließlich der byzantinische Ritus als gleichwertig mit dem lateinischen anerkannt. Zu Beginn des 20. Jahrhunderts wurden zwei Diözesen für die Italo-Albaner gegründet – eine für das italienische Festland mit Sitz in Lungro (Kalabrien), die andere für Sizilien mit Sitz in Piana. 1937 wurde außerdem das Kloster von Grottaferrata, in dem der byzantinische Ritus griechischer Tradition bis heute gepflegt wird, in den Status einer Territorialabtei erhoben.

Italo-Albanische Kirche

Ritus:	byzantinisch
Liturgiesprache:	griechisch, albanisch, italienisch
Kirchenjahr:	neuer Kalender
Gläubige:	ca. 56 000
Diözesen:	2 in Italien (Kalabrien und Sizilien) sowie die Territorialabtei Grottaferrata
Präsenz in Dtl.:	keine

Internet: www.eparchialungro.it; www.eparchiapiana.it; www.abbaziagreca.it

In anderen Ländern Ost- und Südosteuropas gibt es kleinere mit Rom unierte Ostkirchen, die hier nicht im Detail vorgestellt werden können. So kam es beispielsweise unter den Serben, die vor den Osmanen nach Kroatien und Ungarn flohen, zu einer Unionsbewegung, die im Jahr 1777 zur Gründung der griechisch-katholischen Diözese von Križevci (damals im Süden Österreich-Ungarns, heute in Kroatien) führte. Zu dieser Diözese gehörten im 20. Jahrhundert alle griechisch-katholischen Christen in Jugoslawien. Heute gehören zur Diözese Križevci nur noch die griechischen Katholiken in Kroatien (ca. 21 000 Gläubige), während es für Serbien (ca. 22 000 griechisch-katholische Gläubige) und Makedonien (ca. 11 000 griechisch-katholische Gläubige) eigene Apostolische Exarchate gibt. In Bulgarien kam es in den 60er-Jahren des 19. Jahrhunderts zu einer Unionsbewegung, die wohl vor allem als Gegenreaktion zu der vom Patriarchat von Konstantinopel betriebenen Hellenisierung der orthodoxen Kirche in Bulgarien entstand. Heute gehören dem Apostolischen Exarchat für die griechischen Katholiken in Bulgarien ca. 10 000 Gläubige an. Darüber hinaus gibt es noch kleinere Gruppen griechischer Katholiken in Weißrussland (Apostolische Visitatur mit ca. 8000 Gläubigen), in Griechenland (Apostolisches Exarchat mit ca. 6000 Gläubigen) und in Albanien (Apostolische Administratur mit ca. 4000 Gläubigen).

4.
Glaube

Nach dem Überblick über die Vielzahl der Kirchen des christlichen Ostens, in dem die wichtigsten Daten zur Situation der einzelnen Kirchen zusammengefasst wurden, versucht das folgende Kapitel einen Einblick in das Glaubensleben der Ostkirchen zu vermitteln und damit den Schritt von der Außenperspektive zur Innenansicht zu tun. Um der Vielfalt der ostkirchlichen Riten gerecht zu werden, bedürfte dabei eigentlich jede Ritusfamilie einer eigenen Darstellung. Da dies jedoch unweigerlich zu Überschneidungen und Wiederholungen führen würde, nimmt das folgende Kapitel das Glaubensleben der Ostkirchen insgesamt in den Blick und macht an einigen Stellen auf Besonderheiten in einzelnen Ritusfamilien aufmerksam.

4.1 Die Liturgie und das Stundengebet

Wenn man einen orthodoxen Christen fragt, was seinen Glauben prägt und ihn von anderen Christen unterscheidet, so wird er wohl kaum – wie es viele westliche Christen vermutlich täten – auf bestimmte identitätsstiftende Personen (die Katholiken auf den Papst, evangelische Christen auf die Reformatoren) verweisen, sondern von der Art und Weise erzählen, wie in seiner Kirche Gottesdienst gefeiert wird. Im Glaubensleben der östlichen Kirchen spielt die Liturgie eine zentrale Rolle. Die Identität der Christen in den verschiedenen östlichen Traditionen wurzelt in der Feier des Gottesdienstes, in dem jahrhundertealte Traditionen bewahrt und von Generation zu Generation weitergegeben werden. Nicht die Dogmen, sondern der „gefeierte Glaube", wie er in den Riten, Gesängen und Gebeten der Liturgie zum Ausdruck kommt, prägt die Identität der Kirchen des christlichen Ostens. Ein Blick auf die Etymologie des Wortes „orthodox" unterstreicht dies: Das griechische Wort „orthodoxos" setzt sich zwar einerseits zusammen aus dem Adverb „orthos" (recht, richtig) und dem Verb „dokeo" (meinen, glauben, sich bekennen), so dass „orthodox" dementsprechend mit „rechtgläubig“ zu übersetzen wäre. Das Wort kann aber auch aus einer Verbindung des gleichen Adverbs mit dem Verb „doxazo“ (preisen, lobpreisen, ehren) gebildet werden. Dementsprechend gilt nicht allein die „rechte Lehre“ (der Kirche), sondern auch die „rechte Lobpreisung“ (Gottes) – mit anderen Worten: die Liturgie – als Wesensmerkmal der Orthodoxie. Die orthodoxe Kirche versteht sich nicht in erster Linie als lehrende Institution, sondern als betende Gemeinschaft.

Aufgrund der identitätsstiftenden Bedeutung der Liturgie hat es in den östlichen Kirchen nur selten Liturgiereformen gegeben. Der Gottesdienst der Kirche gilt als sakrosankt, so dass Änderungen nur äußerst behutsam vorgenommen wurden und in der Regel nicht zu Streichungen, sondern zur Ergänzung neuer Elemente geführt haben. Auf diese Weise ist im Laufe der Jahrhunderte aus der einfachen Struktur des frühchristlichen Herrenmahls jenes komplexe Gebilde von Gebeten und Litaneien entstanden, das den Gottesdienst der östlichen Kirchen heute prägt. Hinzu kommt, dass die Gemeindeliturgie in den Ostkirchen oft eine verkürzte Form der Klosterliturgie ist, so dass die Gottesdienste nicht nach dem Lebensrhythmus von Familien mit Kindern, sondern nach dem Tagesablauf der Mönche ausgerichtet sind. Dementsprechend sind die Gottesdienste in den Kirchen des christlichen Ostens oft sehr lang. Schon an gewöhnlichen Sonntagen dauert die Eucharistiefeier fast zwei Stunden und an Feiertagen erstrecken sich die Gottesdienste manchmal über mehr als vier Stunden. Die Gläubigen nehmen nicht nur an der sonntäglichen Liturgie teil, sondern beteiligen sich auch am Stundengebet, das zumindest vor großen Feiertagen von der ganzen Gemeinde gefeiert wird.

Was bewegt diese Menschen, dass sie so lange in der Kirche ausharren? Was macht den Gottesdienst der Ostkirchen – auch für viele Menschen bei uns – so anziehend? Es ist vermutlich die Art und Weise, wie die Liturgie gefeiert wird. Der Gottesdienst ist eine Art „heiliges Schauspiel“, in dem sich der Glanz des Himmels hier auf Erden widerspiegelt. Eine Erzählung aus der altrussischen Nestorchronik, die zu Beginn des 12. Jahrhunderts in Kiew entstanden ist, verdeutlicht dies. Der Chronist berichtet, dass der Kiewer Großfürst Wladimir Boten in verschiedene Länder entsandte, um die Vorzüge der unterschiedlichen Religionen zu erforschen. Die Gesandten gingen zu den Bulgaren, die damals dem muslimischen Glauben anhingen, zu den Deutschen, um den Glauben der lateinischen Christen zu erforschen, schließlich zu den Griechen nach Konstantinopel. Als sie nach Kiew zurückkamen, erstatteten sie dem Großfürsten folgenden Bericht:

> „Als wir zu den Bulgaren kamen, sahen wir uns an, wie sie sich im Tempel, d. h. in der Moschee verneigten, indem sie ohne Gürtel stehen, und nachdem er (!) sich verneigt hat, setzt er sich und schaut hierhin und dorthin wie ein Besessener, und Freude ist nicht bei ihnen, sondern Trübsinn und großer Gestank. Ihr Gesetz ist nicht gut. Und wir kamen zu den Deutschen und sahen sie in den Tempeln viele Gottesdienste halten, aber wir sahen keinerlei Schönheit. Und so kamen wir zu den Griechen, und sie führten uns dahin, wo sie ihrem Gott dienten, und wir wissen nicht, waren wir im Himmel oder auf der Erde; denn auf Erden gibt es einen solchen Anblick nicht oder eine solche Schönheit; und wir vermögen es nicht zu beschreiben. Nur das wissen wir, dass dort Gott bei den Menschen weilt."[1]

Das Verschmelzen von Himmel und Erde, von dem die Abgesandten des Kiewer Großfürsten hier berichten, prägt den Gottesdienst der Ostkirche. Im byzantinischen Ritus trägt die Eucharistiefeier daher den Namen „Göttliche Liturgie". Dies soll verdeutlichen, dass der Gottesdienst der Kirche nur Widerschein, Abglanz der himmlischen Liturgie ist. Der Gottesdienst ist nicht ein Dienst der Menschen für und vor Gott, sondern ein Dienst Gottes am Menschen. Gott offenbart sich im Gottesdienst als der Menschen-

1 Zitiert nach: L. Müller, Helden und Heilige aus russischer Frühzeit, München 1984, 38.

freundliche, der die Sünde des Menschen vergibt und seine Krankheit heilt. In der Liturgie wird diese frohe Botschaft bild- und sinnenhaft dargestellt. Wenn daher die ostkirchliche Liturgiefeier als „heiliges Schauspiel" bezeichnet wird, so liegt darin – wie in jedem Vergleich – Wahres, aber auch Missverständliches. Insofern der Gottesdienst der Ostkirche als Abglanz der himmlischen Liturgie verstanden wird, kann man von einem „heiligen Schauspiel" sprechen. Wenn man jedoch unter „Schauspiel" etwas versteht, was nur gespielt und daher nicht Realität ist, so wird der Vergleich missverstanden. Nach orthodoxer Auffassung ist jeder Gottesdienst eine Theophanie, eine Erscheinung Gottes in dieser Welt, Vergegenwärtigung des Heilsgeschehens hier und jetzt. Im Gottesdienst wird die Trennung zwischen Mensch und Gott durchbrochen.

Das hört sich zunächst an wie eine fromme Theorie. Doch wohl jeder, der schon einmal an einer Feier der Göttlichen Liturgie teilgenommen hat, wird bestätigen, dass dieser Gottesdienst etwas Erhebendes an sich hat, etwas, das den Menschen „zu Gott erhebt" und ihn die Gegenwart Gottes in dieser Welt spüren lässt. Dieses „Etwas" dürfte in der Sinnenhaftigkeit der ostkirchlichen Liturgie begründet liegen. Die Liturgie der Ostkirchen bezieht bewusst den ganzen Menschen ein, nicht nur den Verstand, der das verkündigte Wort Gottes zu erfassen versucht, sondern auch Auge, Ohr und Nase. In der ostkirchlichen Liturgie werden bewusst alle Sinne angesprochen: Die Augen erblicken die prunkvolle Ausstattung der Kirchen, den Glanz der Lichter, die prachtvolle Kleidung der Liturgen, die goldglänzenden Ikonen. Die Ohren hören die Worte der Heiligen Schrift, die Gebete des Priesters und der Diakone, den wunderschönen Gesang des Chores. Der Geruchssinn wird vom Weihrauch in Anspruch genommen, der Sinnbild des Gebetes, das zum Himmel emporsteigt (vgl. Ps 141), und der alles erfüllenden Gegenwart Gottes ist. Der Tastsinn wird aktiviert durch die Bienenwachskerzen in den Händen der Gläubigen, die sie vor den Ikonen anzünden. Der Geschmackssinn schließlich wird angesprochen bei der Kommunion und beim Empfang des

„Antidoron“, des gesegneten Brotes, am Schluss der Göttlichen Liturgie. Dieses Einbeziehen aller menschlichen Sinne in die Feier des Gottesdienstes macht deutlich, dass das Heil sich nicht nur auf das „Seelenheil“ beschränkt, sondern den ganzen Menschen umfasst. In dieser ganzheitlichen Feier der Liturgie gründet die Faszination, die der Gottesdienst der Ostkirchen auf viele Menschen ausübt.

Die Göttliche Liturgie in der orthodoxen Kirche besteht, wie die Eucharistiefeier in der katholischen Kirche oder der Abendmahlsgottesdienst in den evangelischen Kirchen, aus zwei großen Teilen: dem Wortgottesdienst und dem eucharistischen Gottesdienst. Die liturgischen Bücher verzeichnen vor dem Wortgottesdienst noch einen dritten Teil, die „Proskomidie“, die im Altarraum vollzogen wird, während die Gläubigen meist die „Terz“, das kleine Stundengebet zur „dritten Stunde“, beten. Die Proskomidie dient der Vorbereitung der Liturgen und der eucharistischen Gaben. Priester und Diakone legen ihre liturgischen Gewänder an und bereiten sich durch Gebete auf den Gottesdienst vor. Auf der „Prothesis“, dem Rüsttisch im linken, nördlichen Teil des Altarraumes, werden die Gaben von Brot und Wein für die Eucharistiefeier vorbereitet. Die meisten Ostkirchen verwenden bei der Eucharistiefeier gesäuertes Brot, das speziell für den Gottesdienst zubereitet wird („Prosphoren“), nur die Armenier und einige der mit Rom unierten Ostkirchen (Syro-Malabaren, Maroniten) benutzen wie die westlichen Kirchen ungesäuertes Brot.

Der Wortgottesdienst beginnt mit Ektenien (Bittgebeten), Antiphonen und Gebeten des Priesters, bevor beim sogenannten „Kleinen Einzug“ das Evangelienbuch in einer feierlichen Prozession vom Altarraum durch die linke Pforte der Ikonostase (der Bilderwand) in das Kirchenschiff hineingetragen, dann vor der mittleren Pforte der Ikonostase (der „Königlichen Pforte“) zur Verehrung durch die Gläubigen emporgehalten und schließlich wieder in den Altarraum hineingetragen und auf den Altar gelegt wird. Es folgen eine Lesung aus den neutestamentlichen Briefen und das Evangelium. Die Predigt schließt sich in manchen orthodoxen

Ortskirchen unmittelbar an das Evangelium an, wird vielfach aber auch erst am Ende des Gottesdienstes gehalten. Den Abschluss des Wortgottesdienstes bilden ein großes Fürbittgebet sowie das Gebet für die Katechumenen (die Taufbewerber, die noch nicht zur Eucharistiefeier zugelassen sind und die daher in der frühen Kirche an dieser Stelle den Gottesdienst verlassen mussten).

Den Beginn des eucharistischen Gottesdienstes markieren der „Cherubim-Hymnus", der noch einmal verdeutlicht, dass die Göttliche Liturgie im Verständnis der orthodoxen Kirche ein Abbild der himmlischen Liturgie ist, und der sogenannte „Große Einzug" mit den eucharistischen Gaben, die wiederum vom Altarraum durch das Kirchenschiff in einer feierlichen Prozession zum Altar getragen werden. Noch vor Beginn des eucharistischen Hochgebetes folgen der Friedensgruß und das Glaubensbekenntnis. Das eucharistische Hochgebet, die Anaphora, beginnt mit dem auch bei uns bekannten Einleitungsdialog zwischen Priester und Gemeinde. Daran schließt sich ein Eucharistiegebet des Priesters und der Gesang des Sanctus an. Danach folgen, eingebettet in das Gedenken der Heilstaten Gottes (die Anamnese), die Einsetzungsworte Jesu beim Letzten Abendmahl und die Herabrufung des Geistes auf die eucharistischen Gaben und die Gläubigen (die Epiklese). Es folgen das Gedenken der Heiligen und der Gottesgebärerin, Fürbitten für die Verstorbenen, den Klerus und die Regierenden sowie für den Ersthierarchen der jeweiligen Kirche. Zur Vorbereitung auf die Kommunion werden nochmals eine Ektenie, das Vaterunser und das sogenannte Hauptbeugungsgebet gesprochen. Das konsekrierte Brot wird gebrochen und im Kelch mit dem konsekrierten Wein und heißem Wasser vermischt. Nach der Kommunion der Priester und Diakone wird auch den Gläubigen die Kommunion in beiderlei Gestalt gereicht. Dazu wird den Gläubigen ein kleines Stückchen konsekriertes Brot aus dem Kelch zusammen mit dem konsekrierten Wein mit einem liturgischen Löffel in den geöffneten Mund gelegt. Nach der Kommunion folgen Dankgebete des Priesters, eine weitere Ektenie sowie der Segen. Zum Abschluss der Liturgie küssen die Gläubigen das Kreuz, mit

Proskomidie
Vorbereitung der Liturgen und der Gaben

Wortgottesdienst („Liturgie der Katechumenen")
Eingangssegen
Friedensektenie (Bittgebet)
Erste Antiphon (Ps 102 [103])
Kleine Ektenie
Zweite Antiphon (Ps 145 [146])
Justinianischer Hymnus
Kleine Ektenie
Dritte Antiphon (Seligpreisungen)

Kleiner Einzug mit dem Evangelienbuch
Troparien (Wechselgesänge zum Festtag oder Tagesheiligen)
Trishagion (Dreimal-Heilig)

Schriftlesung
(aus den Apostelbriefen)
Halleluja-Ruf

Evangelium

Predigt (häufig auch am Ende des Gottesdienstes oder während der Priesterkommunion)

Inständige Ektenie
(Großes Fürbittgebet)
Gebet für die Katechumenen

Eucharistischer Gottesdienst („Liturgie der Gläubigen")
Ektenie der Gläubigen
Cherubim-Hymnus

Großer Einzug mit den eucharistischen Gaben
Bittektenie und Darbringungsgebet
Friedensgruß
Glaubensbekenntnis

Anaphora (eucharistisches Hochgebet)
Einleitungsdialog
Gebet des Liturgen
(= „Präfation")

Sanctus

Anaphoragebet mit Einsetzungsworten (Anamnese), Anrufung des Geistes (Epiklese) und Fürbitten (Diptychen)

Vorbereitung auf die Kommunion
Ektenie, Vaterunser und Hauptbeugungsgebet

Kommunion
der Priester und Diakone (währenddessen ggf. Predigt), anschließend
Kommunion der Gläubigen
Ektenie und Danksagungsgebet

Segen und Entlassung
Austeilung des Antidorons (gesegnetes Brot)

dem der Priester sie zuvor gesegnet hat, und empfangen das Antidoron – gesegnetes, aber nicht konsekriertes Brot, das an alle Teilnehmer des Gottesdienstes, auch diejenigen, die nicht kommuniziert haben, ausgeteilt wird. Dieser Ritus erinnert an die Agapefeier, das Sättigungsmahl, das sich in frühchristlicher Zeit an die Eucharistiefeier anschloss.

Der schematische Überblick (vgl. S. 153) verdeutlicht, dass der Aufbau der Göttlichen Liturgie im byzantinischen Ritus weitgehend identisch ist mit der Eucharistiefeier der westlichen Kirchen, auch wenn diese Struktur aufgrund der zahlreichen zusätzlichen Gebete und Litaneien im Gottesdienst selbst nicht immer auf den ersten Blick erkennbar ist.

Die heutige Ordnung der Liturgie hat sich in einem jahrhundertelangen Prozess herausgebildet. In den einzelnen Ritusfamilien gibt es unterschiedliche Gottesdienstordnungen. Das oben dargestellte Schema orientiert sich an der Chrysostomos-Liturgie, dem am weitesten verbreiteten ostkirchlichen Liturgieformular, das von allen orthodoxen Kirchen sowie in den mit Rom unierten Kirchen des *byzantinischen Ritus* verwendet wird. Neben der Chrysostomos-Liturgie gibt es im byzantinischen Ritus noch ein zweites Liturgieformular, die Basilios-Liturgie, die jedoch nur an zehn Tagen im Kirchenjahr gefeiert wird. Die Gottesdienstordnungen des *alexandrinischen Ritus* gehen zurück auf die griechisch-alexandrinische Markus-Anaphora. Die koptische Kirche kennt heute drei Liturgieformulare: Die Kyrillos-Anaphora ist eine koptische Übersetzung der ursprünglich griechischen Markus-Anaphora, wird jedoch nur noch selten verwendet. Gewöhnlich wird die Liturgie in der koptischen Kirche nach der Ordnung der Basilios-Anaphora gefeiert, an Herrenfesten wird die Gregorios-Anaphora verwendet, die sich dadurch auszeichnet, dass ihre Gebete an Christus (nicht an Gott den Vater) gerichtet sind. Auch in der Äthiopischen Orthodoxen Kirche gibt es eine Besonderheit: eine Marienanaphora, deren Gebete sich an die Gottesmutter richten und die an den zahlreichen Marienfesten des äthiopischen Kalenders gebraucht wird. Die Kirchen des *westsyrischen Ritus* verwenden in der Regel die Jakobus-Anaphora, die auf die Jerusalemer Liturgie zurückgehen dürfte. Daneben gibt es im westsyrischen Ritus mehr als 70 weitere eucharistische Hochgebete, darunter auch einige, die frühen römischen Päpsten zugeschrieben werden, heute aber nur noch selten benutzt werden. Am gebräuchlichsten ist neben der Jakobus-Anaphora die Anaphora der zwölf Apostel. Der *ostsyrische Ritus* kennt drei Liturgieformulare, von denen die Anaphora der Apostel Addai und Mari am häufigsten benutzt wird. Sie zählt zu den ältesten Hochgebeten der Christenheit und ist besonders bemerkenswert, weil sie kein wörtliches Zitat der Einsetzungsworte enthält. Im *armenischen Ritus* wird heute nur noch ein einziges Liturgieformular verwendet, obwohl es in der armenischen Tradition insgesamt zehn Anaphoren gab. Die heute ausschließlich verwendete Athanasios-Anaphora ist eine armenische Übersetzung der byzantinischen Basilios-Anaphora, greift an einigen Stellen jedoch auch Elemente aus der Chrysostomos-Liturgie auf. Eine Besonderheit der armenischen Liturgie, die immer wieder zu zwischenkirchlichen Kontroversen geführt hat, ist die Gepflogenheit, dass dem eucharistischen Wein kein Wasser zugefügt wird.

Trotz der Vielfalt der Liturgieformulare ist die eucharistische Liturgie in den Kirchen des christlichen Ostens in ihrem Grundaufbau identisch mit der abendländischen Liturgie, so dass Liturgiewissenschaftler die gemeinsamen Ursprünge unschwer rekonstruieren können. Was die ostkirchlichen Liturgien insgesamt auszeichnet, ist der Reichtum an Hymnen und Gebeten, die von geistlichen Dichtern wie z. B. Romanos dem Meloden für den byzantinischen Ritus (erste Hälfte des 6. Jahrhunderts) oder Jakob von Sarug für den westsyrischen Ritus (zweite Hälfte des 5. Jahrhunderts) verfasst wurden. Der darin enthaltene Gebetsschatz ist aufgrund der sprachlichen Barrieren bis heute leider bei uns weitgehend unbekannt.

Für den Empfang der heiligen Kommunion gelten in den meisten Ostkirchen heute noch die strengen Fastenvorschriften, wie sie früher auch in der katholischen Kirche üblich waren. In der Regel empfangen nur diejenigen Gläubigen die Kommunion, die sich durch Fasten, Beten und Beichte intensiv auf deren Empfang vorbereitet haben. Nur Kleinkinder, die nach östlicher Tradition ebenfalls zur Kommunion zugelassen sind, sind von der Verpflichtung zur vorherigen Beichte ausgenommen. Die Verpflichtung zur intensiven Vorbereitung auf die Kommunion führt dazu, dass meist nur ein geringer Teil der Gottesdienstbesucher die heilige Kommunion empfängt. Hinter dieser Praxis steht letztlich die große Ehrfurcht vor dem Altarsakrament.

Ein Zeichen der Ehrfurcht und der Anbetung ist es auch, dass die Gläubigen in der Regel während des gesamten Gottesdienstes stehen. In orthodoxen Kirchen gibt es keine Sitzbänke oder nur einige wenige am Rande des Kirchenraumes für die älteren Gottesdienstbesucher. Eine Ausnahme stellen diesbezüglich die Kirchen des griechischen und arabischen Kulturraums dar, wo es nicht nur „Stasidien" (Stühle mit hohen Rückenlehnen und aufklappbaren Sitzflächen) an den Seitenwänden, sondern oft auch Stühle für das Kirchenvolk gibt. Das Niederknien ist in orthodoxen Kirchen nicht üblich und wird in der Regel nur bei bestimmten Bußgottesdiensten in der Fastenzeit praktiziert. Als Zeichen der besonderen Ehrfurcht berühren jedoch viele Gläubige beim Bekreuzigen mit der Hand den Boden und neigen dabei ihr Haupt vor dem Herrn.

Liturgische Texte aus dem byzantinischen Ritus

Cherubim-Hymnus (6. Jahrhundert, wird in der Göttlichen Liturgie gesungen während des „Großen Einzugs" mit den eucharistischen Gaben):

„Im Mysterium bilden wir die Cherubim ab
und singen der lebensschaffenden Dreiheit
den Hymnus des dreifachen Heilig.
Lasset uns ablegen alle Sorgen dieser Welt,
um zu empfangen den König des Alls,
den unsichtbar erheben die Heerscharen der Engel.
Alleluja, Alleluja, Alleluja."

Phos Hilaron (Abendhymnus, 4. Jahrhundert, wird während der Vesper gesungen):

„Heiteres Licht heiliger Herrlichkeit des unsterblichen Vaters,
des himmlischen, des heiligen, des seligen: Jesus Christus.
Gekommen zum Sinken der Sonne schauen wir das Abendlicht
und singen in Hymnen Gott, dem Vater und dem Sohn und dem Heiligen Geist.
Würdig bist du zu allen Zeiten mit geziemenden Rufen gefeiert zu werden:
Gottes Sohn, Lebensspender, dich verherrlicht das All.“[2]

Neben der Göttlichen Liturgie, die in den orthodoxen Kirchen in der Regel nur an Sonntagen und kirchlichen Festtagen gefeiert wird, gibt es in den Ostkirchen eine Vielfalt anderer Gottesdienstformen, zu denen sich die Gläubigen an Werktagen oder am Vorabend von Sonn- und Feiertagen versammeln. Von besonderer Bedeutung sind dabei die Tagzeitengottesdienste, die dem Stundengebet der westlichen Kirche vergleichbar sind und den klösterlichen Lebensrhythmus widerspiegeln. Neben den „großen“ Tagzeitengebeten (Vesper, Komplet, Laudes) gibt es noch die „kleinen“ Horen (Prim, Terz, Sext, Non). Letztere werden nur in den Klöstern als eigenständige Gottesdienste gefeiert. In der Gemeindeliturgie werden oft mehrere Tagzeitengebete miteinander verbunden. So ist es im byzantinischen Ritus üblich, vor Sonntagen und kirchlichen Feiertagen eine Vigil (liturgische Nachtwache) zu feiern, bei der Vesper, Laudes und Prim zu einem Gottesdienst am Vorabend des Festtages zusammengefasst werden. In den Gemeinden wird vor der sonntäglichen Liturgie häufig die Terz gebetet, während die Liturgen die Proskomidie vollziehen, und die Feier der Liturgie

2 Zitiert nach: S. Heitz (Hg.), Mysterium der Anbetung, Köln 1986, 34 und 361.

klingt in der Regel mit dem Gebet der Sext aus. Wie das westliche Stundengebet ist auch die Tagzeitenliturgie der östlichen Kirchen vom Psalmengebet geprägt. Hinzu kommen Ektenien (Bittgebete), Hymnen auf den bevorstehenden Festtag bzw. Tagesheiligen sowie Lesungen aus der Heiligen Schrift. Die Vigilfeier vor Sonn- und Feiertagen ist im byzantinischen Ritus außerdem oft mit einer Brotsegnung (Artoklasia) verbunden. Bei den Gläubigen sehr beliebt ist auch der „Akafist", ein Gottesdienst zu Ehren der Gottesmutter Maria, dessen Name sich vom Akathistos-Hymnus ableitet, der ein zentrales Element dieses Gottesdienstes bildet. Im westsyrischen Ritus spielt die Darbringung des Weihrauchs beim Abend- und beim Morgengottesdienst eine besondere Rolle. Die koptische Kirche kennt einen eigenen Ritus des Weihrauchopfers, der am Morgen und am Abend jener Tage gefeiert wird, an denen auch eine Eucharistiefeier stattfindet.

Literatur: S. Heitz (Hg.), Mysterium der Anbetung. Göttliche Liturgie und Stundengebet der Orthodoxen Kirche, Köln 1986.
A. Kallis (Hg.), Liturgie. Die Göttliche Liturgie der Orthodoxen Kirche. Deutsch – Griechisch – Kirchenslawisch, Mainz 1989.
A. Lorgus / M. Dudko, Orthodoxes Glaubensbuch, Würzburg 2001, 9–92.
B. J. Groen / Chr. Gastgeber (Hg.), Die Liturgie der Ostkirche. Ein Führer zu Gottesdienst und Glaubensleben der orthodoxen und orientalischen Kirchen, Freiburg i. Br. ²2013.
Internet: www.obkd.de/Texte/GoettlicheLiturgieHlJohannes-Chrysostomus-2015.pdf

4.2 Das Kirchenjahr und die Kalenderfrage

Ein die Kirchen in Ost und West über alle Konfessionsgrenzen hinweg verbindendes Element ist das gemeinsame Gedenken der Heilsgeschichte im Laufe des Kirchenjahres. Die kirchlichen Hochfeste wie Weihnachten, Ostern und Pfingsten werden in entsprechend feierlicher Form begangen und auch viele Herrenfeste, Marienfeste und Heiligengedenktage werden in Ost und West am gleichen Datum gefeiert. Anders als im Westen beginnt das orthodoxe **Kirchenjahr** jedoch nicht am 1. Advent, sondern am 1. September. In der byzantinischen Orthodoxie wird der 1. September auf Anregung des Ökumenischen Patriarchats schon seit den 1990er-Jahren als Tag des Gebetes für die Bewahrung der Schöpfung begangen, um die Verbindung der Heilsgeschichte mit dem gesamten Kosmos zu unterstreichen. Nach der Veröffentlichung seiner Enzyklika „Laudato si'" hat Papst Franziskus 2015 diesen Tag auch in der katholischen Kirche als besonderen Gebetstag für die Bewahrung der Schöpfung eingeführt. Während das westliche Kirchenjahr christologisch orientiert ist (vom Advent bis zum Christkönigsfest), ist das Kirchenjahr in den Ostkirchen marianisch ausgerichtet: Das erste große Fest im Kirchenjahr ist das Fest der Geburt der Gottesmutter am 8. September, das letzte Hochfest im Kirchenjahr ist das Fest des Entschlafens der Gottesmutter (Mariä Himmelfahrt) am 15. August. Trotz des unterschiedlichen Rahmens gibt es eine weitgehende Übereinstimmung im Blick auf die Ordnung der Festtage. Wie im Westen gibt es auch in der Ostkirche bewegliche, am Mondzyklus orientierte Festtage, die sich auf den jährlich wechselnden Termin des Osterfestes beziehen, und einen unbeweglichen, am Sonnenzyklus orientierten Kreis von Festtagen, zu dem beispielsweise das Weihnachtsfest zählt. Im byzantinischen Ritus sind die unbeweglichen Festtage sowie die Heiligengedenktage im Menologion bzw. Menaion (= Monatsbuch) verzeichnet. Zu den wichtigsten Festen und Gedenktagen zählen:

Geburt der Gottesmutter (8. September)
Kreuzerhöhung (14. September)
Tempelgang der Gottesmutter (21. November)
Geburt Christi (25. Dezember)
Taufe des Herrn/Epiphanie (6. Januar)
Darstellung des Herrn im Tempel (2. Februar)
Verkündigung der Gottesmutter (25. März)
Geburt Johannes' „des Vorläufers" (24. Juni)
Gedenktag der Apostel Petrus und Paulus (29. Juni)
Verklärung Christi (6. August)
Entschlafen der Gottesmutter (15. August)

Neben den datumsgebundenen Festtagen gibt es die vom jährlich wechselnden Ostertermin abhängigen Festtage, die im Wesentlichen die „Große Fastenzeit" vor Ostern und die nachösterliche Zeit bis Pfingsten umfassen. In vielen Ostkirchen geht der 40-tägigen Fastenzeit vor Ostern noch eine „Vorfastenzeit" (in den orientalisch-orthodoxen Kirchen auch „Ninive-Fasten" genannt) voraus. Dabei bereiten sich die Gläubigen allmählich auf die Große Fastenzeit vor, indem sie nach und nach auf bestimmte Nahrungsmittel (zunächst Fleisch, später auch Milchspeisen) verzichten. Der erste Fastensonntag wird in der byzantinischen Kirche als „Sonntag der Orthodoxie" feierlich begangen. An diesem Tag gedenken die orthodoxen Christen des endgültigen Sieges der Befürworter der Ikonenverehrung über die Ikonoklasten (die „Bilderzerstörer") im Jahr 843. Die Gottesdienstordnung für die vorösterliche Fastenzeit einschließlich der „Großen und Heiligen Woche" (= Karwoche) findet sich im „Triodion", jene für die Zeit von Ostern bis Pfingsten im „Pentekostarion". Die Ordnung für die übrige „Zeit im Jahreskreis" ist im „Oktoechos" (= Achttonbuch) enthalten, das nach dem Achttonsystem benannt ist, in dem die Hymnen des orthodoxen Kirchenjahres gesungen werden.

Zusätzlich zur großen vorösterlichen Fastenzeit gibt es in den Kirchen des christlichen Ostens noch weitere Fastenzeiten, die der geistlichen Vorbereitung auf das jeweils folgende Hochfest dienen: die 40-tägige Fastenzeit vor Weihnachten, das 14-tägige „Apostelfasten" vor dem Hochfest der Apostel Petrus und Paulus am 29. Juni sowie das ebenfalls 14-tägige „Marienfasten" vor dem Hochfest des Entschlafens der Gottesmutter am 15. August. In einigen Ostkirchen gibt es darüber hinaus weitere Fastenzeiten, so z. B. in der Äthiopischen Orthodoxen Kirche das „Prophetenfasten" oder in der Armenischen Apostolischen Kirche das Fasten vor dem Hochfest des Nationalheiligen Gregors „des Erleuchters". Außerdem gelten Mittwoch und Freitag als wöchentliche Fasttage, durch die die Gläubigen zu einer dem Leben in Christus entsprechenden Geisteshaltung angehalten werden sollen.

Dass es neben der unterschiedlichen Zahl von Fasttagen noch weitere Unterschiede zwischen den Kirchen in Ost und West gibt, wird uns spätestens dann bewusst, wenn wir registrieren, dass die meisten orthodoxen Christen Ostern an einem anderen Termin feiern als wir. Dies liegt jedoch nicht an der Struktur des Kirchenjahres, die – wie wir gesehen haben – weitgehend übereinstimmt, sondern an der Verwendung unterschiedlicher **Kalender**. Fast alle orthodoxen Kirchen (mit Ausnahme der Orthodoxen Kirche von Finnland) und die meisten orientalisch-orthodoxen Kirchen berechnen den Ostertermin bis heute nach dem julianischen Kalender. Dieser hat seinen Namen von Julius Cäsar, der im Jahr 46 v. Chr. einen neuen Kalender in Kraft setzte, den er von dem aus Alexandrien stammenden Astronomen Sosigenes hatte ausarbeiten lassen. Dieser war zwar relativ genau, blieb aber doch nach jeweils 128 Jahren einen Tag hinter den astronomischen Gegebenheiten zurück. Um dieses Problem zu beheben, verfügte Papst Gregor XIII. im Jahr 1582 eine Kalenderreform, durch die das Jahr 1582 um zehn Tage gekürzt wurde. Dieser sogenannte gregorianische Kalender wurde jedoch zunächst nur in der „katholischen Welt" rezipiert. Erst im 18. Jahrhundert übernahmen nach und nach auch die protestantisch geprägten Länder den gregorianischen Kalender. Die mehrheitlich orthodoxen Länder folgten zumeist erst am Beginn des 20. Jahrhunderts. Heute liegt die Differenz zwischen dem julianischen und dem gregorianischen Kalender bei 13 Tagen. Dies führt beispielsweise dazu, dass alle orthodoxen Kirchen, die bis heute am „alten Kalender" (dem julianischen) festhalten, das Fest der Geburt Christi (25. Dezember) 13 Tage später (am 7. Januar) feiern. Der 6. Januar ist daher für sie der „Heilige Abend", was zur Verbreitung der irrigen Auffassung geführt hat, die Orthodoxie kenne kein eigenes Weihnachtsfest, sondern feiere die Geburt des Herrn am Epiphaniefest. Dies trifft einzig und allein auf die Armenische Apostolische Kirche zu, in der tatsächlich beide Feste gemeinsam am 6. Januar begangen werden.

Noch deutlichere Auswirkungen hat die Verwendung unterschiedlicher Kalender auf die Berechnung des Ostertermins. Nach einer bereits vom Konzil von Nizäa (325) festgelegten Regel wird das Osterfest am Sonntag nach dem ersten Vollmond gefeiert, der auf die Frühjahrs-Tagundnachtgleiche (am 21. März) folgt. Die Konsequenzen der unterschiedlichen Kalender für die Berechnung des Ostertermins lassen sich am Beispiel des Jahres 2016 gut verdeutlichen: Der erste Vollmond nach der Frühjahrs-Tagundnachtgleiche fiel nach dem gregorianischem Kalender auf den 23. März. Daher haben alle Kirchen, die den „neuen Kalender" verwenden, das Osterfest 2016 am 27. März gefeiert. Nach dem „alten Kalender" (13 Tage hinter dem gregorianischen zurück) war am 23. März jedoch erst der 10. März. Der erste Vollmond nach dem 21. März des „alten Kalenders" fiel daher auf den 22. April. Am Sonntag danach (24. April) feierten aber die Juden ihr Pessachfest, weshalb das Osterfest aufgrund einer altkirchlichen Bestimmung, dass Ostern nicht gemeinsam mit dem jüdischen Pascha begangen werden dürfe, um eine weitere Woche verschoben wurde. Die orthodoxen Christen feierten daher Ostern im Jahr 2016 erst am 1. Mai – fünf Wochen nach dem „westlichen" Osterfest (das ist die größtmögliche Differenz). Es gibt aber auch Jahre, in denen der Ostertermin auf das gleiche Datum fällt: Im nächsten Jahrzehnt wird dies der Fall sein in den Jahren 2017 (Ostern am 16. April) und 2025 (Ostern am 20. April). Verschiedene Versuche, im Rahmen ökumenischer Konsultationen zu einer einheitlichen Berechnung des Ostertermins zu kommen, sind bislang fehlgeschlagen.

Die Verwendung des „alten Kalenders“ in vielen Ostkirchen hat nicht nur Folgen für die Berechnung des Ostertermins, sondern auch im Blick auf das Datum der unbeweglichen Festtage, wie oben bereits am Beispiel des Weihnachtsfestes dargelegt wurde. Nachdem fast alle Staaten den gregorianischen Kalender übernommen hatten, standen die orthodoxen Kirchen, die weiterhin am julianischen Kalender festhielten, vor dem Problem, dass staatliche und kirchliche Festtage oft auseinanderfielen. Daher schlug der Ökumenische Patriarch Meletios IV. Metaxakis (1921–1923) vor, die unbeweglichen Feste künftig nach gregorianischem Kalender zu feiern, während die vom Osterfest abhängigen Feste weiterhin nach julianischem Kalender gefeiert werden sollten, vor allem um einen gemeinsamen Ostertermin für alle orthodoxen Kirchen zu bewahren. Dieser „Mischkalender“ wurde 1924 in Griechenland eingeführt, was dort zum Schisma der Altkalendarier führte, die dem alten Kalender treu bleiben wollten. Trotz mancher Bedenken und Ungereimtheiten hat in der Folgezeit ein Großteil der orthodoxen Kirchen diesen Mischkalender übernommen.

Heute verwenden das Ökumenische Patriarchat von Konstantinopel, die Patriarchate von Alexandrien, Antiochien, Rumänien und Bulgarien, die Orthodoxen Kirchen von Zypern, Griechenland, Albanien sowie Tschechien und der Slowakei, aber auch die Syrische Orthodoxe Kirche den Mischkalender (Weihnachten nach „neuem“, Ostern nach „altem“ Kalender). Vollständig nach dem „alten Kalender“ richten sich heute noch die Patriarchate von Jerusalem, Moskau, Serbien und Georgien, die Orthodoxe Kirche von Polen und die Mönche auf dem Athos, auf Seiten der orientalisch-orthodoxen Kirchen die Koptische, die Äthiopische und die Eritreische Orthodoxe Kirche. Eine komplette Umstellung auf den „neuen Kalender“ haben bislang die Assyrische Kirche des Ostens, die Armenische Apostolische Kirche, die Malankarische Orthodoxe Syrische Kirche, die Orthodoxe Kirche von Finnland sowie Teile der weltweiten orthodoxen Diaspora vollzogen. Auch auf Seiten der mit Rom unierten Ostkirchen finden sich alle drei Varianten. Der Wunsch, wieder zu einer einheitlichen Regelung zu finden, ist von den Kirchen vielfach bekräftigt worden. Eine Lösung der Kalenderfrage zeichnet sich freilich bis heute leider nicht ab.

Literatur: L. Heiser, Quellen der Freude. Die Hochfeste der orthodoxen Christen (Koinonia – Oriens 52), Gersau 2002.
Ph. Harnoncourt, Unterwegs zu einem gemeinsamen Ostertermin aller christlichen Kirchen?, in: Ders., Gott feiern in versöhnter Verschiedenheit, Freiburg i. Br. 2005, 92–110.
Gemeinsame Kommission der Deutschen Bischofskonferenz und der Orthodoxen Bischofskonferenz in Deutschland, Das Kirchenjahr in der Tradition des Ostens und des Westens (mehrere Broschüren), Bonn 2010ff.
Ein Mönch der Ostkirche (Lev Gillet), Das Jahr der Gnade des Herrn. Eine Einführung in das orthodoxe liturgische Jahr, Münster 2011.

4.3 Die Feier der Sakramente

Neben dem Kirchenjahr, das die Gläubigen durch seine jährlich wiederkehrenden Zyklen an die zentralen Ereignisse der christlichen Heilsgeschichte erinnert, orientiert sich der Gottesdienst der Kirche auch am Lebensrhythmus der Menschen. In der Feier der Sakramente bietet die orthodoxe Kirche dem Menschen geistliche Begleitung in den verschiedenen Lebensphasen an. Im Wesentlichen stimmen Ost- und Westkirche im Verständnis der Sakramente überein: In ihnen wird dem einzelnen Gläubigen das

Heil, das Christus durch die Kirche den Menschen verheißt, an existenziell bedeutsamen Punkten seines Lebens in persönlicher Weise zugesprochen. Wie die katholische Kirche kennen die orthodoxen und die orientalisch-orthodoxen Kirchen sieben Sakramente, obwohl sie der Siebenzahl nicht eine solch hohe Bedeutung zumessen, welche sie im Westen durch die Auseinandersetzung zwischen Katholiken und Protestanten über die Zahl der Sakramente erlangt hat. Die östlichen Kirchen haben die Siebenzahl im Laufe des zweiten Jahrtausends vom Westen übernommen, schreiben ihr jedoch eher eine symbolische Bedeutung zu, insofern die Zahl Sieben für die Vollkommenheit stehe und die Siebenzahl der Sakramente daher als ein Symbol für die Vollständigkeit des sakramentalen Lebens der Kirche zu betrachten sei.

Dass das Verständnis der Sakramente in Ost und West trotz weitgehender Übereinstimmungen dennoch nicht vollkommen deckungsgleich ist, deutet bereits die theologische Begrifflichkeit an: Die westliche Theologie spricht von Sakramenten und knüpft damit an den lateinischen Begriff „sacramentum" an, der in der profanen Welt den Fahneneid des Rekruten bezeichnete und im kirchlichen Sprachgebrauch als Einordnung in die „militia Christi" verstanden wurde. Dementsprechend erhielten die Sakramente im Westen auch eine juridische Dimension, was sich beispielsweise daran zeigt, dass die kirchliche Eheschließung im katholischen Kirchenrecht lange Zeit vor allem als ein „Vertragsabschluss" zwischen den beiden Eheleuten betrachtet wurde, der durch das Jawort der Ehepartner zustande kommt. Demgegenüber bezeichnen die aus der byzantinischen Tradition stammenden Kirchen die Sakramente als „Mysteria", was aus dem griechischen Wort „mysterion" (syrisch „raza") abgeleitet ist. Dieser Begriff betont stärker als der westliche Sakramentsbegriff „das Ereignishafte, das Feierliche, das von der Wirkung Gottes und durch die Gnade Gottes unter der Mitwirkung des glaubenden Menschen erreichte Heil"[3]. Das Sakramentsverständnis der östlichen Kirchen konzen-

3 G. Larentzakis, Die Orthodoxe Kirche, Graz 2001, 56.

triert sich somit auf die „geheimnisvolle", sich „im Mysterion" vollziehende Verbindung zwischen Gott und Mensch, die in der Feier der Sakramente auf dreifache Weise zum Ausdruck kommt:

(1) in der Erinnerung (Anamnese) der Heilstaten Gottes, wie sie von der Heiligen Schrift bezeugt werden: Die biblischen Lesungen sind integraler Bestandteil der Liturgie und biblische Aussagen werden in den Gebeten der Liturgen immer wieder zitiert. Wort und Sakrament stehen damit in einer engen Verbindung.

(2) in der Herabrufung (Epiklese) des Heiligen Geistes, durch den Gott in dieser Welt wirkt: Die ostkirchlichen Traditionen betonen nicht nur in der Lehre, sondern auch im liturgischen Vollzug der Sakramente, dass es letztlich Gott ist, der in den Sakramenten durch seinen Heiligen Geist am Menschen handelt. Daher schreiben die Gottesdienstformulare der Ostkirchen vor, dass die Geistlichen bei der Spendung der Sakramente nicht die Ich-Form verwenden („Ich taufe dich ...", „Ich spreche dich los ..."), sondern eine passivische Formulierung benutzen („Es wird getauft ...", „Es wird gekrönt ..."). Diese passivische Formulierung verdeutlicht, dass nicht der Priester oder Bischof der Spender der sakramentalen Gnade ist, sondern vielmehr Gott um die Gewährung der Gnade im Sakrament gebeten wird.

(3) im Lobpreis Gottes (Doxologie), in dem die Liturgen gemeinsam mit den Gläubigen Gott für seine Heilstaten preisen, die er nicht nur in der Vergangenheit vollbracht hat, sondern auch in der Gegenwart den Gliedern des Volkes Gottes in den Sakramenten zuteilwerden lässt.

Das Sakrament der **Taufe** ist in den Ostkirchen immer mit der Myronsalbung (= Firmung/Konfirmation) und dem Empfang der ersten heiligen Kommunion verbunden. Alle drei Sakramente bilden in den ostkirchlichen Riten eine Einheit. Sie werden auch als Initiationssakramente bezeichnet, weil der Neugetaufte durch diese drei Sakramente in die volle Gemeinschaft der Kirche aufgenommen wird. Die Ostkirchen haben durch die gleichzeitige Spendung der drei Initiationssakramente die Praxis der Alten Kirche bewahrt, in der in der Regel erwachsene Taufbewerber in die Kirche aufgenommen wurden. Die überlieferte Reihenfolge und die gleichzeitige Spendung wurde in den Ostkirchen später auch auf die Kindertaufe übertragen, während im Westen Firmung/Konfirmation und Erstkommunion aus pastoralen Gründen von der Kindertaufe losgelöst wurden. Die Taufe wird in den Ostkirchen bis heute in der Regel wie in der frühen Kirche durch das dreimalige Eintauchen des Täuflings in das Wasser vollzogen, das vom Priester unmittelbar vor dem Taufritus gesegnet wird. Die Taufformel lautet: „Es wird getauft der Knecht/die Magd Gottes N. N. im Namen des Vaters (erstes Untertauchen), Amen, und des Sohnes (zweites Untertauchen), Amen, und des Heiligen Geistes (drittes Untertauchen), Amen."

Unmittelbar im Anschluss an die Taufe wird die **Myronsalbung** vollzogen, die der Firmung/Konfirmation im Westen entspricht. Sie ist in den Ostkirchen nicht dem Bischof vorbehalten, sondern wird vom Priester gespendet, der die Taufe vollzieht (wie es heute auch bei Erwachsenentaufen in der katholischen Kirche üblich ist). Die Myronsalbung wird als Bestätigung und Vollendung der Taufe verstanden und symbolisch interpretiert als Abbild jener Salbung mit dem Heiligen Geist, die Christus bei seiner Taufe im Jordan empfing. Das Myron besteht aus Olivenöl, das mit aromatischen Stoffen vermischt wird und jedes Jahr an Gründonnerstag – in der Regel von den Oberhäuptern der einzelnen autokephalen Ostkirchen – zubereitet und geweiht wird. Der Priester, der die Myronsalbung beim Neugetauften vollzieht, salbt ihn kreuzförmig an Stirn, Augen, Nase, Mund, Ohren, Brust, Händen und Füßen, wobei er jeweils spricht: „Siegel der Gabe des Heiligen Geistes, Amen." Unmittelbar nach Taufe und Myronsalbung empfängt der Neugetaufte zum ersten Mal die heilige Kommunion. Sie wird in der Regel, wie in den Ostkirchen allgemein üblich, unter beiden Gestalten gereicht. Bei Säuglingstaufen wird dem Täufling, der noch nicht fähig ist, feste Nahrungsbestandteile zu schlucken, ein Tropfen des eucharistischen Weins auf die Zunge geträufelt. Da die Zulassung zur Kommunion mit der Taufe erfolgt, können in den Ostkirchen auch Säuglinge und Kleinkinder die Kommunion empfangen. Da sie noch nicht wie die älteren Kinder und die Erwachsenen zur Beichte verpflichtet sind, empfangen Kleinkinder sogar vergleichsweise häufig die Kommunion, während ältere Kinder (ab etwa sieben Jahren), Jugendliche und Erwachsene aufgrund der für sie geltenden Beicht- und Fastenvorschriften eher seltener zur Kommunion gehen.

Die Sakramente der Taufe und der Myronsalbung sind auch nach dem Verständnis der Ostkirchen einmalig und werden daher nicht wiederholt. Dennoch gibt es in den Ostkirchen bis heute keine einheitliche Praxis im Blick auf die Anerkennung der außerhalb der eigenen Kirche gespendeten Taufe. Innerhalb der byzantinischen Orthodoxie sind beispielsweise bis heute die Nachwirkungen einer Enzyklika aus dem Jahr 1755 spürbar, mit der die (griechischen) Patriarchen von Konstantinopel, Alexandrien, Antiochien und Jerusalem die Gültigkeit der in der lateinischen Kirche gespendeten Sakramente verwarfen, während der russische Patriarch diese Entscheidung nicht mittrug. Dementsprechend war es in der slawischsprachigen Orthodoxie nicht üblich, westliche Christen, die zur orthodoxen Kirche konvertierten, erneut zu taufen, während dies in den griechischsprachigen Kirchen lange Zeit eine verbreitete Praxis war. Wenn es daher von Zeit zu Zeit Berichte über Einzelfälle gibt, in denen orthodoxe Priester einen Konvertiten erneut getauft haben, so stammen diese meist aus dem griechischsprachigen Raum. Offiziell wird die Wiedertaufe heute jedoch von allen orthodoxen Patriarchaten abgelehnt. Manchmal geschieht diese Ablehnung jedoch nicht aus dogmatischen Gründen (Unwiederholbarkeit der Taufe), sondern aus pastoralen Motiven („kat' oikonomian"), um das Selbstverständnis eines Konvertiten, der sich bereits als getaufter Christ betrachtet, nicht zu verletzen.

Auch beim Sakrament der **Buße** findet das Prinzip der „Oikonomia" Anwendung in den östlichen Kirchen. Der Begriff „Oikonomia" bezeichnet im Neuen Testament die göttliche Heilsordnung. Da diese Heilsordnung in der Interpretation der östlichen Kirchenväter vor allem von der Barmherzigkeit Gottes geprägt ist, wird das Prinzip der „Oikonomia“ im orthodoxen Kirchenrecht und in der Pastoral angewandt, um ein Abweichen von der strengen Beachtung der kirchlichen Gesetze (Akribie) zu begründen. Nicht die „gerechte“ Strafe, sondern das Wohlergehen des Menschen steht daher im Mittelpunkt der orthodoxen Beichtpraxis. Der Beichtvater wird als Seelenarzt betrachtet, der den Gläubigen zwar auch „Bußstrafen“ (Epitimien) auferlegen kann, die jedoch nicht wie in der westlichen Schultheologie „satisfaktorisch“ (als Genugtuung für begangene Sünden) verstanden werden, sondern „therapeutisch“ (als heilsame „Medizin“, die den Sünder zur Gemeinschaft mit Christus und der Kirche zurückführen soll). Ein solches therapeutisches Verständnis der Buße stellt hohe Anforderungen an die seelsorgerlichen Fähigkeiten des Beichtvaters, der von den Gläubigen als „geistlicher Vater“ betrachtet und auch so angeredet wird. Bis ins 14. Jahrhundert hinein übernahmen auch Laienmönche die Funktion eines geistlichen Vaters. Heute ist die Lossprechung von den Sünden jedoch den Priestermönchen und den Gemeindepriestern vorbehalten.

Der Empfang des Bußsakraments setzt die vorherige Gewissenserforschung, die Bereitschaft zur Reue und zur Versöhnung mit den Menschen, denen man Unrecht angetan hat, voraus. Das Bußsakrament wird in den Ostkirchen als Ohrenbeichte praktiziert, die jedoch nicht in einem Beichtstuhl erfolgt, sondern meist am Rande des Kirchenschiffes, wo der Beichtende und der Beichtvater sich gemeinsam vor ein Pult mit einer Ikone stellen und der Priester dem Gläubigen nach dem Sündenbekenntnis seine Stola über den Kopf legt und dann unter Handauflegung das Gebet um die Lossprechung des Sünders vor Gott spricht. Dieses Gebet enthält nicht wie im Westen eine indikativische Lossprechungsformel („Ich spreche dich los …“), sondern ist deprekativ (fürbittend) formuliert, wobei auch der Beichtvater seine eigene Sündigkeit vor Gott betont. So erfährt der Gläubige (zumindest im Idealfall) den Beichtvater nicht als strafenden Richter, sondern als mitfühlenden Arzt, der sich für die Heilung von den Folgen der Sünde einsetzt.

Auch das Sakrament der **Krankensalbung** wird in der orthodoxen Kirche als ein Sakrament zur Heilung des Erkrankten an Leib und Seele verstanden. Es wurde in den Ostkirchen nie als Sterbesakrament („Letzte Ölung") gesehen, sondern als ein Ritus, der durch die darin erbetene Gnade Gottes zur Heilung von seelischen und körperlichen Leiden beitragen soll. In der Regel wird das Sakrament der Krankensalbung in der orthodoxen Kirche nicht einzelnen Gläubigen gespendet, sondern als gemeinsame Feier in der Kirche vollzogen. Dies geschieht vor allem in den Fastenzeiten vor den großen Kirchenfesten, in der Großen Fastenzeit vor Ostern meist am Mittwoch der Karwoche. Die liturgischen Formulare sehen vor, dass der Gottesdienst nach Möglichkeit von sieben Priestern gefeiert wird, die während des Gottesdienstes auch sieben Salbungen vollziehen. Die Siebenzahl erinnert an die sieben Gaben des Heiligen Geistes. Im Falle schwerer Krankheit kann das Sakrament auch von einem Priester zu Hause gespendet werden, jedoch vertritt auch dabei in der Regel ein größerer Kreis von Familienangehörigen die Gemeinde und empfängt gemeinsam mit dem Kranken das Sakrament.

Das Sakrament der **Ehe** kommt nach orthodoxem Verständnis nicht durch das Jawort der Brautleute, sondern durch den Vollzug des Trauungsritus seitens des Priesters zustande. Aus ostkirchlicher Sicht ist es nicht möglich, dass zwei Menschen sich gegenseitig ein Sakrament spenden, weil der eigentliche Spender des Sakramentes Jesus Christus ist, der in der Liturgie durch den Priester repräsentiert wird. Der orthodoxe Trauungsritus umfasst zwei Teile: den Ritus der Verlobung und den Ritus der Krönung. Die Verlobung geht der eigentlichen Eheschließung meist unmittelbar voraus, kann aber auch als eigene kirchliche Feier begangen werden. Der Verlobungsritus umfasst Ektenien und Gebete, den Austausch der Ringe sowie ein Segensgebet über die Brautleute. Der sich in der Regel unmittelbar anschließende Trauungsritus beginnt mit einem Psalm, einer Ektenie und drei Segensgebeten des Priesters. Beim dritten Segensgebet legen die Brautleute ihre rechten Hände ineinander. Dann folgt die Krönung der Brautleute mit Hochzeitskronen oder Kränzen. Dabei spricht der Priester zum Bräutigam: „Gekrönt wird der Knecht Gottes N. N. für die Magd Gottes N. N. im Namen des Vaters, des Sohnes und des Heiligen Geistes", und zur Braut: „Gekrönt wird die Magd Gottes N. N. für den Knecht Gottes N. N. im Namen des Vaters und des Sohnes und des Heiligen Geistes." Die Krönung der Brautleute stellt den Höhepunkt des orthodoxen Trauritus dar, weshalb die sakramentale Eheschließung in der orthodoxen Kirche oft schlicht als „Krönung" bezeichnet wird. Nach den biblischen Lesungen (meist Eph 5,20–33 und Joh 2,1–11), den Fürbitten und dem Vaterunser wird den Brautleuten ein Kelch mit rotem, nicht konsekriertem Wein gereicht, bevor der Priester das Brautpaar und die Trauzeugen dreimal um ein in der Mitte der Kirche stehendes Pult mit einer Ikone führt. Der Traugottesdienst endet mit Troparien (Lobgesängen) und den Segensgebeten.

Da die Gebete des Priesters nach orthodoxem Verständnis konstitutiv für das Zustandekommen des Ehesakraments sind, kann in der orthodoxen Kirche ein Diakon das Sakrament der Ehe nicht spenden. Aus dem gleichen Grund legt die orthodoxe Kirche bei konfessionsverschiedenen Ehen Wert darauf, dass der eigentliche Trauungsritus nach Möglichkeit von einem orthodoxen Priester vollzogen wird. Eine Beteiligung von katholischen oder evangelischen Geistlichen an der nach orthodoxem Ritus vollzogenen Trauung ist dabei durchaus möglich. Sowohl die Deutsche Bischofskonferenz als auch die Evangelische Kirche in Deutschland haben inzwischen gemeinsam mit Vertretern der Orthodoxen Kirche in Deutschland pastorale Handreichungen für orthodox-katholische bzw. orthodox-evangelische Trauungen erarbeitet.

Handreichungen zu konfessionsverschiedenen Ehen mit orthodoxen Christen

- *Ehen zwischen orthodoxen und katholischen Christen.* Eine Handreichung (1993) der Gemeinsamen Kommission der Griechisch-Orthodoxen Metropolie von Deutschland und der Deutschen Bischofskonferenz, in: Die Sakramente (Mysterien) der Kirche und die Gemeinschaft der Heiligen (Arbeitshilfen 203), Bonn 2006, 59–70.
- *Ehen zwischen evangelischen und orthodoxen Christen und Christinnen.* Hinweise zum gemeinsamen seelsorglichen Handeln unserer Kirchen in Deutschland (2003), hg. vom Kirchenamt der Evangelischen Kirche in Deutschland (EKD) und dem Generalsekretariat der Orthodoxen Bischofskonferenz in Deutschland (OBKD), Bonn 2011.

Während evangelische Christen die kirchliche Trauung nicht zu den Sakramenten zählen, betrachten Orthodoxe und Katholiken die Ehe als Sakrament, die aufgrund ihres sakramentalen Charakters grundsätzlich unauflöslich ist. Aus katholischer Sicht wird die gültig geschlossene Ehe nur durch den Tod eines der beiden Ehegatten aufgelöst, so dass erst nach dem Tod des Partners eine zweite kirchliche Trauung möglich ist. Aus orthodoxer Sicht reicht die Unauflöslichkeit der Ehe sogar über den Tod hinaus, da die Liebe zwischen den Ehepartnern auch über den Tod hinaus bestehen kann, so dass das auf Erden geschlossene sakramentale Band aus orthodoxer Sicht auch dann Bestand hat, wenn einer der Eheleute bereits in den Bereich der himmlischen Kirche „hinübergegangen" ist. Während die orthodoxe Kirche also einerseits die sogar über den Tod hinausreichende Bedeutung der Ehe als „Mysterium der Liebe" betont, das in der unauflöslichen Liebe Christi zu seiner Kirche begründet ist, als deren Abbild die Ehe betrachtet wird, erkennt sie andererseits an, dass die Liebesgemeinschaft zwischen den Eheleuten auch schon zu Lebzeiten zerbrechen kann. Da die Liebe zwischen den Brautleuten jedoch konstitutive Grundlage des Ehesakramentes ist, ist mit dem „Tod der Liebe" aus orthodoxer Sicht auch das Sakrament der Ehe zerstört. Im Wissen um die Schwäche des Menschen erkennt die orthodoxe Kirche daher das Scheitern einer kirchlich geschlossenen Ehe an und ermöglicht aus pastoraler Fürsorge („kat' oikonomian") auch eine zweite und manchmal sogar eine dritte kirchliche Eheschließung. Im Trauungsritus werden dabei die ersten beiden priesterlichen Segensgebete durch zwei Bußgebete ersetzt, in denen Gott um Vergebung für die freiwillig oder unfreiwillig begangenen Missetaten gebeten wird. Nach einer zweiten oder dritten Eheschließung dürfen die Brautleute erst nach einer gewissen Bußzeit wieder die heilige Kommunion empfangen.

Beim Sakrament der **Weihe** unterscheiden die östlichen Kirchen wie die katholische Kirche drei Stufen: die Diakonenweihe, die Priesterweihe und die Bischofsweihe. In der orthodoxen Kirche gibt es darüber hinaus noch die früher auch bei uns bekannten „niederen Weihen" zum Lektor, Akolythen und Subdiakon. Auch die niederen Weihen sind mit einer Handauflegung (Cheirothesie) verbunden, die jedoch begrifflich von der sakramentalen Handauflegung (Cheirotonie) bei der Diakonen-, Priester- und Bischofsweihe differenziert wird. Das Sakrament der Weihe wird in der orthodoxen Kirche immer innerhalb einer Göttlichen Liturgie vollzogen. Jedoch erfolgt die Weihe nicht, wie in der katholischen Kirche üblich, zwischen Wortgottesdienst und Eucharistiefeier, sondern für die einzelnen Weihestufen an verschiedenen Stellen des Gottesdienstes: Die Weihe des Diakons wird kurz vor der Kommunion vollzogen, die Weihe des Priesters vor Beginn des eucharistischen Hochgebetes und die Weihe des Bischofs vor den Schriftlesungen. Diese Differenzierung verdeutlicht, worin jeweils die spezifische Aufgabe der einzelnen Weihestufen innerhalb der Kirche liegt. Nach dem Weihegebet und den Fürbitten erhalten die Weihekandidaten die für ihre jeweilige Weihestufe charakteristischen liturgischen Gewänder. Dabei ruft der die Weihe vollziehende Bischof jeweils „axios" (er ist würdig), worauf die anwesenden Kleriker und die Gemeinde mit einem dreimaligen

„axios" antworten. Die Zustimmung der Gläubigen zur Weihe durch das „axios" gilt in der orthodoxen Kirche als wesentlicher Bestandteil der Weihe. Er verdeutlicht, dass es sich bei dem übertragenen Amt um ein Dienstamt für die Gemeinde handelt, ohne die der Neugeweihte nicht existieren kann.

Diakonen- und Priesterweihe werden vom Bischof vollzogen, für die Bischofsweihe ist in der orthodoxen Kirche gemäß den Bestimmungen des Konzils von Nizäa die Beteiligung von mindestens drei Bischöfen erforderlich. Während in der katholischen Kirche häufig mehrere Diakone und Priester gleichzeitig geweiht werden, kennt die orthodoxe Kirche ausschließlich die Weihe einzelner Kandidaten. Im Verständnis des kirchlichen Amtes stimmen Orthodoxe und Katholiken im Wesentlichen überein. Ein bemerkenswerter Unterschied in der praktischen Ausgestaltung liegt jedoch darin, dass die Ostkirchen auch verheiratete Priester kennen. Zwar darf auch nach ostkirchlichem Verständnis ein geweihter Geistlicher nicht mehr heiraten. Jedoch haben Priester und Diakone die Möglichkeit, vor der Weihe eine Ehe zu schließen. Dies gilt auch für die meisten der mit Rom unierten Ostkirchen, so dass es auch heute Hunderte verheirateter katholischer Priester in den verschiedenen ostkirchlichen Riten gibt. Die Bischofsweihe setzt in Ost und West die Ehelosigkeit voraus. Da die Gemeindepriester in den Ostkirchen in der Regel verheiratet sind, stammen die Bischöfe daher meist aus dem Mönchsstand.

Literatur: S. Heitz (Hg.), Mysterium der Anbetung, Bd. III: Die Mysterienhandlungen der Orthodoxen Kirche, Köln 1988.

G. Larentzakis, Die Orthodoxe Kirche, Graz u. a. 2000, 56–84.

A. Lorgus / M. Dudko, Orthodoxes Glaubensbuch, Würzburg 2001, 95–133.

H. Alfejev, Geheimnis des Glaubens. Einführung in die orthodoxe dogmatische Theologie, Freiburg/CH 2003, 150–189.

4.4 Die Verehrung der Ikonen

Wenn ein westlicher Christ an die Ostkirchen denkt, dann kommen ihm meist sofort die Ikonen in den Sinn. Eine orthodoxe Kirche erkennt man sofort an der Vielzahl der Ikonen an den Wänden sowie an der mit Ikonen reich bestückten Bilderwand (Ikonostase), die in den Kirchen der byzantinischen Tradition den Altarraum vom Kirchenschiff trennt. Doch auch bei uns erfreuen sich Ikonen großer Beliebtheit und haben in manchen Kirchen, aber auch in Privathäusern einen besonderen Platz, wo sie von den Gläubigen verehrt werden. Dabei kannte die frühe Kirche, deren Tradition die Orthodoxie in anderen Bereichen vielfach treu bewahrt, noch gar keine Ikonen. Es dauerte bis zum 9. Jahrhundert, bis die Ikonenverehrung einen festen Platz im Glaubensleben der Orthodoxie gewann. In der frühen Christenheit galt noch das mosaische Verbot, sich ein Bild von Gott zu machen. Daher benutzten die frühen Christen keine Bilder, sondern Symbole für Christus (Kreuz, Lamm, Fisch). Um das Aufkommen der Ikonen zu verstehen, muss man sich die neue Situation der Kirche nach der Konstantinischen Wende vorstellen: Das Römische Reich war christlich geworden und für die wachsende Zahl von Gläubigen mussten nun Kirchen gebaut werden. Diese sollten der Ehre Gottes dienen, brauchten also eine würdige Ausstattung. Aber wie sollte man die Kirchen schmücken? Nur mit dem Kreuz oder anderen Symbolen? Schon bald fing man an, biblische Szenen darzustellen, damit diejenigen, die des Lesens und Schreibens unkundig waren, den Inhalt der Heiligen Schrift kennenlernen konnten. Daneben gab es auch Bilder einzelner Personen (Propheten, Apostel, Maria, Jesus).

Im sogenannten **Bilderstreit**, der in der byzantinischen Kirche im 8. und 9. Jahrhundert heftig entbrannte, stritten sich Gegner und Befürworter der Ikonen vor allem um die Frage der Darstellbarkeit Jesu Christi im Bilde. Die Bildergegner (Ikonoklasten) vertraten die These, dass Christus als wahrer Mensch und wahrer Gott nicht gemalt werden dürfe, weil die göttliche Natur nicht im Bilde dargestellt werden könne, eine bildhafte Darstellung Jesu Christi daher zu einer unzulässigen Verkürzung seines Wesens auf die menschliche Seite führe. Dagegen argumentierten die Befürworter der Ikonenverehrung (Ikonodulen) mit den Worten des Johannes von Damaskus (erste Hälfte des 8. Jahrhunderts): „Wenn der Körperlose (Gott) um deinetwillen Mensch wird, dann darfst du auch das Abbild seiner menschlichen Gestalt malen. Wenn der Unsichtbare im Fleisch sichtbar wird, dann darfst du ein Abbild des Sichtbargewordenen machen." Unter Berufung auf die berühmte Aussage von Basilios dem Großen (4. Jahrhundert), dass „die dem Abbild erwiesene Ehre auf das Urbild übergeht", schrieb Johannes, der zu den profiliertesten Sprechern der Ikonodulen zählte: „Wenn wir uns niederwerfen, so verehren wir nicht das Holz, sondern den dargestellten Inhalt, wie wir ja auch nicht das Material des Evangelienbuches oder des Kreuzes verehren, sondern das, was in ihm geschrieben steht oder ihm eingeprägt ist."[4] Für einen orthodoxen Christen vermittelt eine Ikone die gleiche göttliche Offenbarung wie das biblische Wort: Es ist gleichrangig, ob die Kirche die ihr anvertraute Offenbarung ins Akustische (bei der Verkündigung des Evangeliums) oder ins Optische (in den Ikonen) übersetzt.

Das zweite Konzil von Nizäa (das siebte Ökumenische Konzil und zugleich das letzte, das die orthodoxe Kirche und die westlichen Kirchen gemeinsam anerkennen) befasste sich im Jahr 787 ausführlich mit den Argumenten von Gegnern und Befürwortern der Ikonenverehrung und sprach sich letztlich für die Ikonenverehrung aus, wobei die Konzilsväter in der theologischen Begründung im Wesentlichen die Argumente des Johannes von Damaskus übernahmen. Das Konzil unterschied dabei deutlich zwischen der Anbetung („latreia"), die allein Gott gebührt, und der Verehrung („proskynesis"), die auch den Bildern gegenüber erlaubt ist. Darüber hinaus schrieb das Konzil einige praktische Regeln für die Ikonenmaler fest, wie z. B. die Forderung nach möglichst weit-

4 Zitiert nach: N. Thon, Ikone und Liturgie, Trier 1979, 59f.

gehender Ähnlichkeit mit dem Urbild (was in der Folgezeit zur Entstehung von Malerhandbüchern mit genauen Beschreibungen einzelner Ikonentypen führte) sowie die Vorschrift, die dargestellten Personen namentlich zu kennzeichnen. Trotz der eindeutigen Konzilsentscheidung kam es nach dem zweiten Konzil von Nizäa nochmals zu einer Periode des Ikonoklasmus, so dass sich die Position der Bilderverehrer endgültig erst auf einer Synode in Konstantinopel im Jahr 843 durchsetzen konnte. Dieses Ereignis wird in der orthodoxen Kirche bis heute alljährlich am „Sonntag der Orthodoxie" (= 1. Fastensonntag) gefeiert.

Allein dieses besondere Fest verdeutlicht schon, welch große Bedeutung die Ikonenverehrung bis heute in der Orthodoxie hat. Doch nicht nur in den orthodoxen Kirchen werden Ikonen verehrt. Auch in jedem Haus, in dem orthodoxe Christen wohnen, gibt es Ikonen, die meist in einer besonderen Ecke, der sogenannten „Schönen Ecke", aufgehängt werden. Oft genießen einzelne Ikonen eine besondere Verehrung im Volk, weil ihnen bestimmte Wundertaten zugeschrieben werden. Sie werden zum Ziel von Wallfahrten und erhalten dann häufig auch eigene Namen, meist nach ihrer Herkunft (Gottesmutter von Wladimir, von Kazan', von Tinos usw.). In einigen orthodoxen Patriarchaten gibt es sogar eigene Festtage, an denen bestimmter Ikonen und der mit ihnen verbundenen Ereignisse gedacht wird.

Dies deutet schon darauf hin, dass es **verschiedene Ikonentypen** gibt. Am verbreitetsten sind Christus- und Gottesmutter-Ikonen. Bei den Christus-Ikonen kommen zwei Typen besonders häufig vor:

(1) das „Mandylion", eine Darstellung des Antlitzes Christi auf einem stilisierten Tuch. Dieser Ikonentypus geht auf die Legende zurück, dass Jesus selbst sein Antlitz in ein Tuch gedrückt habe, das von König Abgar in Edessa aufbewahrt und dort als Vorbild für diesen Ikonentypus verwendet worden sein soll. Aufgrund seiner Entstehungsgeschichte wird dieser Ikonentypus auch als „das nicht von Menschenhand gemachte Bild" (griech. „Acheiropoietos") bezeichnet.

(2) die Darstellung Christi als „Pantokrator", d. h. als Weltenherrscher. Auf diesem Ikonentyp ist Christus ganz- oder halbfigurig dargestellt, wobei er in der linken Hand die Bibel hält und die rechte zum Segensgestus erhoben hat.

Die Zahl der Gottesmutter-Ikonen ist nahezu unüberschaubar. Es gibt mehrere hundert verschiedene Typen, von denen aber nur gut zwanzig in der gesamten byzantinischen Orthodoxie verbreitet sind. Dabei lassen sich im Wesentlichen drei Grundtypen erkennen, deren Charakteristika dann in verschiedenen Mischformen wiederkehren:

(1) die Wegweisende (griech. „Hodigitria"), die mit einer Hand auf ihren Sohn hinweist, den sie – in thronender Position und oft als Erwachsener dargestellt – auf dem anderen Arm trägt;
(2) die Mütterliche (griech. „Eleusa"), bei der Maria und Jesus ihre Wangen aneinanderschmiegen und Jesus seine Mutter umarmt;
(3) die Betende („Orans"), bei der die Gottesmutter im Orantengestus dargestellt ist (beide Hände sind zum Gebet erhoben, was in der frühen Kirche die allgemein übliche Gebetshaltung war), wobei Jesus meist in einem Medaillon auf ihrer Brust dargestellt wird.

Die Ostkirchen kennen keine „reinen" Marienbilder, vielmehr ist die Gottesmutter auf Ikonen in der Regel zusammen mit Jesus dargestellt, wodurch konsequent an die letztlich auf Christus hingeordnete Rolle Marias im Heilsgeschehen erinnert wird.

Durch die berühmte Dreifaltigkeitsikone Andrej Rublevs sind auch die eher seltenen Darstellungen der Trinität bei uns im Westen bekannt. Die Rublev-Ikone gehört zum „angelomorphen" Typ der Dreifaltigkeitsikonen. Sie knüpfen an den alttestamentlichen Bericht vom Besuch der drei Engel bei Abraham an (vgl. Gen 18), was als Hinweis auf die Trinität gedeutet wurde. Daneben gibt es auch einen „anthropomorphen" Typ, bei dem Gott der Vater auf einem Thron sitzt und der Sohn, der auf dem Schoß des Vaters thront, ein Medaillon mit einer Taube, dem Symbol des Heiligen Geistes, in seinen Händen hält.

Eine viel weitere Verbreitung als die Dreifaltigkeitsikonen haben die verschiedenen Heiligenikonen gefunden, auf denen die Kirchenpatrone oder die in der Ostkirche verehrten Kirchenväter dargestellt sind. Die Ikone des hl. Nikolaus dürfte zu denjenigen zählen, die am weitesten verbreitet sind. Eine wichtige Rolle spielen Ikonen bis heute bei der „Kanonisierung" von Heiligen in der orthodoxen Kirche. Nachdem ihre Heiligkeit durch die Verehrung im Volk und eine entsprechende Prüfung seitens der Bischöfe erwiesen ist, stellt die Segnung einer Ikone mit der (idealtypischen) Darstellung des neuen Heiligen den offiziellen Abschluss des „Heiligsprechungsverfahrens" (ein Wort, das orthodoxe Theologen so nicht verwenden würden) dar. Die neue Ikone gilt dann als Prototyp für alle weiteren Ikonen dieses Heiligen, von der die „Ikonenschreiber" nur geringfügig abweichen dürfen. Ikonen werden nach orthodoxem Sprachgebrauch nicht „gemalt", sondern „geschrieben", was auf ihre Ebenbürtigkeit zum geschriebenen Wort Gottes hindeutet. Das „Schreiben" der Ikonen wird als ein geistlicher Akt betrachtet, auf den sich die Ikonenschreiber durch Fasten und Gebet vorbereiten sollen.

Schließlich muss noch ein Wort zur **Ikonostase** gesagt werden, die von vielen westlichen Christen als eine Trennwand zwischen Priestern und Diakonen auf der einen und den Gläubigen auf der anderen Seite empfunden wird. Ihre heutige Form ist das Ergebnis einer langen Entwicklung. In frühchristlicher Zeit gab es nur eine einfache Abhebung des Altarraumes vom Kirchenschiff durch Altarschranken: Säulen, die unten durch halbhohe Platten verbunden waren. Später wurde der Zwischenraum zwischen den Säulen mit Bildern ausgefüllt. Nach Beendigung des Bilderstreits im 9. Jahrhundert wurde daraus eine zunächst noch niedrige, später immer höher wachsende Bilderwand, auf der nicht nur Christus und Maria, die Apostel und die Patrone der Pfarrkirche, sondern zum Teil auch noch die Hochfeste des Kirchenjahres und die alttestamentlichen Propheten dargestellt sind. Ikonostasen sind typisch für die Kirchen der byzantinischen Tradition. Andere ostkirchliche Ritusfamilien kennen keine Ikonostase, markieren die Grenze zwischen Altarraum und Kirchenschiff aber auf andere Weise. So gibt es bei den Westsyrern und den Armeniern einen Vorhang. In koptischen Kirchen findet man in der Regel ein geschnitztes, oft reich verziertes Holzgitter. Was ist der Sinn einer solchen „Trennwand“ innerhalb des Kirchenraums? Soll den Gläubigen verborgen bleiben, was dahinter geschieht? Führt sie nicht zu einer Trennung zwischen Klerus und Gemeinde?

Aus orthodoxer Sicht stellt die Ikonostase in der Tat eine Grenze dar, aber nicht zwischen Priester und Gemeinde, sondern zwischen „Himmel“ und „Erde“. Im symbolischen Verständnis der Ostkirchen ist das Kirchenschiff der Versammlungsort der „irdischen Kirche“, im Altarraum dagegen wird die „himmlische Kirche“ gegenwärtig. Die Ikonostase bildet die Grenze zwischen diesen beiden Welten und verbindet sie zugleich miteinander. Die Ikonen auf der Bilderwand stellen die für das menschliche Auge „unsichtbare“, himmlische Kirche sichtbar im Bilde dar. Die Ikonostase soll in den Gläubigen die Sehnsucht nach dem Heil wecken, wie es in den Bildern dargestellt ist. Dieses Heil ist dem Menschen zugänglich, da eine Ikonostase in der Regel drei Türen hat, die eine Verbindung zwischen irdischer und himmlischer Kirche schaffen. Durch diese Türen kommen das Wort Gottes (beim „Kleinen Einzug“ mit dem Evangelienbuch) und die eucharistischen Gaben (beim „Großen Einzug“) zum Menschen. Und die Gläubigen bitten ihrerseits immer wieder um Zugang zur himmlischen Kirche, um Teilhabe am Heil: Die Ektenien, die sich oft wiederholenden Bittgebete, die der Diakon bzw. der Priester vor der mittleren Tür der Ikonostase, der sogenannten „Königlichen Pforte“, spricht, werden verstanden als ein unaufhörliches „Anklopfen“ an die Pforte des Himmelreiches. So will die Ikonostase die Gläubigen nicht vom Raum hinter der Ikonostase, vom „Himmel“ ausschließen, sondern sie ganz im Gegenteil immer wieder hinführen und ermutigen, nach dem Heil zu streben. An Ostern erfüllt sich dieser Wunsch: Dann stehen alle Türen der Ikonostase eine Woche lang offen. Die Auferstehung Christi hebt die Grenze zwischen Himmel und Erde auf. So weckt die Ikonostase bei den Gläubigen immer wieder das Verlangen, diese Grenze zu überschreiten. Die Ikonen laden zur Betrachtung und zur Verehrung ein. Aber das ist nicht das eigentliche Ziel. Sie wollen vielmehr den Menschen vom Schauen des Bildes zur Anschauung Gottes, von der Verehrung des Abbildes zur Anbetung des Urbildes führen.

Literatur: K. Onasch / A. Schnieper, Ikonen. Faszination und Wirklichkeit, Freiburg i. Br. 2004.
H. G. Thümmel, Die Konzilien zur Bilderfrage im 8. und 9. Jahrhundert, Paderborn 2005.
A. Butzkamm, Faszination Ikonen, Paderborn 2006.
Th. Bremer, „Verehrt wird Er in seinem Bilde …“. Quellenbuch zur Geschichte der Ikonentheologie (Sophia 37), Trier 2014.

4.5 Ostkirchliche Spiritualität und Mönchtum

Mit der Ikonenverehrung haben wir bereits ein wesentliches Element ostkirchlicher Spiritualität kennengelernt. Dabei wurde deutlich, dass die Ikonen bei den Gläubigen die Sehnsucht nach der „himmlischen Kirche“ wecken sollen, wie sie in der Gestalt Jesu Christi, der Gottesmutter und der Heiligen sichtbar wird. Dies deutet darauf hin, dass das Streben nach dem Himmlischen ein Grundzug orthodoxer Spiritualität ist. Diese für alle Ostkirchen charakteristische Ausprägung der Spiritualität gründet letztlich in der ostkirchlichen Lehre von der Erlösung (Soteriologie). Darin spielt der Gedanke der **Vergöttlichung** des Menschen (griech. „theosis“) eine zentrale Rolle. Für die östlichen Kirchenväter stehen die Menschwerdung Gottes und die Vergöttlichung des Menschen in einem unlösbaren Zusammenhang: „Gott wurde Mensch, damit der Mensch vergöttlicht werde“, lautet das zentrale Axiom der patristischen Soteriologie. Dieser Gedanke findet sich bereits im 2. Jahrhundert bei Ignatios von Antiochien und Irenäus von Lyon und erfährt später (7./8. Jahrhundert) in den Schriften von Maximos Confessor und Johannes von Damaskus seine volle Entfaltung. Bis heute umschreiben orthodoxe Theologen die Erlösung daher vor allem mit Begriffen wie „Gemeinschaft mit Gott" oder „Anteilhabe an der göttlichen Natur" (vgl. 2 Petr 1,4). Das Streben nach der Vergöttlichung ist daher ein Grundmerkmal ostkirchlicher Spiritualität. Dieses Streben nach der Gemeinschaft mit Gott vollzieht sich sowohl im Alltag als auch im Gottesdienst. Seinen Höhepunkt findet es ohne Zweifel in der Göttlichen Liturgie. Die große Bedeutung der Liturgie für das Selbstverständnis der Kirchen des christlichen Ostens wurde bereits mehrfach betont. Dementsprechend ist die ostkirchliche Spiritualität in erster Linie eine liturgische Spiritualität. Im Gottesdienst der Kirche konzentriert sich das Gebetsleben der orthodoxen Christen. Nicht nur die Ikonenverehrung vollzieht sich weitgehend im Rahmen des Gottesdienstes. Auch das persönliche Gebet ist häufig eingebettet in die Liturgie, wenn die Gläubigen während des Gottesdienstes Kerzen vor den Ikonen anzünden und die dort dargestellten Heiligen um Fürsprache für ihre persönlichen Sorgen und Nöte bitten. Die Feier der Liturgie in den Ostkirchen will den Menschen zu Gott erheben, ihn aus der Eingebundenheit in das „Irdische" befreien, seine Gedanken ausrichten auf das „Himmlische" und ihn anleiten zum Streben nach der Vergöttlichung, die nach orthodoxem Verständnis das Ziel unseres Lebens ist.

Das von der ostkirchlichen Liturgie beförderte Ablegen aller „irdischen Sorgen" und das Streben nach dem „Himmlischen" wird exemplarisch gelebt im **Mönchtum**. So verwundert es nicht, dass das christliche Mönchtum in der östlichen Christenheit entstanden ist. Seine historischen Wurzeln liegen in Syrien und Palästina, wo es schon früh christliche Wanderasketen gab, sowie in Ägypten, wo das Christentum sehr bald einen „volkskirchlichen" Charakter annahm, von dem sich die „Anachoreten" (von griech. „anachorein" – „sich zurückziehen") abzusetzen versuchten, indem sie sich in die ägyptische Wüste zurückzogen und dort ein asketisches Leben führten. In der von Athanasios von Alexandrien um 357 verfassten „Vita Antonii“ (Leben des Antonius) wird dieses Phänomen erstmals bezeugt. Antonius (ca. 251–356) gilt daher als Begründer des christlichen Eremitentums (von griech. „eremos“ – „Wüste“). Die Eremiten waren Einsiedler, die sich zwar abseits „der Welt“, aber doch häufig gemeinsam mit anderen Eremiten in Wüstensiedlungen niederließen. Eine stärkere Betonung des Gemeinschaftslebens gab es bei den „Koinobiten“ (von griech. „koinos bios“ – „gemeinsames Leben“), die in Mönchsgemeinschaften ein streng geregeltes Gemeinschaftsleben führten. Als Begründer des Koinobitentums gilt Pachomius (ca. 292–346), von dem die erste Mönchsregel stammt, die den Tagesablauf der Mönche mit festen Gebets-, Arbeits- und Ruhezeiten regelt.

Sowohl die eremitische als auch die koinobitische Variante des Mönchtums fand in den Ostkirchen weite Verbreitung. Bereits am Ende des 4. Jahrhunderts gab es in Ägypten, auf der Sinai-Halbinsel sowie in Syrien und Palästina zahlreiche Klöster und Einsiedeleien. Zur Unterweisung der jungen Mönche entstanden ab dem 5. Jahrhundert Sammlungen der Sprüche der Väter des ägyptischen Mönchtums („Apophthegmata Patrum“), die sich durch ihre große Lebensweisheit auszeichnen und daher auch heute noch lesens- und bedenkenswert sind (auch die Aussagen dreier „Mütter“ fanden Aufnahme in diese Sammlung). Koinobitische Klöster entstanden damals vor allem an den Stätten des Lebens und Wirkens Jesu (Betlehem, Jerusalem) sowie am Rande der kirchlichen Metropolen (Konstantinopel, Alexandrien). Die Eremiten bevorzugten dagegen unwirtliche Wüstengebiete (die ägyptische und libysche Wüste, die Wüste Juda in Palästina) oder unzugängliche Bergregionen (den Tur Abdin im Südosten der heutigen Türkei, den Berg Athos oder die Meteora-Felsen in Griechenland), um sich den allmählich anwachsenden Pilgerströmen zu entziehen. Die „Weltflucht“ der Eremiten führte teilweise zu extremen Lebensweisen in Höhlen oder auf Säulen (die sogenannten Säulenheiligen wie Symeon Stylites). In Russland bot die Weite der russischen Wälder und der Taiga den Mönchen viele Rückzugsmöglichkeiten.

Dennoch entwickelten sich die Einsiedeleien im Laufe der Zeit immer wieder zu einem Anziehungspunkt für weitere Mönche, später dann auch für Bauern und Handwerker, so dass das russische Mönchtum einen nicht unwesentlichen Anteil an der Erschließung und Zivilisation des Landes hatte.

Ursprünglich war das Mönchtum in den Ostkirchen eine reine Laienbewegung. Zur Feier der Eucharistie begaben sich die Mönche in eine nahe gelegene Kirche oder holten einen Priester ins Kloster. Erst unter dem Einfluss Basilios' des Großen (329–379), der lange Zeit selbst als Einsiedler gelebt hatte und 370 zum Bischof seiner Heimatstadt Caesarea geweiht worden war, wurde der Gegensatz zwischen Klerus und Mönchtum allmählich überwunden. Basilios verfasste zahlreiche Unterweisungen für die Mönche, die bis heute grundlegende Bedeutung für das ostkirchliche Mönchtum haben, und gliederte die von ihm gegründeten Klöster in die kirchlichen Strukturen ein, indem er in jedes Kloster einige Priester aufnahm und die Mönche der Obhut des Bischofs der jeweiligen Diözese unterstellte. Bis auf den heutigen Tag ist in den Ostkirchen jedes Kloster selbstständig. Es gibt keine Orden oder Kongregationen. Jedes Kloster verfügt im Prinzip über sein eigenes Statut („Typikon"), in dem die Regeln für das liturgische und gemeinschaftliche Leben der Mönche enthalten sind. Jedoch bauen fast alle Typika auf die Mönchsregeln des hl. Basilios auf. Außerdem orientieren sich viele Typika an berühmten Vorbildern wie z. B. dem Typikon des Sabas-Klosters bei Jerusalem oder dem Typikon des Studion-Klosters in Konstantinopel, die auf diese Weise die Statuten vieler anderer Klöster beeinflusst haben. In den mit Rom unierten Ostkirchen entwickelten sich unter westlichem Einfluss später auch ostkirchliche „Orden" (Basilianer, Studiten), in deren Ordensnamen bis heute noch die jeweiligen Vorbilder erkennbar sind. In den orthodoxen und orientalisch-orthodoxen Kirchen prägten neben den verbreiteten Typika berühmter Klöster vor allem die „spirituellen Zentren" des Mönchtums in den verschiedenen Kulturkreisen das Leben der Mönche. Für die Mönche aus dem syrischen Kulturkreis bildet der Tur Abdin (wörtlich:

„Berg der Knechte") im Südosten der heutigen Türkei ein solches Zentrum, in dem es bereits ab dem 4. Jahrhundert Klöster gab. Über viele Jahrhunderte (bis 1924) diente eines der Klöster (in der Nähe von Mardin) auch als Sitz des Patriarchen der Syrisch-Orthodoxen Kirche von Antiochien.

Der Berg **Athos** im Nordosten Griechenlands stellt ein vergleichbares Zentrum der griechischsprachigen Orthodoxie dar, auch wenn er im zweiten Jahrtausend der christlichen Zeitrechnung zunehmend Einfluss auf das Mönchtum in der gesamten byzantinischen Orthodoxie gewann. Orthodoxe Christen nennen den Athos, der neben dem gleichnamigen Bergmassiv den gesamten östlichen Ausläufer der griechischen Halbinsel Chalkidike umfasst, schlicht „Heiliger Berg". Ab dem 9. Jahrhundert ließ sich in diesem Gebiet, das schon früher von einigen Eremiten besiedelt war, eine immer größere Zahl von Mönchen nieder, die dorthin entweder vor den Ikonoklasten oder aus den islamisch besetzten Ländern flüchteten. Mit der Gründung des ersten Klosters auf dem Athos, der Megisti Lavra, durch Athanasios Athonites begann im Jahr 963 die Geschichte des Koinobitentums auf dem Athos, das sich rasch zur vorherrschenden Lebensform der Athos-Mönche entwickelte. Während anfangs ausschließlich Griechen und Georgier auf dem Athos lebten, kamen im 12. Jahrhundert russische, serbische und bulgarische Klöster hinzu. Bis ins 15. Jahrhundert hinein dominierte auf dem Athos die koinobitische Lebensweise. Danach gingen immer mehr Klöster zur „Idiorrhythmie" über, bei der sich das Gemeinschaftsleben in den Klöstern auf die Liturgie beschränkte und die Gestaltung des übrigen Tagesablaufs dem einzelnen Mönch überlassen war. Darüber hinaus legten die idiorrhythmischen Mönche kein Armutsgelübde ab, verfügten also auch über Privatbesitz, was zu großen sozialen Ungleichheiten innerhalb der Klostergemeinschaft führte. Als Gegenbewegung zur Idiorrhythmie, zu der im 18. Jahrhundert alle großen Athos-Klöster übergegangen waren, entstanden auf dem Athos zunehmend „Skiten", kleine Mönchssiedlungen, in denen weiterhin das Koinobitentum gepflegt wurde. Inzwischen sind auch alle 20 Großklöster wieder zur koinobitischen Lebensweise zurückgekehrt. Nach dem „Avaton", einer bereits auf die byzantinische Gesetzgebung im 6. Jahrhundert zurückgehenden Regel, ist Frauen der Zutritt zum Athos untersagt. Dementsprechend erhalten bis heute nur männliche Pilger Zutritt zum Athos, die dafür zuvor beim Pilgerbüro des Heiligen Berges in Thessaloniki eine Aufenthaltsgenehmigung (das „Diamonitirion") beantragen müssen. Seit 1312 unterstehen die Athos-Mönche der Jurisdiktion des Ökumenischen Patriarchats, dessen ökumenefreundlichen Kurs einige Athos-Klöster jedoch offen kritisieren. Politisch steht der Athos seit 1912 unter der Obhut des griechischen Staates.

In engem Zusammenhang mit dem Berg Athos steht eine bedeutsame spirituelle Bewegung innerhalb der Orthodoxie: der **Hesychasmus**. Der Hesychasmus ist eine mystische Strömung innerhalb des byzantinischen Mönchtums, die das Streben nach der „Hesychia" (der vollkommenen inneren Ruhe) zum Mittelpunkt ihrer Spiritualität machte. Die Behauptung der Hesychasten, dass man durch die Hesychia zur Anschauung Gottes gelangen könne, führte zu heftigen Kontroversen innerhalb der orthodoxen Kirche. Mit Hilfe der von Gregorios Palamas (1296–1359) vorgelegten theologischen Begründung gingen diese schließlich zugunsten der Hesychasten aus. Im 14. Jahrhundert führte der Hesychasmus zu einem Aufschwung des mönchischen Lebens auf dem Berg Athos. Eine erneute Blütezeit erlebte der Hesychasmus im 19. Jahrhundert, vor allem in Russland, wo er von den Starzen der Optina Pustyn verbreitet wurde. Die russischen Starzen hatten großen Einfluss auf die Dichter und Denker der damaligen Zeit, wie es beispielhaft in der literarischen Gestalt des Starez Zosima in Dostojevskijs Roman „Die Brüder Karamasow" dokumentiert ist.

Das Gebet der Starzen von Optina

O Herr, gewähre mir, dass ich ohne Furcht und mit Ruhe all das begrüße, was an diesem Tag geschieht. Gewähre mir die Gabe, mich vollkommen deinem heiligen Willen zu unter-

werfen. In jeder Stunde dieses Tages unterweise und führe mich in allen Dingen.
Welche Nachrichten ich auch immer während dieses Tages erhalte, lehre du mich, sie in dem festen Glauben anzunehmen, dass dein heiliger Wille alles beherrscht. Beherrsche du meine Gedanken und Gefühle in allem, was ich tue und sage. Wenn unvorhergesehene Dinge geschehen, lasse mich nicht vergessen, dass alles von dir gesandt ist.
Lehre mich aufrichtig und verständnisvoll mich allen gegenüber zu benehmen, ohne jemand zu verletzen, in Verwirrung zu bringen oder zu verbittern. Verleihe mir, Herr, die Kraft, die Strapazen des Tages auszuhalten und meinen Anteil an den Geschehnissen zu tragen. Leite du meinen Willen und lehre mich stets den Geist der Bekehrung zu haben, zu beten, zu glauben, zu leiden, zu vergeben, allen zu danken und alle zu lieben. Amen.

In engem Zusammenhang mit dem Hesychasmus steht ein weiteres charakteristisches Element ostkirchlicher Spiritualität: das **Jesusgebet**. Während die Mitfeier der Liturgie und die Verehrung der Ikonen ein alle oder zumindest viele Gläubige verbindendes Merkmal ostkirchlicher Spiritualität ist, wird das Jesusgebet, das im Umfeld des Mönchtums entstanden ist, längst nicht von allen Gläubigen praktiziert. Es ist vor allem in jenen Kreisen verbreitet, die nach einer Vertiefung ihres Glaubens streben, bei denen, für die das Christsein nicht Teil ihres Lebens ist, sondern das ganze Leben durchdringt. Was aber ist das Jesusgebet, das auch als „immerwährendes Gebet“ oder „Herzensgebet“ bezeichnet wird? Rein formal handelt es sich nur um einen kurzen Gebetsruf, der ständig wiederholt wird: „Herr Jesus Christus, Sohn des lebendigen Gottes, erbarme dich meiner.“ Durch die ständige Wiederholung soll der Gebetsruf zu einem immerwährenden Gebet werden, das nicht nur mit den Lippen gesprochen wird, sondern sich im Herzen verwurzelt und später als „Herzensgebet“ diesem wie von selbst entspringt. Das Jesusgebet, das auch im „Gotteslob“, dem Gebet-

und Gesangbuch der deutschsprachigen katholischen Diözesen, als eine Form des persönlichen Gebets empfohlen wird (vgl. Nr. 6,8), ist nicht nur ein Gebet, sondern zugleich auch eine Form der Meditation.

Sehr eindrücklich ist der Weg hin zum Jesusgebet beschrieben in den erstmals 1870 erschienenen „Aufrichtigen Erzählungen eines russischen Pilgers", von denen inzwischen auch mehrere deutsche Textausgaben erhältlich sind. Der unbekannt gebliebene Erzähler berichtet darin, wie er das Jesusgebet für sich entdeckt. Es beginnt damit, dass er während der Liturgie das Wort des Apostels Paulus „Betet ohne Unterlass" (1 Thess 5,17) hört und anfängt, darüber nachzudenken. Dabei verspürt er immer brennender das Verlangen, zu erfahren, wie das wohl gelingen könne: ohne Unterlass zu beten. Nach manchen Umwegen findet er endlich einen erfahrenen geistlichen Lehrer, einen „Starez", der ihm das Jesusgebet empfiehlt. Im Gespräch mit dem Pilger erklärt der Starez: „Das unablässige innerliche Jesusgebet ist das ununterbrochene, unaufhörliche Anrufen des göttlichen Namens Jesu Christi mit den Lippen, mit dem Geist und mit dem Herzen, wobei man sich seine ständige Anwesenheit vorstellt und ihn um sein Erbarmen bittet bei jeglichem Tun, allerorts, zu jeder Zeit, sogar im Schlaf. Es findet seinen Ausdruck in folgenden Worten: ‚Herr Jesus Christus, erbarme dich meiner!' Wenn sich nun einer an diese Anrufung gewöhnt hat, so wird er einen großen Trost erfahren und das Bedürfnis haben, immer dieses Gebet zu verrichten."

Als praktische Anleitung liest der Starez dem Pilger einen Abschnitt aus der **Philokalie** vor, einer berühmten Sammlung von Schriften der Kirchenväter, die erstmals 1782 in Venedig publiziert wurde und inzwischen auch in einer vollständigen deutschen Übersetzung vorliegt. Der vom Starez zitierte Text stammt von Symeon dem Neuen Theologen (949–1022), der folgende Anleitung gibt: „Setz dich still und einsam hin, neige den Kopf, schließe die Augen; atme recht leicht, blicke mit deiner Einbildung in dein Herz, führe den Geist, das heißt das Denken, aus dem Kopf in dein Herz. Beim Atmen sprich, leise die Lippen bewegend oder nur im Geiste: ‚Herr Jesus Christus, erbarme dich meiner!' Gib dir Mühe, alle fremden Gedanken zu vertreiben. Sei nur still und habe Geduld und wiederhole diese Beschäftigung recht häufig." Der Starez begleitet den Pilger während der ersten Wochen des Übens mit großer Güte und Weisheit, erklärt ihm Schwierigkeiten, die auftauchen können, und steht für Beichtgespräche zur Verfügung. Er gibt dem Pilger auch eine Gebetsschnur mit Perlen zum Zählen der Anrufungen und viele weitere Hinweise zum Hineinwachsen in ein „Leben im Heiligen Geist". Im Pilger kommt ein langer, innerer Reifungsprozess in Gang. Sein Gebet ist zunächst noch gesprochenes Gebet. Doch je mehr er sich dieses Gebet aneignet, umso weniger werden die Worte und umso erfüllter wird das Schweigen. Ziel des Jesusgebets ist nicht das Sprechen einer möglichst großen Zahl von Anrufungen, sondern das vom Gebet erfüllte Schweigen, das absichtslose, freie Dasein vor Gott. Das Jesusgebet will nicht unseren menschlichen Worten Raum geben, sondern Gott, der uns ansprechen will. Es ist sicher eine sehr anspruchsvolle Form der Spiritualität. Was der russische Pilger aufrichtig und spannend erzählt, können wir in unserem ganz anderen Alltag vermutlich nicht in gleicher Weise nachahmen. Und doch können seine Erzählungen dazu anregen, einen eigenen Weg zu finden und auf diese Weise das reiche Erbe der ostkirchlichen Spiritualität auch bei uns fruchtbar werden zu lassen.

Literatur: K. Ware, Der Aufstieg zu Gott. Glaube und geistliches Leben nach ostkirchlicher Überlieferung, Freiburg i. Br. 1983.

I. Smolitsch, Leben und Lehre der Starzen, Freiburg i. Br. 1988.

W. Ekschmitt, Berg Athos. Geschichte, Leben und Kultur der griechischen Mönchsrepublik, Freiburg i. Br. 1994.

H. Starrach, Der Ruf des Athos. Erfahrungen und Begegnungen auf dem Heiligen Berg, Freiburg i. Br. 2002.

Philokalie. Der heiligen Väter Nüchternheit, 5 Bde., Würzburg ^{2}2007.

K. S. Frank, Geschichte des christlichen Mönchtums, Darmstadt [6]2010.
Apophthegmata Patrum, 3 Bde., Beuron 2011–2013.
Aufrichtige Erzählungen eines russischen Pilgers, hg. und eingeleitet von Emmanuel Jungclaussen, Freiburg i. Br. [19]2016.

4.6 Soziales Engagement und Weltverantwortung

Der Reichtum der ostkirchlichen Spiritualität lässt die Orthodoxie in den Augen westlicher Christen oft als eine christliche Tradition erscheinen, in der die Mystik eine besondere Rolle spielt, zugleich aber der Dienst am Nächsten in den Hintergrund tritt. Eine solche Sichtweise zeugt von einer oberflächlichen Wahrnehmung, die im 20. Jahrhundert allerdings auch dadurch bestärkt wurde, dass den orthodoxen Christen in den kommunistisch beherrschten Staaten Osteuropas in der Tat jegliche sozial-karitative Tätigkeit untersagt war. Dabei hat die Sorge für die Armen und die Benachteiligten der Gesellschaft auch in der Orthodoxie immer eine große Rolle gespielt. Viele orthodoxe Klöster waren zugleich Anlaufstationen für die von der Gesellschaft Ausgestoßenen, die dort mit dem Nötigsten versorgt wurden. Daneben gab es auch immer engagierte orthodoxe Laien, die sich für sozial-karitative Projekte einsetzten. Besonders aktiv waren und sind in dieser Hinsicht die orthodoxen „Bruderschaften", denen nicht nur engagierte Männer, sondern auch viele Frauen angehören. Im Russland des 19. Jahrhunderts hatten die Bruderschaften ein ganzes Netz sozial-karitativer Einrichtungen, aber auch Schulen und Waisenhäuser aufgebaut. Während der kommunistischen Herrschaft ab 1917 wurden alle diese Einrichtungen nach und nach entweder verstaatlicht oder bewusst anderen (industriellen oder landwirtschaftlichen) Nutzungszwecken zugeführt. Der orthodoxen Kirche in Russland war es strikt verboten, außerhalb der Mauern der wenigen Kirchen, die ihr zur Sowjetzeit noch zur Verfügung standen, tätig zu werden – weder missionarisch noch katechetisch oder sozial-karitativ. Viele der orthodoxen und orientalisch-orthodoxen Kirchen in mehrheitlich muslimischen Ländern haben, wenn auch aus anderen Gründen, bis heute mit ähnlichen Problemen zu kämpfen. Dieser von außen erzwungene „Rückzug in die Sakristei" hat das verbreitete Vorurteil, in den Ostkirchen werde das soziale Engagement nicht als eine genuin mit dem christlichen Glauben verbundene Aufgabe betrachtet, leider bestärkt und in unseren Köpfen verfestigt.

Wer dagegen heute nach Russland, Bulgarien oder Rumänien reist, wird, wenn er sich etwas näher mit der Tätigkeit der Kirchen in diesen Ländern befasst, schnell feststellen, dass es in den ehemals kommunistisch regierten Staaten wieder zahlreiche orthodoxe Bruderschaften gibt, die sich in verschiedenen Bereichen für ihre Mitmenschen engagieren: in der Krankenhausseelsorge, für die Häftlinge in den oft hoffnungslos überfüllten Gefängnissen, für die in vielerlei Hinsicht vernachlässigten Kinder in den Waisenhäusern, für die Straßenkinder in den osteuropäischen Metropolen. Um über die rein zwischenmenschliche Hilfe hinaus benachteiligten Gruppen in der Gesellschaft auch effektiv helfen zu können, bedarf es gewisser organisatorischer Strukturen, die es auch im orthodoxen Bereich inzwischen zunehmend gibt. Aufgrund der besseren äußeren Rahmenbedingungen entstanden diese zunächst in der orthodoxen Diaspora im Westen: Seit 1992 gibt es auf Initiative der Konferenz der orthodoxen Bischöfe in Amerika das Hilfswerk „International Orthodox Christian Charities" (IOCC) und im April 2000 gründete die Orthodoxe Kirche von Finnland mit „Ortaid" eine vergleichbare Hilfsorganisation. Auch in den mehrheitlich orthodoxen Ländern Ost- und Südosteuropas sind in den 1990er-Jahren in vielen Patriarchatsverwaltungen entsprechende Abteilungen eingerichtet worden. Auch einzelne orthodoxe Diözesen sind im sozial-karitativen Bereich sehr engagiert.

In den letzten Jahrzehnten des 20. Jahrhunderts hat man auch auf orthodoxer Seite damit begonnen, über die sozialen Aufgaben und die ethische Verantwortung der Kirche theologisch zu reflektieren. Orthodoxe Theologen sprechen in diesem Zusammenhang von der „Liturgie nach der Liturgie“, um zu verdeutlichen, dass die Sorge für die Mitmenschen nicht ein sekundärer, von der Liturgie losgelöster Bereich der christlichen Glaubenspraxis ist, sondern eine logische Konsequenz des orthodoxen Liturgieverständnisses. Die „Liturgie nach der Liturgie“ zielt nach orthodoxem Verständnis auf eine Transformation der menschlichen Gesellschaft in eine Gemeinschaft (griech. „koinonia“), wie sie in der eucharistischen Gemeinschaft exemplarisch gelebt und gefeiert wird. Daher bildet neben der Liturgie auch die „Philanthropie“ (die „Liebe zum Menschen“) einen genuinen Bestandteil des orthodoxen Glaubensverständnisses.

Auf panorthodoxer Ebene hat man sich bereits in den 1980er-Jahren mit sozialethischen Fragen auseinandergesetzt. Anlass hierzu war der vom Ökumenischen Rat der Kirchen angestoßene „Konziliare Prozess für Gerechtigkeit, Frieden und Bewahrung der Schöpfung“. 1986 verabschiedete die III. Präkonziliare Panorthodoxe Konferenz ein Dokument zu diesem Themenkomplex, das in seiner deutschen Übersetzung den Titel trägt: „Der Beitrag der Orthodoxen Kirche zur Verwirklichung des Friedens, der Gerechtigkeit, der Freiheit, der Brüderlichkeit und der Liebe zwischen den Völkern, sowie zur Beseitigung der Rassen- und anderen Diskriminierungen“. Das Dokument hebt zunächst die Würde der menschlichen Person und den Wert der menschlichen Freiheit als grundlegende Prinzipien hervor, nimmt sodann zu den Fragen von Frieden und Gerechtigkeit sowie der Solidarität unter den Völkern Stellung und mündet schließlich in der Aussage, dass die „prophetische Sendung“ der Orthodoxie darin bestehe, ein „Zeugnis der Liebe“ in der Diakonie zu geben. In seinem letzten Abschnitt formuliert der Text mit eindrücklichen Worten, wie aus Sicht der orthodoxen Theologie Glaubensinhalte und Glaubenszeugnis, Liturgie und Diakonie zusammenhängen:

„Weil wir orthodoxen Christen Zugang zur Bedeutung des Heils haben, müssen wir uns dafür einsetzen, dass Krankheit, Angst und Unglück gemindert werden;
weil wir Zugang zur Erfahrung des Friedens haben, darf uns das Fehlen des Friedens in der heutigen Gesellschaft nicht gleichgültig lassen;
weil wir die Wohltaten der Gerechtigkeit Gottes erfahren haben, setzen wir uns ein für eine größere Gerechtigkeit in der Welt und für eine Überwindung jeder Unterdrückung;
weil wir jeden Tag die Erfahrung der göttlichen Huld machen, setzen wir uns ein gegen jeden Fanatismus und jede Intoleranz unter den Menschen und Völkern;
weil wir unermüdlich die Menschwerdung Gottes und die Vergöttlichung des Menschen verkünden, setzen wir uns ein für die Verteidigung der Menschenrechte für alle Menschen und Völker;
weil wir die von Gott geschenkte Freiheit erleben dank der Erlösungstat Christi, können wir ihren universalen Wert für alle Menschen und Völker besser verkünden;
weil wir in der heiligen Eucharistie mit dem Leib und dem Blut des Herrn genährt werden, erleben wir die Notwendigkeit, die Gaben Gottes mit unseren Brüdern zu teilen, begreifen wir besser, was Hunger und Entbehrung bedeuten, und kämpfen wir für ihre Überwindung;
weil wir einen neuen Himmel und eine neue Erde erwarten, wo absolute Gerechtigkeit herrschen wird, setzen wir uns hier und jetzt für die Wiedergeburt und Erneuerung des Menschen und der Gesellschaft ein.“[5]

Im weiteren Vorbereitungsprozess auf das Panorthodoxe Konzil wurde dieser Textentwurf inzwischen überarbeitet. Darüber hinaus wurden weitere Themenkomplexe einbezogen, die sich mit

5 Deutsche Übersetzung zitiert nach: Una Sancta 42 (1987) 23.

dem „Auftrag der orthodoxen Kirche in der heutigen Welt" befassen (vgl. Kapitel 4.9).

Im August 2000 approbierte die Bischofssynode der Russischen Orthodoxen Kirche ein bemerkenswertes Dokument mit dem Titel „Grundlagen der Sozialkonzeption der Russischen Orthodoxen Kirche". Die Verabschiedung dieses Dokuments ist insofern von besonderer Relevanz, als hier zum ersten Mal eine orthodoxe Ortskirche den Versuch unternimmt, ein offizielles Kompendium der kirchlichen Soziallehre vorzulegen. Das umfangreiche Dokument, das inzwischen auch ins Deutsche übersetzt ist (vgl. Literatur), formuliert zunächst einige theologische Grundpositionen, um dann in die sozialethische Reflexion einzelner Themenbereiche einzusteigen. Hierzu gehören einerseits ganz grundlegende Fragestellungen wie das Verhältnis von Kirche und Nation bzw. Kirche und Staat, aber auch das Verhältnis der Kirche zur Politik und zu den Massenmedien sowie eine Verhältnisbestimmung zwischen christlicher Ethik und weltlichem Recht. Darüber hinaus behandelt das Dokument auch spezielle Fragen wie das Verständnis der Arbeit und des Eigentums, die Bedeutung von Wissenschaft, Kultur und Bildung sowie die Stellung der Christen zu Krieg und Frieden, Verbrechen und Wiedergutmachung. Auch „aktuelle" Themen wie z. B. Fragen der Ökologie und der Bioethik werden thematisiert, ebenso die Probleme der Globalisierung. In manchen Passagen kann man feststellen, dass sich das Dokument an der katholischen Soziallehre orientiert, anderen Passagen merkt man deutlich an, dass es sich noch um einen ersten Versuch zur Formulierung einer orthodoxen Soziallehre handelt. Das Dokument enthält einige Positionsbestimmungen (beispielsweise hinsichtlich der Bewertung von Demokratie und Menschenrechten), in denen die katholische und die evangelische Sozialethik eine andere Sicht vertreten. Diese Tatsache sollte die Christen im Westen jedoch nicht abschrecken, sondern gerade zum ökumenischen Gespräch darüber ermuntern. Die Sozialkonzeption der Russischen Orthodoxen Kirche bietet dafür jedenfalls viele Ansatzpunkte.

Schließlich soll hier noch eines der eindrücklichsten Beispiele für die Verbindung von Liturgie und Ethik in der orthodoxen Kirche erwähnt werden. Im Zusammenhang mit der Ersten Europäischen Ökumenischen Versammlung, die 1989 in Basel stattfand und die sich im Rahmen des „Konziliaren Prozesses" mit den Themen Gerechtigkeit, Frieden und Bewahrung der Schöpfung befasste, sandte der Ökumenische Patriarch Dimitrios I. eine Patriarchalbotschaft an „die ganze orthodoxe und christliche Welt", in der er den Vorschlag unterbreitete, künftig jedes Jahr am 1. September im Gottesdienst für die Schöpfung Gottes zu danken und für deren Bewahrung zu beten. Sein Nachfolger Bartholomaios I. förderte diesen Gedanken und erklärte den 1. September, der zugleich den Beginn des orthodoxen Kirchenjahres markiert, zum Gebetstag für die Bewahrung der Schöpfung. Der Athos-Mönch Gerasimos Mikrayannanitis schuf im Auftrag des Ökumenischen Patriarchats eine der orthodoxen Tradition entsprechende Gebetsordnung mit Texten für den Abend- und Morgengottesdienst sowie für die Göttliche Liturgie. Später schuf Metropolit Nikodemos von Patra noch eine zweite Gottesdienstordnung für diesen neuen liturgischen Feiertag. In den liturgischen Texten, die ganz in der Tradition der griechischen liturgischen Theologie formuliert sind, wird nicht nur die Herrlichkeit der Schöpfung gepriesen, sondern werden auch die Bedrohungen der Umwelt und die Gründe der ökologischen Krise thematisiert.

Inzwischen wurden diese Gottesdienstordnungen in mehrere Sprachen übersetzt und – nicht nur im Bereich der orthodoxen Kirche – zunehmend rezipiert. Die Dritte Europäische Ökumenische Versammlung in Sibiu (2007) hat sich für eine besondere Gebetszeit für die Bewahrung der Schöpfung ausgesprochen. Dieser Vorschlag wurde auch in Deutschland aufgegriffen: Im Rahmen des Zweiten Ökumenischen Kirchentags in München (2010) wurde vereinbart, künftig jeweils am ersten Freitag im September in einem zentralen ökumenischen Gottesdienst (und an möglichst vielen anderen Orten) für die Bewahrung der Schöpfung zu beten. Im Juni 2015 hat die Russische Orthodoxe Kirche ihrerseits den ersten Sonntag im September offiziell zum Gebetstag für die Bewahrung der Schöpfung proklamiert und dazu ein eigenes Gebetsformular („Moleben") veröffentlicht. Im August 2015 hat schließlich Papst Franziskus – in bewusster Anknüpfung an die orthodoxe Initiative – den 1. September auch für die katholische Kirche zum Gebetstag für die Bewahrung der Schöpfung erklärt.

Wenn man die große Bedeutung bedenkt, die der liturgischen Tradition in der orthodoxen Kirche zukommt, kann man erahnen, welch großen Einfluss ein solcher Gedenktag für die Bewusstseinsbildung in breiten Kreisen der orthodoxen Christenheit hat, die nun jeweils am Beginn eines neuen Kirchenjahres mit dieser Thematik konfrontiert wird. Darüber hinaus hat der Ökumenische Patriarch Bartholomaios I. immer wieder den Dialog mit den Vertretern von Wissenschaft und Politik gesucht, die er zu mehreren Symposien einlud, um Wege zur Bewältigung der ökologischen Krise zu diskutieren. Dies hat ihm in der Presse bereits den Beinamen „grüner Patriarch" eingetragen, womit sehr anschaulich wird, dass Orthodoxie und Weltverantwortung keinesfalls im Widerspruch zueinander stehen.

Literatur: I. Bria, The Liturgy after the Liturgy. Mission and Witness from an Orthodox Perspective, Genf 1996.

J. Thesing / R. Uertz (Hg.), Die Grundlagen der Sozialdoktrin der Russisch-Orthodoxen Kirche, St. Augustin 2001.

A. Papaderos, Aspekte orthodoxer Sozialethik, in: I. Gabriel / A. Papaderos / U. Körtner (Hg.), Perspektiven ökumenischer Sozialethik, Mainz 2005, 23–126.

J. Chrysavvgis (Hg.), In the world, yet not of the world. Social and global initiatives of Ecumenical Patriarch Bartholomew, New York 2010.

4.7 Grundmerkmale ostkirchlicher Theologie

Bereits am Beginn dieses Kapitels wurde darauf hingewiesen, dass die Identität der Kirchen des christlichen Ostens nicht an bestimmten identitätsstiftenden Personen oder dogmatischen Lehrinhalten festgemacht werden kann, sondern vielmehr von den liturgischen Gebeten und Hymnen bestimmt ist, die als „gefeierter Glaube" nicht nur das Glaubensleben der östlichen Christen, sondern auch die ostkirchliche Theologie prägen. Insofern die orthodoxe Kirche sich als „Kirche der rechten Lobpreisung Gottes" versteht (vgl. Kapitel 4.1), ist auch ihre Theologie zutiefst verankert in der liturgischen Tradition der Kirche. Das auch in der westlichen Theologie bekannte Axiom „Lex orandi – lex credendi" (Die Regel des Gebetes ist die Regel des Glaubens) gilt umso mehr für die ostkirchliche Theologie. Dies bedeutet allerdings nicht, dass sich ostkirchliche Theologie im Wesentlichen auf Liturgiewissenschaft beschränken würde. Vielmehr steht die Liturgie als Chiffre für den Raum der Erfahrung kirchlicher Gemeinschaft. Die ostkirchliche Theologie kann daher auch als eine *Theologie der Erfahrung* charakterisiert werden, die in der Regel stärker auf dem gelebten Glauben basiert als die westliche Theologie, die immer von einer gewissen Neigung zu spekulativen Gedankengängen gekennzeichnet war. Als wahren Theologen bezeichnen die östlichen Kirchenväter dementsprechend denjenigen, der in rechter Weise zu beten vermag. Ostkirchliche Theologie gründet somit in erster Linie in der liturgischen Tradition der jeweiligen Kirche.

Darüber hinaus stellt der ständige Rückbezug auf die Schriften der Kirchenväter ein weiteres Grundmerkmal ostkirchlicher Theologie dar. Die Werke der Kirchenväter genießen in allen Ostkirchen hohes Ansehen, weil sie als ein nahezu unerschöpflicher Schatz geistlicher und theologischer Inspiration erlebt werden. Daher orientieren sich orthodoxe Theologen bis heute an den Schriften der Kirchenväter und versuchen ihre theologischen Thesen mit entsprechenden Zitaten aus patristischer Zeit zu belegen.

Aufgrund ihrer starken *Orientierung an der patristischen Lehre* wurde die orthodoxe Kirche in manchen Konfessionskunden auch als „Kirche der Tradition“ bezeichnet, in der das Erbe der Alten Kirche mehr oder weniger unverändert bewahrt worden sei. In der Tat versteht sich die orthodoxe Kirche als legitime Erbin der apostolischen Tradition, wie sie in der Heiligen Schrift grundgelegt ist und in den Werken der Kirchenväter ihren Niederschlag gefunden hat. Dieser deutliche Rückbezug auf die apostolische Tradition bedeutet jedoch keineswegs eine generelle Rückwärtsgewandtheit der orthodoxen Theologie. Die Werke der Kirchenväter sind kein „toter Schatz“, sondern Ausgangspunkt der „lebendigen Überlieferung“ der Kirche. Der Traditionsbegriff der östlichen Theologie ist kein statischer, sondern ein dynamischer. Daher wird die kirchliche Tradition in den Ostkirchen auch nicht als eine zweite Glaubensquelle neben der Heiligen Schrift gesehen. Vielmehr stellt die Tradition *(Singular!)* der Kirche so etwas wie einen Oberbegriff dar, innerhalb dessen sowohl die Heilige Schrift als auch die vielfältigen kirchlichen Traditionen *(Plural!),* die sich im Laufe der Jahrhunderte entwickelt haben, gesehen werden. Ein solch umfassendes Traditionsverständnis wurde auch von der Vierten Weltkonferenz für Glauben und Kirchenverfassung in Montreal 1963 als ökumenisch weiterführend empfohlen.

Wenn die byzantinische Orthodoxie in manchen Konfessionskunden als „Kirche der sieben Ökumenischen Konzile“ bezeichnet wird, um sie dadurch einerseits von den Kirchen der vorephesinischen und vorchalcedonischen Orthodoxie abzugrenzen, die nur die ersten zwei bzw. drei Ökumenischen Konzile anerkennen, und andererseits von der abendländischen Kirche, die auch nach der Trennung von Ost und West noch „Ökumenische Konzile“ einberief, trifft dies durchaus das Selbstverständnis der Orthodoxie. Ihre Identität gründet in dem, was in der Kirche im ersten Jahrtausend gelebt und gelehrt wurde. Wenn orthodoxe Theologen im ökumenischen Gespräch immer wieder zur Geltung bringen, dass in ihrer Kirche die Tradition der Alten Kirche „unverändert“ bewahrt worden sei, verkennen sie damit jedoch oft, dass es auch innerhalb der orthodoxen und orientalisch-orthodoxen Kirchen theologiegeschichtliche Entwicklungen gegeben hat, so dass die heutige Theologie der Ostkirchen nicht ohne weiteres deckungsgleich ist mit der Theologie der Kirchenväter, auch wenn sie immer wieder aus deren Quellen schöpft. Dass die Orientierung an den Konzilen des ersten Jahrtausends und an der Lehre der Kirchenväter keineswegs mit Rückwärtsgewandtheit gleichgesetzt werden darf, wird schon daran deutlich, dass es in der katholischen Theologie im 20. Jahrhundert gerade durch die Wiederentdeckung des patristischen Erbes zu einem Neuaufbruch in der Theologie gekommen ist. Ohne die vor allem von der französischsprachigen Theologie vorangetriebene Erforschung der patristischen Quellen (das sogenannte „renouveau patristique") wäre es auf dem Zweiten Vatikanischen Konzil kaum zu jenen Beschlüssen gekommen, die heute allgemein als eine Öffnung der katholischen Kirche für die moderne Welt interpretiert werden. Mit dem Zweiten Vatikanischen Konzil wurde daher auch für katholische Christen erfahrbar, was orthodoxe Theologen meinen, wenn sie von der „lebendigen Überlieferung" der Kirche sprechen.

Weil die Theologie der Ostkirchen nicht nur in der Heiligen Schrift und der Tradition der Kirchenväter gründet, sondern dieses Erbe auch in der ostkirchlichen Liturgie immer wieder in Erinnerung gerufen und in den gottesdienstlichen Hymnen entfaltet wird, kann man als ein weiteres Grundmerkmal ostkirchlicher Theologie ihren *doxologischen Charakter* bezeichnen. Die ostkirchliche Theologie orientiert sich weniger als die westliche Theologie an den Dogmen der Kirche, die den Glauben der Kirche dadurch zu „definieren" versuchen, dass sie ihn von bestimmten Irrlehren abgrenzen (lat. definire), sondern sie formuliert ihre grundlegenden Glaubensüberzeugungen in der Form der Doxologie, des liturgischen Gebetes, in dem Gott für seine Offenbarung gepriesen wird, die es dem Menschen ermöglicht, den Weg zurück zu Gott zu finden.

Insofern jede liturgische Doxologie trinitarisch strukturiert ist, d. h. sich durch den Sohn im Heiligen Geist an den Vater richtet, kann man auch vom *trinitarischen Grundzug* ostkirchlicher Theologie sprechen. Natürlich ist im Prinzip jede christliche Theologie trinitarisch geprägt, insofern der Glaube an den dreieinen Gott zu den Grundmerkmalen des Christentums gehört. Dennoch berücksichtigt die ostkirchliche Theologie stärker als die anderen christlichen Kirchen und Konfessionen das Wechselspiel zwischen den drei göttlichen Personen. Aus östlicher Sicht betonen die „klassischen" Kirchen des Abendlandes (Katholiken, Lutheraner, Anglikaner usw.) zu sehr die Rolle Jesu Christi im Heilsgeschehen, während die pfingstlerisch-charismatischen Gruppierungen einseitig die Rolle des Heiligen Geistes hervorheben. Die ostkirchliche Theologie ist dagegen von dem Bemühen gekennzeichnet, das Zusammenwirken der drei göttlichen Personen im Heilsgeschehen zu verdeutlichen. Gegenüber dem „Christomonismus" der westlichen Theologie betonen orthodoxe Theologen dementsprechend die pneumatologische Dimension der Theologie. In der Auseinandersetzung mit den pfingstlerisch-charismatischen Strömungen verweisen sie auf die Eingebundenheit der Geisterfahrung in die Gemeinschaft der Kirche als dem Leib Christi. Der trinitarische Ansatz hat die ostkirchliche Theologie jedenfalls weitgehend vor einseitigen Akzentsetzungen bewahrt, die in der westlichen Theologie häufig zu harten Auseinandersetzungen zwischen unterschiedlichen theologischen Schulen geführt haben. Grundsätzlich betrachtet die ostkirchliche Theologie in der Regel stärker das Ganze, als dass sie versucht, alle Teilaspekte einer Sache zu erfassen und bis ins Detail zu definieren.

Ein Beispiel hierfür ist die Diskussion über das *„Filioque"*. Diese lateinische Formel wurde in der westlichen Kirche in das Glaubensbekenntnis von Nizäa-Konstantinopel eingefügt, um das Verhältnis zwischen Sohn und Geist Gottes genauer zu definieren. Die im Urtext enthaltene Formulierung, dass der Heilige Geist „aus dem Vater hervorgeht", wurde durch das Filioque erweitert, so dass der Satz in den liturgischen Büchern der westlichen Kirchen fortan „der aus dem Vater *und dem Sohn* hervorgeht" lautete. Diese Erweiterung erfolgte in Auseinandersetzung mit der häretischen Strömung des Arianismus im 6. Jahrhundert zunächst in Spanien, wurde dann im 9. Jahrhundert – gegen den Widerstand der römischen Päpste – von fränkischen Reichssynoden übernommen und erst im 11. Jahrhundert offiziell in die römische Liturgie aufgenommen. Orthodoxe Theologen lehnen das Filioque ab, weil es zum einen ihrer Auffassung nach das Verständnis der Einheit der göttlichen Trinität gefährdet (insofern es neben dem Vater noch einen zweiten „Ursprung" des Heiligen Geistes benennt) und weil es zum anderen einen einseitigen (ohne Rücksprache mit den Kirchen der östlichen Traditionen) Eingriff in den Text eines Glaubensbekenntnisses bedeutet, das von einem Ökumenischen Konzil im Jahr 381 verabschiedet wurde und das ein bis heute alle Christen verbindendes Grundbekenntnis darstellt. Während im Blick auf den ersten Kritikpunkt (die trinitätstheologische Frage) sich heute verschiedene Lösungsansätze abzeichnen, bleibt der zweite Kritikpunkt (die einseitige Änderung eines verbindlichen Bekenntnisses) bis heute ein Stolperstein für das ökumenische Gespräch.

Der Verzicht auf eine bis ins Detail gehende begriffliche Definition des christlichen Glaubens in den östlichen Kirchen hängt mit einem weiteren Grundmerkmal ostkirchlicher Theologie zusammen, auf das hier abschließend aufmerksam gemacht werden soll: dem *apophatischen Charakter* ostkirchlicher Theologie. Mit dem apophatischen Charakter ist gemeint, dass all unsere menschlichen Aussagen über Gott dessen Wesen letztlich nie adäquat beschreiben können. Zwar können wir positive Aussagen über Gott machen, da er die Ursache aller Dinge ist, dennoch müssen wir auch diese positiven Aussagen eigentlich verneinen (griech. „apophanein" = absprechen), weil Gott als transzendentes Wesen alle menschlichen Begriffe übersteigt. Die apophatische Theologie geht von der Unsichtbarkeit der göttlichen Natur und der Unbegreiflichkeit seines Wesens aus. Sie überträgt diese Unbegreiflichkeit auch auf alle Aspekte des christlichen Glaubens, die mit dem Bereich des Göttlichen zusammenhängen. So ist beispielsweise auch das Wesen der Kirche, in der Göttliches und Menschliches sich vereinen, oder die Verbindung von göttlichem Handeln und menschlichem Tun in den Sakramenten letztlich mit menschlichen Begriffen nicht zu definieren. Auch die westliche Tradition kennt den Grundsatz der „negativen Theologie", die jedoch häufig nur in den „Prolegomena" der dogmatischen Handbücher erwähnt wird, bei der Reflexion über die Inhalte des christlichen Glaubens dann jedoch kaum berücksichtigt wird. Die ostkirchliche Theologie hat dagegen immer konsequent den apophatischen Charakter gewahrt, was ihr zum Teil den Vorwurf des Mystizismus eingetragen hat oder aber den Verdacht, einer voraufklärerischen Weltsicht anzuhängen, die vor der verstandesmäßigen Reflexion der christlichen Glaubenswahrheiten zurückscheut. Wenn die ostkirchliche Theologie in der Tat weniger spekulativ als die westliche ist, so liegt dies nicht an mangelndem Zutrauen in die menschliche Verstandeskraft, sondern am Respekt vor der Transzendenz Gottes, der letztlich alles menschliche Begreifen übersteigt.

Literatur: D. Staniloae, Orthodoxe Dogmatik, 3 Bde., Zürich/Gütersloh 1985–1995.
A. Kallis, Brennender, nicht verbrennender Dornbusch. Reflexionen orthodoxer Theologie, Münster 1999.
H. Alfejev, Geheimnis des Glaubens. Einführung in die orthodoxe dogmatische Theologie, Freiburg/CH 2003.
V. Lossky, Betrachtungen über die mystische Theologie der Ostkirche (Orthodoxe Perspektiven 6), Münster 2009.
K. Chr. Felmy, Einführung in die orthodoxe Theologie der Gegenwart, Münster ^{3}2014.

4.8 Das Kirchenverständnis der Ostkirchen

Die im vorhergehenden Abschnitt dargelegten Grundmerkmale ostkirchlicher Theologie spiegeln sich auch im Kirchenverständnis der Ostkirchen wider. Für die ostkirchliche Theologie ist die Kirche in erster Linie ein Mysterium, dessen Wesen sich letztlich der Beschreibung mit den Mitteln des menschlichen Verstandes entzieht. Das Mysterium der Kirche ist begründet in der Verbindung von Göttlichem und Menschlichem in der Kirche. Die Kirche ist zwar einerseits eine menschliche Einrichtung, in der sich die an Christus Glaubenden versammeln. Sie ist zugleich aber auch der Leib Christi, der die Gläubigen mit Gott verbindet und damit hineinreicht in den Bereich des Göttlichen. Orthodoxe Theologen haben die Kirche daher als einen „gottmenschlichen Organismus" bezeichnet, der Raum bietet für jene Vereinigung von Gott und Mensch, die nach orthodoxem Verständnis das Ziel des ganzen Heilsgeschehens ist. Auch hier ist die Liturgie wieder von zentraler Bedeutung, um das Kirchenverständnis der Ostkirchen adäquat zu erfassen. So wie die Liturgie der Kirche nach orthodoxem Verständnis Abbild der himmlischen Liturgie ist, so dass sich im Gottesdienst Himmel und Erde zum Lobpreis Gottes vereinen, so ist auch die Kirche als ganze der Raum, in dem der Mensch Gemeinschaft mit Gott erfährt und zur Gemeinschaft mit Gott hingeführt wird. Der Gedanke der Gemeinschaft (griech. „koinonia") ist daher von zentraler Bedeutung für die ostkirchliche Ekklesiologie. Er zeigt sich auf der überregionalen Ebene darin, dass sich die verschiedenen ostkirchlichen Ritusfamilien jeweils als eine Gemeinschaft von Ortskirchen verstehen, innerhalb derer es zwar eine bestimmte Rangordnung, aber keinen Primat einer Ortskirche über die anderen gibt. Der Koinonia-Gedanke erweist sich auf der Ebene einer autokephalen Kirche in der Kollegialität der Bischöfe, die gemeinsam die Verantwortung für die ihnen anvertraute Kirche tragen. Dementsprechend betont die ostkirchliche Ekklesiologie die Synodalität der Kirche: Grundlegende Entscheidungen werden entweder gemeinsam von der Bischofssynode oder aber vom Heiligen Synod getroffen, in dem gewählte Repräsentanten des Bischofskollegiums gemeinsam mit dem Patriarchen bzw. dem Ersthierarchen der Kirche wichtige Entscheidungen in der Zeit zwischen den Synoden fällen.

Die Betonung der Gemeinschaft beschränkt sich aber nicht auf die Ebene der kirchlichen Hierarchie. Auch die Gläubigen spielen eine wichtige Rolle für die Bewahrung des rechten Glaubens. In einem berühmten Sendschreiben aus dem Jahr 1848 bezeichnen die Patriarchen der byzantinischen Orthodoxie die Gläubigen sogar als „Wächter des Glaubens". In Russland entwickelte sich auf dieser Grundlage im 19. Jahrhundert die Lehre von der „Sobornost'" der Kirche. Das russische Wort „Sobornost'" kann man sowohl mit „Katholizität" (im Glaubensbekenntnis steht an der Stelle des griechischen „katholike" im Russischen das Wort „sobornaja") als auch mit Konziliarität (von „sobor" – „Konzil") übersetzen. Dies deutet darauf hin, dass die Katholizität der Kirche sich aus orthodoxer Sicht gerade in konziliaren Strukturen realisiert, denn sonst hätten die slawischen Übersetzer des Glaubensbekenntnisses wohl kaum diesen Begriff gewählt, sondern das griechische Wort – wie es in der deutschen Übersetzung des Glaubensbekenntnisses (zumindest in der katholischen Kirche) üblich ist – einfach übernommen. Der Konzilsgedanke weist einerseits zurück auf die „Kirche der sieben Ökumenischen Konzile", die für die byzantinische Orthodoxie von zentraler Bedeutung ist (vgl. Kapitel 4.7). Er hat aber auch eine Konkretisierung dahingehend erfahren, dass heute, zumindest in den Kirchen der slawischsprachigen Orthodoxie, das „Landeskonzil" als oberstes beschlussfassendes Organ einer autokephalen Kirche gilt und diesem Konzil nicht nur die Bischöfe, sondern auch gewählte Vertreter der Priesterschaft und der Laien aus allen Diözesen angehören. Damit unterstreichen diese Kirchen auch von ihrer strukturellen Verfasstheit her, dass die Verantwortung für die Bewahrung des rechten Glaubens und die Weitergabe dieses Glaubens nicht allein bei den Bischöfen liegt, sondern beim gesamten Volk Gottes, dessen Repräsentanten auf einem solchen Landeskonzil versammelt sind. Andere orthodoxe

Kirchen, die nicht über ein entsprechendes Repräsentationsorgan verfügen, betonen ihrerseits die Bedeutung der Rezeption von Konzilsbeschlüssen durch Klerus und Laien.

Zu einem intensiveren Nachdenken über das eigene Verständnis von Kirche kam es in den orthodoxen und orientalisch-orthodoxen Kirchen erst im 20. Jahrhundert, als sie sich im Rahmen der ökumenischen Bewegung vor die Aufgabe gestellt sahen, ihren westlichen Gesprächspartnern die orthodoxe Ekklesiologie zu erläutern. Bis dahin hatte man sich in den Lehrbüchern der orthodoxen Seminare und Lehranstalten meist damit begnügt, die vier im Glaubensbekenntnis von Nizäa-Konstantinopel enthaltenen Kennzeichen (die „eine, heilige, katholische und apostolische Kirche") zu kommentieren und im Blick auf deren vollständige Realisierung in der orthodoxen Kirche zu interpretieren. Die vier im Credo benannten Wesensmerkmale der Kirche stellen die bis heute einzige „dogmatische" Vorgabe der orthodoxen Ekklesiologie dar. Der Grund dafür ist, dass das Kirchenverständnis im ersten Jahrtausend nach Christus noch nicht Gegenstand theologischer Debatten war, so dass es in dieser Zeit nicht zu einer genauen Definition des Kirchenbegriffs kam, und es im zweiten Jahrtausend kein gesamtorthodoxes Konzil gab, das sich zu den vor allem durch die abendländische Reformation aufgeworfenen Fragestellungen im Blick auf das Kirchenverständnis hätte äußern können. Auch die „Heilige und Große Synode" der orthodoxen Kirche auf Kreta im Juni 2016, bei der u. a. das Verhältnis der orthodoxen Kirche zu den anderen christlichen Kirchen thematisiert wurde, hat sich nicht intensiv mit Fragen der Ekklesiologie befasst.

Bei der Entfaltung des Selbstverständnisses der orthodoxen Kirche knüpfen orthodoxe Theologen häufig an das paulinische Bild von der Kirche als dem Leib Christi an. In der Liturgie, vor allem in der eucharistischen Gemeinschaft, wird das Verständnis der Kirche als Leib Christi symbolisch erfahrbar und erlebbar. Orthodoxe Theologen haben daher im 20. Jahrhundert, aufbauend auf der paulinischen Lehre vom Leib Christi, eine „eucharistische Ekklesiologie" ausgearbeitet, in der die enge Beziehung zwischen dem

Mysterium der Eucharistie und dem Mysterium der Kirche hervorgehoben wird. Als Vater der eucharistischen Ekklesiologie gilt der russische orthodoxe Theologe Nikolaj Afanas'ev. Weiterentwickelt wurde sie später von seinem Schüler Alexander Schmemann und dem griechischen Theologen Ioannis Zizioulas. Die eucharistische Ekklesiologie gilt heute als eines der wichtigsten Charakteristika der orthodoxen Lehre von der Kirche. Für den ökumenischen Dialog ist diese Konzeption von besonderer Bedeutung, insofern sie zu einer deutlichen Betonung der Ortskirche führt. Kirche realisiert sich nach orthodoxer Auffassung primär in der Ortskirche, d. h. in der Eucharistie feiernden Gemeinde in Verbindung mit ihrem Bischof. Aufgrund der kirchenkonstituierenden Bedeutung der Eucharistie ist die Kirche in jeder Gemeinde, die sich zur Eucharistie versammelt, voll gegenwärtig, aber nur weil und insofern diese Gemeinde in Verbindung mit ihrem Bischof steht. Die Verbindung mit dem Bischof ist notwendige Voraussetzung dafür, dass die Mahlgemeinschaft zur Eucharistiegemeinschaft wird, die Raum und Zeit übergreift und erst dadurch zu einer authentischen Manifestation des Leibes Christi werden kann. Die orthodoxe Ekklesiologie versteht unter Ortskirche daher die um ihren Bischof versammelte Gemeinschaft der Gläubigen.

Die Kirche in ihrer Gesamtheit wird dementsprechend verstanden als eine Gemeinschaft von Ortskirchen, die durch den gemeinsamen Glauben, die Feier der Liturgie und die Gemeinschaft der Bischöfe miteinander verbunden sind. Deutlich spiegelt sich dieses Kirchenverständnis im ersten Dokument der Internationalen orthodox-katholischen Dialogkommission (München 1982) wider, in dem die Verbindung zwischen Kirche und Eucharistie und in diesem Zusammenhang die Bedeutung der Ortskirche hervorgehoben wird: „Die eine und einzige Kirche ist identisch mit der Koinonia der Kirchen", hält das Dokument als gemeinsame Auffassung der Kommission fest.[6] Die enge Verbindung von Einheit

6 Dokumente wachsender Übereinstimmung, Bd. 2, Paderborn/Frankfurt a. M. 1992, 538.

und Vielfalt in der Kirche bestimmt die orthodoxe Ekklesiologie, die diesen Aspekt in das ökumenische Gespräch eingebracht hat. Allerdings entspricht auch in der orthodoxen Kirche die Realität nicht immer diesem Ideal. Die Einheit im Glauben und im Ritus auf der einen Seite und die Autokephalie der einzelnen Patriarchate auf der anderen Seite stehen in einem Spannungsverhältnis zueinander, das nicht immer ausgewogen ist. Darauf deuten die immer wieder zu beobachtenden Differenzen zwischen der (etwas verallgemeinernd gesprochen) griechischsprachigen und der slawischsprachigen Orthodoxie hin. Das deutlichste Beispiel dafür sind die sich über Jahrzehnte hinziehenden Vorbereitungen für ein Panorthodoxes Konzil (vgl. Kapitel 4.9).

Die für das orthodoxe Kirchenverständnis grundlegende Verbindung von Einheit und Vielfalt in der Kirche führt uns zu einem weiteren Charakteristikum der orthodoxen Ekklesiologie, dem trinitarischen Verständnis der Kirche. „Die Einheit und Vielfalt der Kirche ist Ausfluss der trinitarischen Wesenseinheit und der personalen Vielfalt der Dreieinigkeit. ... Die unterschiedlichen, jedoch wesensgleichen Ortskirchen bilden eine Einheit in Analogie zu den drei unterschiedlichen Personen der heiligen Dreieinigkeit, die ein einziges Wesen sind", schreibt der griechische orthodoxe Theologe Anastasios Kallis.[7] Einheit und Vielfalt innerhalb der Trinität sind somit Vorbild und zugleich theologische Begründung für die Einheit und Vielfalt innerhalb der orthodoxen Kirche. Orthodoxe Theologen bezeichnen die Kirche daher auch als eine „Ikone der heiligen Trinität", in der sich die Dreieinheit Gottes widerspiegelt. Das trinitarische Verständnis der Kirche kann als ein genuiner Beitrag der orthodoxen Kirche zum ökumenischen Dialog über die Ekklesiologie betrachtet werden, der in den letzten Jahrzehnten zunehmend auch von der westlichen Theologie rezipiert wurde.

Schließlich muss an dieser Stelle noch die Frage nach dem Verhältnis der orthodoxen Kirche zu den anderen Kirchen und kirch-

7 A. Kallis, Art. Kirche. V. Orthodoxe Kirche, in: Theologische Realenzyklopädie 18 (1989) 255.

lichen Gemeinschaften gestellt werden. Da es diesbezüglich keine verbindlichen Konzilsentscheidungen gibt, wird der ekklesiale Status der nichtorthodoxen Kirchen von orthodoxen Theologen sehr unterschiedlich bewertet. Es gibt in der orthodoxen Kirche bis heute zahlreiche Anhänger der „Akribeia", d. h. einer strengen, rigorosen Beachtung der kirchlichen Kanones. Diese „Rigoristen" ziehen eine strikte Trennlinie zwischen der orthodoxen Kirche und den übrigen christlichen Kirchen. Für sie ist die Kirche Jesu Christi einzig und allein in der orthodoxen Kirche verwirklicht. Alle anderen Kirchen und kirchlichen Gemeinschaften sind ihrer Überzeugung nach irgendwann im Laufe der Kirchengeschichte vom wahren Glauben abgefallen, haben sich damit von der wahren Kirche getrennt und stehen somit heute außerhalb der ekklesialen Gemeinschaft. Die Wiederherstellung der Einheit der Kirche kann nach ihrer Auffassung nur durch Wiedereingliederung der getrennten Christen in die orthodoxe Kirche erfolgen. Auf der anderen Seite stehen die Anhänger der kirchlichen „Oikonomia", d. h. einer von der strengen Gesetzesbeachtung absehenden, am Wohlergehen des Menschen orientierten Haltung. Vertreter dieser Position nehmen eine offenere Haltung gegenüber nichtorthodoxen Christen und anderen kirchlichen Gemeinschaften ein und erkennen wahren Glauben und damit authentisches Christsein außerhalb der orthodoxen Kirche an. Dass auch diese Position in der orthodoxen Kirche nicht wenige Befürworter findet, belegt ein Blick in die – beim Konzil auf Kreta leider nicht diskutierte – Beschlussvorlage der Interorthodoxen Vorbereitungskommission für das Panorthodoxe Konzil zum Thema „Ökonomie in der orthodoxen Kirche", in der konstatiert wird: „Es ist infolgedessen klar, dass Christen außerhalb der Kirche, sogar dann, wenn sie ihren Glauben nicht rein und unversehrt erhalten, trotzdem durch ihre unerschütterliche Hoffnung auf Christus mit ihm verbunden sind. ... Sie bekennen durch ihre Hoffnung, dass sie Christus besitzen, den gemeinsamen Herrn, zusammen mit allen Christen, weil uns alle das Bekenntnis zu Christus eint."[8] Wenn

8 Deutsche Übersetzung zitiert nach: Una Sancta 28 (1973) 98.

es aber außerhalb der orthodoxen Kirche eine authentische Beziehung zu Jesus Christus gibt und diese nicht nur individuell verstanden wird, sondern an die jeweilige kirchliche Gemeinschaft gebunden ist, dann bedeutet dies, dass die anderen christlichen Gemeinschaften an der ekklesialen Qualität des Leibes Christi partizipieren. Aus diesem Grund vertritt die Mehrzahl orthodoxer Theologen heute die Auffassung, dass die Grenzen der Kirche nicht identisch mit den kanonischen Grenzen der orthodoxen Kirche sind.

Allerdings gibt es in der orthodoxen Theologie bis heute keine klare Konzeption zur Beschreibung der kirchlichen Realität außerhalb der orthodoxen Kirche. Das Fehlen klarer dogmatischer Kriterien zur Beurteilung der nichtorthodoxen Kirchen wird von orthodoxen Theologen durch den Verweis auf die liturgische Tradition ihrer Kirche ausgeglichen, in der es unterschiedliche Aufnahmeriten für Christen gibt, die zum orthodoxen Glauben konvertieren. Dies ist aus Sicht der orthodoxen Theologie ein entscheidender Beleg dafür, dass es unterschiedliche Stufen der Verbindung nichtorthodoxer Gemeinschaften mit der orthodoxen Kirche gibt. Diese Auffassung spiegelt sich auch in der im August 2000 von der Bischofssynode der Russischen Orthodoxen Kirche (ROK) verabschiedeten Erklärung über „Grundlegende Prinzipien der Beziehung der ROK zu den Nicht-Orthodoxen" wider.[9] Im Blick auf die Anerkennung ekklesialer Realität außerhalb der orthodoxen Kirche ist die Aussage des Dokuments, dass „die von der Einheit mit der Orthodoxie abgefallenen Gemeinschaften niemals als völlig der Gnade Gottes verlustig gegangen" angesehen wurden, vielmehr „eine gewisse unvollständige Gemeinschaft erhalten" blieb (1.15), von zentraler Bedeutung. Die Erklärung erkennt mit dieser Formulierung die ekklesiale Qualität nichtorthodoxer Gemeinschaften an und verweist auf die Existenz verschiedener liturgi-

9 Der Text dieser Erklärung ist auszugsweise in deutscher Übersetzung publiziert in: Orthodoxie aktuell 4 (2000) H. 9, 6–15; Ökumenische Rundschau 50 (2001) 210–215. Bei den folgenden Zitaten werden in Klammern die Abschnittsnummern angegeben.

scher Aufnahmeriten als Beleg dafür, „dass die Orthodoxe Kirche sich gegenüber den nichtorthodoxen Konfessionen differenziert verhält" (1.17). Dass die Mehrheit orthodoxer Theologen heute keine strikte Trennlinie zwischen der orthodoxen Kirche und den anderen christlichen Gemeinschaften mehr zieht, begründet der russische orthodoxe Metropolit Hilarion (Alfejev) wie folgt: „Anzunehmen, dass es außerhalb der Orthodoxen Kirche keine Gnade Gottes gibt und geben kann, würde bedeuten, Gott in Seiner Allmacht zu begrenzen, Ihm Schranken zu setzen, außerhalb derer Er nicht das Recht hat zu handeln."[10] Dies wäre eine Anmaßung, die der christlichen Heilsbotschaft nicht gerecht würde. Das viel zitierte Wort eines orthodoxen Bischofs, dass „unsere irdischen Trennwände nicht bis zum Himmel reichen"[11], umschreibt die orthodoxe Position sehr treffend, insofern es die Blickrichtung von der horizontalen auf die vertikale Ebene lenkt: Entscheidend für die Anerkennung des Kircheseins ist nicht die (irdische und damit vergängliche) Form der Kirchengemeinschaft, sondern die Frage, ob eine Kirche ihre Glieder zur (himmlischen und damit ewigen) Gemeinschaft mit Gott zu führen vermag.

Literatur: N. Nissiotis, Die Theologie der Ostkirche im ökumenischen Dialog. Kirche und Welt in orthodoxer Sicht, Stuttgart 1968.

G. Florovskij, Sobornost. Kirche, Bibel, Tradition, München 1989.

D. Staniloae, Orthodoxe Dogmatik, Bd. II, Zürich/Gütersloh 1990.

S. Bulgakov, Die Orthodoxie. Die Lehre der orthodoxen Kirche, Trier 1996.

10 H. Alfejev, Geheimnis des Glaubens. Einführung in die orthodoxe dogmatische Theologie, Freiburg/CH 2003, 146.

11 Dieser Ausspruch wird Metropolit Platon (Gorodeckij) von Kiew (1803–1891) zugeschrieben. Seine Authentizität ist jedoch umstritten. Vgl. K. Chr. Felmy, Einführung in die orthodoxe Theologie der Gegenwart, Münster ^{3}2014, 194.

4.9 Der lange Weg zu einem Panorthodoxen Konzil

Im Vorhergehenden wurde schon mehrfach auf das Panorthodoxe Konzil verwiesen, eine gesamtorthodoxe, d. h. Vertreter aller autokephalen orthodoxen Kirchen umfassende Synode. Die orthodoxe Kirche hat im gesamten zweiten Jahrtausend der christlichen Zeitrechnung aufgrund ihrer schwierigen äußeren Lage – zunächst in den Kreuzfahrerstaaten (11.–13. Jahrhundert), dann im Osmanischen Reich (15.–19. Jahrhundert), schließlich unter kommunistischer Herrschaft (20. Jahrhundert) – kein einziges gemeinsames Konzil abhalten können. Sie steht daher vor der Aufgabe, über die theologischen, pastoralen und kanonischen Fragen zu beraten, die aus der veränderten Lage der orthodoxen Kirche an der Wende vom zweiten zum dritten Millennium resultieren. Denn verändert hat sich vieles, nicht nur der gesellschaftliche Kontext, in dem die Orthodoxen leben (kurz gefasst: Demokratie statt Monarchie, Pluralismus statt Staatskirchentum), sondern auch ihre innere Verfasstheit, seit die Orthodoxen nicht mehr nur im östlichen Europa, in Kleinasien und Nordafrika beheimatet sind, sondern sich durch Migration zu einer weltweit verbreiteten Kirche entwickelt haben.

Der erste Anstoß, sich auf den Weg zu einem Panorthodoxen Konzil – gemeint ist damit eine gemeinsame Synode aller orthodoxen Kirchen byzantinischer Tradition, ohne die orientalisch-orthodoxen Kirchen oder die mit Rom unierten Ostkirchen – zu begeben, liegt bereits mehr als 100 Jahre zurück. Im Jahr 1902 benannte der damalige Ökumenische Patriarch Joachim III. (1901–1912) in einer Enzyklika an die anderen autokephalen orthodoxen Kirchen drei Fragenkomplexe, die „seit langer Zeit zur gemeinsamen Beratung anstehen": die Einheit der orthodoxen Kirche angesichts aktueller Herausforderungen; das Verhältnis zu den Kirchen des Westens; die Reform des kirchlichen Kalenders. Die Reaktion der anderen Kirchen fiel überwiegend positiv aus, auch wenn einige sich bezüglich des zweiten und dritten Punktes eher reserviert zeigten. Zu einer Umsetzung kam es zunächst nicht –

wiederum aufgrund der äußeren Umstände: Der Balkankrieg, der endgültige Zerfall des Osmanischen Reiches und der Erste Weltkrieg verhinderten die zwischenkirchliche Kommunikation. Einen zweiten Anlauf stellt der Panorthodoxe Kongress dar, zu dem der Ökumenische Patriarch Meletios IV. (1921–1923) im Jahr 1923 nach Konstantinopel eingeladen hatte. Im Mittelpunkt der Beratungen stand dabei die Kalenderfrage. Zum Abschluss appellierten die Delegierten an das Ökumenische Patriarchat, im Jahr 1925 – aus Anlass des 1600. Jahrestags des ersten Ökumenischen Konzils – ein „Panorthodoxes Konzil" einzuberufen. Erstmals wird hier dieser Begriff verwendet. Aufgrund der knappen Zeit und zahlreicher Bedenken, die bei der Abstimmung des Themenkatalogs deutlich wurden, gelang die Einberufung eines solchen Konzils im Jahr 1925 nicht. Schließlich lud der Ökumenische Patriarch Photios II. (1929–1935) im Jahr 1930 die autokephalen Kirchen ein, je zwei Bischöfe zu einem Interorthodoxen Vorbereitungsausschuss in das Kloster Vatopedi auf dem Berg Athos zu entsenden. Dort wurde ein erster, 17 Punkte umfassender Themenkatalog vereinbart, der zunächst von einer „Prosynode" beraten werden sollte. Diese sollte 1932 ebenfalls auf dem Berg Athos zusammentreten, musste aber wegen Bedenken einiger autokephaler Kirchen kurzfristig abgesagt werden.

Ein wichtiger Zwischenschritt auf dem Weg zum Panorthodoxen Konzil war der erste Kongress von Vertretern orthodoxer theologischer Fakultäten 1936 in Athen. Dort wurde intensiv über die Frage diskutiert, ob die orthodoxe Kirche ein „Ökumenisches Konzil" einberufen könne. Die Mehrheit der Redner sprach sich dagegen aus, weil zu einem wahrhaft Ökumenischen Konzil auch die Vertreter der westlichen Kirche gehören müssten. Daher plädierte der Kongress dafür, zunächst eine „allgemeine Synode" der orthodoxen Kirche einzuberufen, die auch als Panorthodoxes Konzil bezeichnet wurde. Einen erneuten Einbruch im Vorbereitungsprozess bedeutete der Zweite Weltkrieg. Bald danach ergriff das Patriarchat von Moskau die Initiative und lud 1948 aus Anlass des 500. Jahrestags der Autokephalie der Russischen Orthodoxen

Kirche zu einer Panorthodoxen Konferenz nach Moskau ein. Vertreter aller autokephalen orthodoxen Kirchen mit Ausnahme der Patriarchate von Konstantinopel und Jerusalem und der Orthodoxen Kirchen von Zypern und Griechenland nahmen daran teil. Schwerpunktthemen des Kongresses waren das Verhältnis zu den anderen christlichen Kirchen und die Frage des Kalenders. Während die Vorträge und Diskussionen durchaus unterschiedliche Standpunkte offenbarten, sind die „Resolutionen" des Kongresses politisch „eingefärbt" (was sich insbesondere bei der Resolution zum Thema „Der Vatikan und die orthodoxe Kirche" zeigt), so dass der Verdacht naheliegt, dass hier letztlich die Sowjetmacht das Ergebnis diktiert hat. Obwohl die Moskauer Kirchenkonferenz von 1948 die bis dahin größte panorthodoxe Versammlung war, hatte sie daher keinen nachhaltigen Einfluss auf den weiteren Prozess der Vorbereitung eines Panorthodoxen Konzils.

Zur treibenden Kraft dieses Vorbereitungsprozesses wurde vielmehr Patriarch Athenagoras von Konstantinopel (1948–1972), der sich im Februar 1951 in einem Brief an alle Vorsteher der autokephalen Kirchen wandte und sie um Zustimmung zur Einberufung der 1932 vertagten „Prosynode" bat. Es bedurfte noch weiterer zehn Jahre und zahlreicher Briefwechsel, ehe im September 1961 die I. Panorthodoxe Konferenz auf Rhodos tagen konnte, an der Vertreter aller autokephalen orthodoxen Kirchen teilnahmen, so dass die Vorbereitung des Panorthodoxen Konzils im engeren Sinne beginnen konnte. Es folgten drei weitere Panorthodoxe Konferenzen (vgl. die Zeittafel zum Panorthodoxen Konzil im Anhang), bei denen einerseits – wegen des parallel tagenden Zweiten Vatikanischen Konzils – intensiv über das Verhältnis zur römisch-katholischen Kirche diskutiert wurde, andererseits konkrete Absprachen bezüglich des Panorthodoxen Konzils getroffen wurden. Bei der IV. Panorthodoxen Konferenz, die 1968 im kurz zuvor eröffneten „Orthodoxen Zentrum" des Ökumenischen Patriarchats im schweizerischen Chambésy (bei Genf) stattfand, verständigte man sich darauf, dass das angestrebte Konzil offiziell „Heilige und Große Synode der Orthodoxen Kirche" genannt werden solle. Die Idee einer Prosynode wurde aufgegeben. Stattdessen sollten „Präkonziliare Panorthodoxe Konferenzen“ einberufen werden, deren Arbeit von einer Interorthodoxen Vorbereitungskommission koordiniert werden sollte. Zum Sekretär dieser Kommission wurde Metropolit Damaskinos (Papandreou) bestellt, der in den folgenden drei Jahrzehnten zur treibenden Kraft der Konzilsvorbereitungen wurde.

Die I. Präkonziliare Panorthodoxe Konferenz, die 1976 wiederum in Chambésy stattfand, reduzierte den anfangs sehr umfangreichen Themenkatalog für das Panorthodoxe Konzil auf zehn Punkte, von denen die ersten vier (Diaspora, Autokephalie, Autonomie und Diptychen, also die Rangordnung der Patriarchate) aus der Entwicklung der orthodoxen Kirche zu einer Weltkirche resultieren, weitere drei mit der veränderten gesellschaftlichen Situation zu tun haben (Kalenderfrage, Ehehindernisse, Fastenvorschriften), während sich dic letzten drei mit ökumenischen Fragestellungen befassen (Verhältnis zu den anderen Kirchen, Beziehungen mit dem Ökumenischen Rat der Kirchen und sozialethische Fragen). In der Folgezeit begann man Textvorlagen für das Konzil zu erarbeiten, um den Konzilsvätern eine Beratungsgrundlage zu bieten, aber auch um bereits im Vorfeld eine Verständigung in besonders umstrittenen Fragen anzustreben. Die II. Präkonziliare Panorthodoxe Konferenz (Chambésy 1982) verabschiedete Beschlussvorlagen über „Ehehindernisse“ (mit Überlegungen zu konfessionsverschiedenen Ehen), zur „Anpassung der kirchlichen Fastenvorschriften an die Forderungen der heutigen Zeit“ und zur Kalenderfrage. Auf der III. Präkonziliaren Panorthodoxen Konferenz (Chambésy 1986) widmeten sich die Delegierten erneut der Bedeutung des Fastens und erarbeiteten Textvorlagen über „Die Beziehungen der orthodoxen Kirche zur gesamten christlichen Welt“ (mit jeweils spezifischen Aussagen über die Dialoge mit Anglikanern, Altkatholiken, Altorientalen, römischen Katholiken, Lutheranern und Reformierten) sowie zum Thema „Orthodoxe Kirche und ökumenische Bewegung“. Außerdem wurde ein Textentwurf zu sozialethischen Fragestellungen verabschiedet, der unter der umständlichen Überschrift stand: „Der Beitrag der orthodoxen Kirche zur Verwirklichung des Friedens, der Gerechtigkeit, der Freiheit, der Brüderlichkeit und der Liebe zwischen den Völkern sowie zur Beseitigung der Rassen- und anderer Diskriminierungen".

Anfang der 1990er-Jahre waren es erneut die politischen Umstände, die den Vorbereitungsprozess für das Panorthodoxe Konzil ins Stocken brachten. Der Zusammenbruch der kommunistischen Regime in Ost- und Südosteuropa führte zu Umbrüchen in der kirchlichen Landschaft, die die innerorthodoxe Kommunikation erschwerten. So ließ sich in einigen der nach dem Zerfall der Sowjetunion unabhängig gewordenen Staaten (insbesondere in der Ukraine, aber auch in Estland und Moldawien) eine „Los von Moskau"-Bewegung beobachten. Diese war als Gegenreaktion zur sowjetischen Hegemonialpolitik, die auch in den kirchlichen Bereich eingegriffen hatte, zwar verständlich, führte aber dennoch zu einer Überbetonung des Nationalgedankens, der dem Selbstverständnis der Orthodoxie eigentlich zuwiderläuft. Der Streit über die Jurisdiktion in Estland hatte für einige Monate sogar die Aufkündigung der Kommuniongemeinschaft zwischen Moskau und Konstantinopel zur Folge. In dieser schwierigen Situation gelang es dem seit 1991 amtierenden Ökumenischen Patriarchen Bartholomaios, ein neues Instrument für Beratungen auf panorthodoxer Ebene zu etablieren: die „Synaxis", d. h. eine Versammlung der Vorsteher aller autokephalen orthodoxen Kirchen. Nachdem die ersten drei Treffen aller Patriarchen und Ersthierarchen (so werden die Vorsteher der autokephalen Kirchen genannt, die nicht den Titel Patriarch tragen) 1992 in Istanbul, 1995 auf Patmos und im Jahr 2000 im Heiligen Land eher symbolische Bedeutung hatten – Anlass waren jeweils kirchenhistorische Gedenkjahre –, gab die vierte Synaxis der Patriarchen in Istanbul 2008 einen entscheidenden Impuls zur Wiederaufnahme der Vorbereitungsarbeiten für die „Heilige und Große Synode der Orthodoxen Kirche".

Im Juni 2009 konnte daraufhin die IV. Präkonziliare Panorthodoxe Konferenz in Chambésy zusammenkommen, die einen wichtigen Durchbruch in der Frage nach den kirchlichen Strukturen in der Diaspora brachte, indem sie die Einrichtung von zwölf orthodoxen Bischofskonferenzen (je eine für Nord- und Südamerika sowie für Australien und Neuseeland, neun in verschiedenen westeuropäischen Ländern) anregte. Weitere Tagungen der Interorthodoxen Vorbereitungskommission folgten im Dezember 2009 und im Februar 2011. Dabei wurde über die Themen Autokephalie, Autonomie und Diptychen diskutiert, also über Fragen der interorthodoxen Beziehungen. Einigkeit wurde nur im Blick auf das Thema Autonomie erzielt, während bei den beiden anderen Themen unüberwindbare Differenzen deutlich wurden. Daher waren viele Insider sehr überrascht, als die Patriarchen und Ersthierarchen am Ende ihrer fünften Synaxis im März 2014 bekanntgaben, dass die „Heilige und Große Synode" am Pfingstfest 2016 in Istanbul zusammentreten solle, und zugleich wichtige Verfahrensordnungen festlegten: Jede autokephale Kirche solle neben ihrem Ersthierarchen maximal 24 Bischöfe zum Konzil entsenden; jede Kirche habe nur eine Stimme; Entscheidungen könnten nur im Konsens getroffen werden. Die konkrete Terminvorgabe brachte eine neue Dynamik in den Vorbereitungsprozess, denn damit war klar, dass nur noch gut zwei Jahre für weitere Klärungen und Absprachen verblieben. Eine Interorthodoxe Sonderkommission zur Vorbereitung des Konzils wurde gebildet. Sie nahm ihre Arbeit Anfang Oktober 2014 in Chambésy auf. Bei ihrer ersten Sitzung wurden die Textvorlagen aus dem Jahr 1986 überarbeitet, die sich mit den ökumenischen Beziehungen der orthodoxen Kirche befassten. Ferner wurde beschlossen, die Vorlagen unter der Überschrift „Die Beziehungen der orthodoxen Kirche mit der übrigen christlichen Welt" zu einem einzigen Text zusammenzufassen. Eine zweite Sitzung der Sonderkommission fand im Februar 2015 in Chambésy statt. Sie überarbeitete vor allem die Textvorlage aus dem Jahr 1986 zu sozialethischen Themen. Der komplizierte Titel wurde verworfen und man verständigte sich darauf, diese Themen unter der Überschrift „Der Auftrag der orthodoxen Kirche in der heutigen Welt" zu behandeln. Bei der dritten Sitzung der Sonderkommission im April 2015 wurden die Beratungen über diesen Text fortgesetzt sowie ein Dokument zu den kirchlichen Fastenvorschriften revidiert.

Im Oktober 2015 trat dann die V. Präkonziliare Panorthodoxe Konferenz in Chambésy zusammen, um die von der Sonderkommission erarbeiteten Dokumente offiziell zu approbieren. Doch nur drei der vorgelegten Textentwürfe erhielten die erforderliche Zustimmung der Vertreter aller orthodoxen Lokalkirchen. Außerdem gelang es nicht, sich auf eine Geschäftsordnung für das Konzil zu verständigen. Daher wurde eine außerplanmäßige Sitzung der Interorthodoxen Sonderkommission anberaumt, die im Dezember 2015 in Athen zusammenkam, aber ebenfalls keinen Durchbruch in den umstrittenen Fragen brachte. Erst der nächsten Synaxis der Patriarchen und Ersthierarchen, die Ende Januar 2016 in Chambésy stattfand, gelang es, die verbleibenden Stolpersteine aus dem Weg zur räumen. Die Kirchenführer verständigten sich auf Zeit (die Woche nach dem orthodoxen Pfingstfest) und Ort des Konzils (die Orthodoxe Akademie auf Kreta), verabschiedeten eine Geschäftsordnung für das Konzil und legten fest, dass nur über sechs Textvorlagen beraten werden sollte. Davon befassen sich zwei Texte mit der inneren Organisation der orthodoxen Kirche („Die Autonomie und die Form ihrer Proklamation" und „Die orthodoxe Diaspora"), zwei weitere mit ihren Beziehungen nach außen („Der Auftrag der orthodoxen Kirche in der heutigen Welt" und „Die Beziehungen der orthodoxen Kirche mit der übrigen christlichen Welt") sowie schließlich zwei Texte mit Fragen des Glaubenslebens und der religiösen Praxis („Das Sakrament der Ehe und die Ehehindernisse" und „Die Bedeutung des Fastens und seine Beachtung heute"). Nicht auf der Tagesordnung des Konzils standen damit die besonders umstrittenen Themen wie die Regelungen zur Proklamation und Anerkennung der Autokephalie, die Diptychen sowie die Kalenderfrage.

Der lange Weg zum Panorthodoxen Konzil schien damit endlich an sein Ziel zu kommen: Vom 19. bis 26. Juni 2016 versammelten sich auf Kreta rund 170 orthodoxe Bischöfe unter dem Vorsitz des Ökumenischen Patriarchen, berieten über die sechs genannten Textvorlagen und verabschiedeten – wenn auch mit leichten Modifikationen – alle sechs Dokumente. Zusätzlich wurden eine (längere) Enzyklika der Konzilsväter und eine (kürzere) „Botschaft" des Konzils veröffentlicht. Die „Heilige und Große Synode" hat damit nach jahrzehntelanger Vorbereitung endlich stattgefunden. Einen Wermutstropfen stellt jedoch die Tatsache dar, dass vier autokephale Kirchen (Antiochien, Moskau, Bulgarien, Georgien) kurz vor dem Beginn der Synode ihre Teilnahme – aus unterschiedlichen Gründen – abgesagt haben. Insbesondere die Absage des Moskauer Patriarchats fällt dabei ins Gewicht, insofern ihm mehr als die Hälfte aller orthodoxen Gläubigen angehören. Die Beschlüsse des Konzils von Kreta wurden somit nur mit den Stimmen von 10 der 14 autokephalen Kirchen gefasst. Entscheidend für die Rezeption und Umsetzung der Konzilsbeschlüsse wird daher die – bei Drucklegung dieser Auflage noch nicht absehbare – Reaktion der Abwesenden sein. Erst wenn auch sie ihre Zustimmung erklärt haben, wird man das Konzil von Kreta als wahrhaft „Panorthodoxes Konzil" bezeichnen können.

Literatur: A. Kallis, Auf dem Weg zu einem Heiligen und Großen Konzil. Ein Quellen- und Arbeitsbuch zur orthodoxen Ekklesiologie, Münster 2013.
V. Ionita, Towards the Holy and Great Synod of the Orthodox Church. The Decisions of the Pan-Orthodox Meetings since 1923 until 2009, Basel 2014.
Internet: www.holycouncil.org

4.10 Die östlichen Kirchen in der Ökumene

Am Ende dieser Einführung in die Welt der östlichen Kirchen wollen wir schließlich noch einen Blick auf ihre Rolle in der Ökumene werfen. Wenn wir im deutschsprachigen Raum von Ökumene sprechen, denken wir dabei meist an das Verhältnis zwischen katholischen und evangelischen Christen. Die orthodoxen und orientalisch-orthodoxen Kirchen sind in der Regel nicht im Blick, wenn über Ökumene gesprochen wird. Dies liegt zum einen daran, dass wir in unserem unmittelbaren Lebensumfeld orthodoxen Christen eher selten begegnen. Es liegt aber vermutlich auch darin begründet, dass die Eigenschaftswörter „orthodox" und „ökumenisch" im Deutschen oft als Gegensätze erscheinen. Mit dem Adjektiv „orthodox" assoziieren wir Eigenschaften wie starr, unbeweglich, rechthaberisch oder rückwärtsgewandt. Dies zeigt sich daran, dass „orthodox" im Deutschen nicht nur eine Konfessionsbezeichnung für die östlichen Kirchen ist, sondern auch auf konservative Strömungen in anderen Konfessionen oder Religionen angewandt wird. So sprechen wir von „orthodoxen Juden", die die Vorschriften der Thora besonders streng einzuhalten versuchen, oder von der „lutherischen Orthodoxie", die innerhalb der reformatorischen Tradition das Erbe Luthers besonders betont. Hinzu kommt, dass in der deutschen Presse meist nur dann über die orthodoxen Kirchen berichtet wird, wenn es wieder einmal zu Spannungen zwischen ihnen und den westlichen Kirchen gekommen ist. In den letzten Jahren waren es vor allem der Konflikt zwischen dem Moskauer Patriarchat und dem Vatikan über den Wiederaufbau katholischer Kirchenstrukturen in Russland sowie die Differenzen zwischen den protestantischen und den orthodoxen Mitgliedskirchen des Ökumenischen Rates der Kirchen über die Praxis ökumenischer Gottesdienste, die ein lebhaftes Echo in den Medien fanden. Die genannten Faktoren haben dazu geführt, dass viele westliche Christen den Eindruck gewonnen haben, die Orthodoxen stünden der Ökumene kritisch-distanziert bis ablehnend gegenüber.

Dieser Eindruck muss jedoch korrigiert werden, wenn man auf die Geschichte der ökumenischen Bewegung im 20. Jahrhundert schaut. Namhafte Vertreter der orthodoxen Kirche standen den Bemühungen um die Wiederherstellung der Einheit der Christen von Anfang an aufgeschlossen gegenüber und haben der ökumenischen Bewegung eine Reihe wichtiger Impulse gegeben. Von herausragender Bedeutung ist in diesem Zusammenhang das Sendschreiben des Ökumenischen Patriarchats „An die Kirchen Christi in der ganzen Welt“ vom Januar 1920. Darin schlägt das Ökumenische Patriarchat vor, einen „Bund der christlichen Kirchen“ nach dem Vorbild des Völkerbundes zu gründen, um die Annäherung zwischen den Kirchen zu fördern. Ausdrücklich wird die „Vorbereitung und Erleichterung einer – mit Gottes Hilfe – dereinstigen vollständigen und gesegneten Einigung“ der Kirchen zum Ziel dieses Bundes erklärt. Darüber hinaus enthält das Sendschreiben von 1920 eine ganze Reihe von konkreten Vorschlägen, wie die Beziehungen zwischen den christlichen Kirchen verbessert werden könnten. Diese erscheinen auch aus heutiger Sicht noch bedenkenswert, weshalb im Folgenden einige Auszüge daraus zitiert werden sollen.

Auszüge aus dem Sendschreiben des Ökumenischen Patriarchats „An die Kirchen Christi in der ganzen Welt“ vom Januar 1920

... Wir halten es „für das Wichtigste, dass die Liebe zwischen den Kirchen wieder angefacht und gestärkt wird, so dass einer den anderen nicht mehr als Feind und Fremdling, sondern als Verwandten und Hausgenossen in Christus ansieht, als ‚Miterben und Mitglied der Menschheitsfamilie und als Teilhaber seiner Verheißung in Christus durch das Evangelium‘ (Eph 3,6) ...

Diese Freundschaft und dieses Wohlwollen füreinander können nach unserer Meinung in folgender Weise im Einzelnen bezeugt werden:

1. Durch die Annahme eines einheitlichen Kalenders zwecks gleichzeitiger Begehung der großen christlichen Feste durch alle Kirchen;
2. Durch den Austausch brüderlicher Briefe zu den großen Festen des Kirchenjahres, zu denen das üblich ist, und bei außergewöhnlichen Ereignissen;

3. Durch vertrautere Beziehung zwischen den Vertretern der verschiedenen Kirchen in aller Welt;
4. Durch Verkehr (epikoinonia) zwischen den Theologischen Schulen und den Vertretern der theologischen Wissenschaft und durch Austausch theologisch-kirchlicher Zeitschriften und Werke, die in den einzelnen Kirchen veröffentlicht werden;
5. Durch Studentenaustausch zwischen den Geistlichen Schulen der einzelnen Kirchen;
6. Durch Einberufung All-Christlicher Konferenzen für Fragen von gemeinsamem Interesse;
7. Durch unparteiische und in stärkerem Maße historische Prüfung der dogmatischen Unterschiede, vom Katheder aus wie auch in theologischen Abhandlungen;
8. Durch gegenseitige Achtung der Sitten und Gebräuche einer jeden Kirche;
9. Durch gegenseitige Erlaubnis, Kapellen und Friedhöfe zur Beisetzung und Beerdigung von im Ausland verstorbenen Angehörigen eines anderen Bekenntnisses zu benutzen;
10. Durch ein Übereinkommen über die Mischehen zwischen Angehörigen verschiedener Konfessionen;
11. Schließlich durch gegenseitige Unterstützung der Kirchen in der Arbeit des religiösen Aufbaus, der Liebestätigkeit und dergleichen."[12]

Selbst wenn manche dieser Vorschläge aus heutiger Sicht selbstverständlich erscheinen mögen, sollten wir uns in Erinnerung rufen, dass sie zum damaligen Zeitpunkt weit über das Übliche hinausreichten. Das Sendschreiben des Ökumenischen Patriarchats von 1920 stellte insofern einen wichtigen Impuls von orthodoxer Seite für die weitere Entwicklung der ökumenischen Bewegung dar.

12 Zitiert nach: A. Basdekis (Hg.), Orthodoxe Kirche und Ökumenische Bewegung, Frankfurt a. M./Paderborn 2006, 17f.

Ganz auf der Linie dieses Dokuments engagierten sich Vertreter des Ökumenischen Patriarchats und anderer orthodoxer Ortskirchen von Beginn an in der ökumenischen Bewegung. Eine führende Rolle spielte dabei Metropolit Germanos von Thyateira, der in London residierende Exarch des Ökumenischen Patriarchats für Westeuropa. Er leitete jeweils die orthodoxen Delegationen bei den ersten Weltkonferenzen für Praktisches Christentum in Stockholm 1925 sowie für Glauben und Kirchenverfassung in Lausanne 1927. Neben Metropolit Germanos zählten der griechische Theologe Hamilkar Alivisatos, der bulgarische Theologe Stefan Zankov sowie der russische Theologe Sergij Bulgakov zu den Wegbereitern des ökumenischen Gedankens innerhalb der orthodoxen Kirche. Insbesondere Alivisatos und Zankov setzten sich auf dem Ersten Panorthodoxen Theologenkongress 1936 in Athen für eine breitere Beteiligung orthodoxer Theologen an der ökumenischen Bewegung ein. Nach den zweiten Weltkonferenzen der Bewegungen für Praktisches Christentum und für Glauben und Kirchenverfassung, die 1937 in Oxford bzw. Edinburgh stattfanden, übernahm der russische Theologe Georgij Florovskij als Mitglied des Ausschusses, der die Gründung des Ökumenischen Rates der Kirchen (ÖRK) vorbereiten sollte, eine führende Rolle auf orthodoxer Seite. An der Gründungsversammlung des ÖRK 1948 in Amsterdam waren von Seiten der byzantinischen Orthodoxie das Ökumenische Patriarchat und die Kirche von Griechenland, von Seiten der orientalisch-orthodoxen Kirchen die Äthiopische Orthodoxe Kirche sowie die Syrer aus Indien mit offiziellen Delegierten beteiligt. Hintergrund für diese relativ schwache Beteiligung von orthodoxer Seite war die bereits erwähnte (vgl. Kapitel 4.9) Panorthodoxe Konferenz, die im Juli 1948, kurz vor der ersten Vollversammlung des ÖRK, auf Betreiben des Moskauer Patriarchats in Moskau stattgefunden und sich gegen eine Beteiligung der orthodoxen Kirche an der ökumenischen Bewegung ausgesprochen hatte. Die Beschlüsse der Moskauer Kirchenkonferenz von 1948 orientierten sich jedoch offensichtlich an den Interessen der sowjetischen Machthaber. Nur so ist es zu erklären, dass nach einer Kurskorrektur der sowjetischen Religionspolitik nach dem Tod Stalins in den 1960er-Jahren nach und nach auch alle Kirchen der slawischsprachigen Orthodoxie dem ÖRK beitreten konnten.

Im **Ökumenischen Rat der Kirchen** konzentrierten die orthodoxen Theologen ihre Mitarbeit vor allem auf die theologischen Gesprächsthemen, die in der Kommission für Glauben und Kirchenverfassung behandelt wurden. Sehr deutlich lässt sich dieser orthodoxe Einfluss an den sogenannten Lima-Dokumenten erkennen, den Konvergenzerklärungen über Taufe, Eucharistie und Amt, die von der Kommission für Glauben und Kirchenverfassung bei ihrer Sitzung in Lima 1982 verabschiedet wurden. Auch das in den 1980er-Jahren vorangetriebene Studienprojekt zu einer ökumenischen Auslegung des Glaubensbekenntnisses von Nizäa-Konstantinopel (381) geht auf eine Initiative von orthodoxer Seite zurück. Auf diese Weise haben orthodoxe Delegierte der Arbeit des ÖRK in den vergangenen Jahrzehnten immer wieder wichtige Impulse geben können. Zugleich haben die Vertreter der orthodoxen Kirche ihre Mitarbeit im ÖRK aber auch schon früh kritisch reflektiert. Bereits 1981 wird im Bericht einer interorthodoxen Konsultation in Sofia darauf hingewiesen, dass der ÖRK oft Fragen thematisiere, die „dem orthodoxen Ethos fremd" seien, wie z. B. die Frauenordination. Deutliche Kritik äußerten die orthodoxen Delegierten an Verlauf und Inhalten der 7. Vollversammlung des ÖRK in Canberra 1991. Nachdem diese Kritik im Vorfeld der nächsten Plenarsitzung noch deutlicher ausgefallen war und zwei orthodoxe Kirchen (Bulgarien und Georgien) ihren Austritt aus dem ÖRK erklärt hatten, setzte die 8. Vollversammlung in Harare 1998 eine „Sonderkommission zur orthodoxen Mitarbeit im ÖRK" ein, die im Jahr 2002 einen Bericht vorlegte, in dem Änderungen an den Statuten und Arbeitsformen des ÖRK vorgeschlagen wurden. Diese Änderungsvorschläge wurden von der 9. Vollversammlung in Porto Alegre 2006 umgesetzt, so dass Patriarch Bartholomaios aus Anlass des 60-jährigen Jubiläums des ÖRK im Jahr 2008 von einer „heilsamen Krise" sprach, die „zugleich neue Kraft verliehen hat, unseren gemeinsamen Weg zur Einheit fortzusetzen“[13]. Bei der 10. Vollversammlung in Busan 2013 zeigte sich deutlich der Wille der orthodoxen Delegierten, zu einer erfolgreichen Fortsetzung der Zusammenarbeit im Rahmen des ÖRK beizutragen.

Neben dieser Kooperation auf multilateraler Ebene hat die orthodoxe Kirche in den vergangenen Jahrzehnten eine Fülle bilateraler ökumenischer Dialoge geführt. Die Mitarbeit von orthodoxen und orientalisch-orthodoxen Theologen im ÖRK führte zunächst zu einer bemerkenswerten **Annäherung zwischen den orthodoxen und den orientalisch-orthodoxen Kirchen**. Zwischen 1964 und 1971 trafen sich erstmals seit 1500 Jahren Vertreter der chalcedonischen und der vorchalcedonischen Orthodoxie zu vier gemeinsamen Tagungen, die zunächst noch den Charakter inoffizieller Konsultationen trugen. Mitte der 1980er-Jahre begann dann der offizielle Dialog zwischen den orthodoxen und den orientalisch-orthodoxen Kirchen, der bereits 1989 und 1990 zu zwei gemeinsamen Erklärungen führte, in denen die Differenzen in der Christologie, die im 5. Jahrhundert zum Schisma zwischen diesen Kirchen geführt hatten, ausgeräumt werden konnten. Leider ist es noch nicht zu einer Rezeption dieser Übereinstimmung durch die beteiligten Kirchen gekommen. Diese scheiterte bislang daran, dass einige Kirchenväter, die auf der einen Seite als Heilige verehrt werden, von der anderen als Häretiker betrachtet werden – und umgekehrt. Außerdem war auf beiden Seiten unklar, welche kirchlichen Autoritäten für die Aufhebung der gegenseitigen Verurteilungen zuständig wären. Alle Versuche, diese Probleme zu lösen, sind bislang gescheitert.

Die Begegnungen innerhalb des ÖRK trugen auch zu einer Intensivierung der **Kontakte zwischen der Orthodoxie und den evangelischen Kirchen** bei. Eine Vorreiterrolle kam hierbei der Evangelischen Kirche in Deutschland (EKD) zu, die in den 1950er-Jahren zunächst das Gespräch mit Vertretern des Moskauer Pat-

---

13 Zitiert nach: Orthodoxie aktuell 12 (2008) 26.

riarchats suchte. Bereits im Oktober 1959 fand ein erstes theologisches Gespräch zwischen Vertretern der EKD und der Russischen Orthodoxen Kirche statt. Der Dialog zwischen der EKD und dem Moskauer Patriarchat zählt zu den kontinuierlichsten theologischen Dialogen in der zweiten Hälfte des 20. Jahrhunderts, bei dem eine Vielzahl theologischer und ethischer Fragestellungen erörtert werden konnte. Seit 1969 führt die EKD auch mit dem Ökumenischen Patriarchat regelmäßige theologische Gespräche, seit 1978 gab es Gespräche mit der Bulgarischen Orthodoxen Kirche und seit 1979 gibt es einen regelmäßigen Dialog mit der Rumänischen Orthodoxen Kirche. Durch ihre Kontinuität leisteten diese Dialoge einen wichtigen Beitrag zum Abbau gegenseitiger Vorurteile, auch wenn es diesbezüglich nicht zu der gewünschten Breitenwirkung gekommen ist. Immerhin trugen die Gespräche der EKD mit Vertretern verschiedener orthodoxer Patriarchate dazu bei, den Weg zum offiziellen theologischen Dialog zwischen Orthodoxen und Lutheranern auf Weltebene (seit 1981) und zwischen Orthodoxen und Reformierten auf Weltebene (seit 1988) zu bereiten. Der orthodox-lutherische Dialog hat sich seither mit dem Verhältnis von Schrift und Tradition, dem Verständnis von Rechtfertigung und Heiligung sowie mit der Bedeutung der Sakramente im Leben der Kirche befasst. Der orthodox-reformierte Dialog thematisierte zunächst das Trinitätsverständnis und die Christologie, bevor er sich Mitte der 1990er-Jahre der Lehre von der Kirche zuwandte. So gibt es heute ein vielfältiges Netz ökumenischer Kontakte zwischen orthodoxen und evangelischen Kirchen, wie es im Sendschreiben des Ökumenischen Patriarchats von 1920 empfohlen wurde.

Noch in die Zeit vor Gründung des ÖRK reichen die Kontakte der orthodoxen Kirche mit Anglikanern und Altkatholiken zurück. Am ökumenischen **Dialog mit der anglikanischen und der altkatholischen Kirche** waren die Orthodoxen deshalb besonders interessiert, weil es sich jeweils um bischöflich verfasste Kirchen der abendländischen Tradition handelt, die nicht der Autorität des Papstes unterstehen und deren Kirchenleitung synodal strukturiert ist. Damit kommen sie dem orthodoxen Kirchenverständnis sehr nahe. Schon im ausgehenden 19. Jahrhundert haben sich orthodoxe Theologen intensiv mit dem Selbstverständnis der anglikanischen Kirche und der nach dem Ersten Vatikanischen Konzil gerade neu entstehenden altkatholischen Kirche befasst. Bereits im ersten Jahrzehnt des 20. Jahrhunderts gab es seitens der Russischen Orthodoxen Kirche eine offizielle Kommission für den Dialog mit den Altkatholiken. In den 1920er- und 1930er-Jahren erkannten einige orthodoxe Patriarchate offiziell die Gültigkeit der anglikanischen Weihen an. 1964 beschloss die III. Panorthodoxe Konferenz die Bildung zweier Interorthodoxer theologischer Kommissionen für den Dialog mit den Anglikanern und mit den Altkatholiken. 1973 trafen sich erstmals die gemeinsamen anglikanisch-orthodoxen bzw. altkatholisch-orthodoxen Dialogkommissionen. Die orthodox-altkatholische Dialogkommission hat in einem vergleichsweise kurzen Zeitraum bis 1987 sämtliche Themen der christlichen Glaubenslehre behandelt und dazu entsprechende Konsensdokumente formuliert. Der orthodox-altkatholische Dialog ist damit der erste und bisher einzige bilaterale ökumenische Dialog auf internationaler Ebene, der formell abgeschlossen werden konnte. Der orthodox-anglikanische Dialog auf Weltebene begann ebenfalls sehr fruchtbar und führte relativ rasch zu drei gemeinsamen Erklärungen (Moskau 1976, Athen 1978, Dublin 1984), in denen neben einer Übereinstimmung in Grundfragen des Glaubens jedoch auch noch eine Reihe offener Fragen formuliert werden. In den 1990er-Jahren gerieten beide Dialoge ins Stocken. Ursache war die Einführung der Frauenordination in der anglikanischen Kirchengemeinschaft sowie in Teilen der altkatholischen Kirche, die aus orthodoxer Sicht ein Abweichen von der verbindlichen Tradition der Kirche bedeutet. Die offizielle Rezeption der Ergebnisse der orthodox-altkatholischen Dialogkommission steht aus diesem Grund bis heute aus. Der orthodox-anglikanische Dialog befasste sich in seiner dritten Dialogphase schwerpunktmäßig mit Fragen des Kirchen- und Amtsverständnisses. Die Ergebnisse wurden im Jahr 2006 in einer gemeinsamen Erklärung mit dem Titel „Die Kirche des dreieinen Gottes“ vorgelegt, die auch als „Cyprus Agreed Statement“ bezeichnet wird, weil das Dokument bei einer Sitzung auf Zypern verabschiedet wurde.

Vergleichsweise spät begann der ökumenische **Dialog zwischen der orthodoxen Kirche und der römisch-katholischen Kirche**. Dies lag nicht nur an den negativen Erfahrungen der Orthodoxen mit dem Primatsanspruch des römischen Papsttums, sondern auch an der offiziellen Haltung der katholischen Kirche, die sich erst mit dem Zweiten Vatikanischen Konzil offiziell für den ökumenischen Dialog öffnete. So kam der erste Schritt zur Annäherung von Orthodoxen und Katholiken von orthodoxer Seite: Im Oktober 1958 schickte der Ökumenische Patriarch Athenagoras ein Beileidstelegramm aus Anlass des Todes von Papst Pius XII. nach Rom und gratulierte wenig später dem neu gewählten Papst Johannes XXIII. zu seiner Wahl. Mit Patriarch Athenagoras I. und Papst Johannes XXIII. gab es in Rom und Konstantinopel zwei Kirchenführer, denen das Streben nach der Einheit der Christen ein Herzensanliegen war. Leider war es ihnen nicht vergönnt, ihre Bemühungen um eine Annäherung zwischen Orthodoxen und Katholiken durch eine persönliche Begegnung zu krönen. Doch Papst Paul VI. führte die Linie seines Vorgängers fort und zeigte sich an einer weiteren Verbesserung der Beziehungen zur orthodoxen Kirche interessiert. So kam es zu jener historischen Begegnung zwischen Papst Paul VI. und Patriarch Athenagoras I. im Januar 1964 in Jerusalem, die eine neue Ära in den Beziehungen zwischen Rom und den östlichen Patriarchaten eröffnete. Nach kurzen, aber intensiven Vorarbeiten war damit der Weg bereitet für den symbolträchtigen Versöhnungsakt zwischen beiden Kirchen am 7. Dezember 1965, als gleichzeitig in Rom und Konstantinopel der Entschluss bekannt gegeben wurde, den gegenseitigen Bann von 1054 „aus dem Gedächtnis und aus der Mitte der Kirche (zu) tilgen“. Papst Paul VI. und Patriarch Athenagoras erklärten übereinstimmend, dass sie die damaligen Ereignisse missbilligen, einander um Verzeihung bitten und die Bannsprüche „dem Vergessen anheim fallen lassen" wollen.[14] Nachdem das Eis durch diese „Tilgung der Bannsprüche" gebrochen war, kam es 1967 erstmals zu gegenseitigen Besuchen von Papst Paul VI. und Patriarch Athenagoras im Vatikan bzw. im Phanar, dem Istanbuler Amtssitz des Ökumenischen Patriarchen. Die 1970er-Jahre waren davon geprägt, den zuvor vor allem auf Rom und Konstantinopel konzentrierten Dialog auf eine breitere Basis zu stellen. Nach dem ersten Besuch Papst Johannes Pauls II. beim Ökumenischen Patriarchen Dimitrios I. im November 1979 konnte im Sommer 1980 die „Internationale Kommission für den theologischen Dialog zwischen der Römisch-katholischen und der Orthodoxen Kirche" ihre Arbeit aufnehmen.

Diese Dialogkommission hat in den 1980er-Jahren drei Dokumente erarbeitet (München 1982, Bari 1987, Valamo 1988), in denen eine breite Übereinstimmung im Verständnis der Kirche, der Sakramente und des kirchlichen Amtes festgehalten wird. Anfang der 1990er-Jahre geriet der orthodox-katholische Dialog jedoch in eine Krise. Auslöser waren Konflikte zwischen Orthodoxen und Unierten in der Ukraine, wo sich seit November 1989 Gemeinden der Ukrainischen Griechisch-katholischen Kirche, die in der Sowjetunion bis dahin verboten war, wieder offiziell registrieren lassen konnten. In der Westukraine, aber auch in Rumänien kam es zu Konflikten zwischen Orthodoxen und Unierten, vor allem im Blick auf die Nutzung der Kirchengebäude. Die Internationale Dialogkommission befasste sich auf ihren Vollversammlungen 1990 in Freising (bei München) und 1993 in Balamand (im Libanon) mit dieser Problematik. In den dort verabschiedeten Dokumenten wird der Proselytismus als „eine Fehlleitung der pastoralen Energie" verurteilt und der Uniatismus als eine „überholte Unionsmethode" bezeichnet, die ihr Ziel, die Kirchen einander anzunähern, nicht erreicht, sondern im Gegenteil

14 Gemeinsame Erklärung Papst Pauls VI. und des Ökumenischen Patriarchen Athenagoras vom 7. Dezember 1965, in: J. Oeldemann (Hg.), Die Wiederentdeckung der Communio, Würzburg 2006, 95–98, hier 97.

zu neuen Spaltungen geführt habe. Beide Seiten betonten, dass der Uniatismus ein „Kind seiner Zeit“ war, da er ein exklusivistisches Kirchenverständnis voraussetze, demzufolge es außerhalb der eigenen Kirche keine Möglichkeit gebe, das Heil zu erlangen. Heute vertreten Orthodoxe und Katholiken eine andere Auffassung und erkennen sich als Schwesterkirchen an. Daher kann das Modell des Uniatismus nicht mehr auf die heutige Zeit angewandt werden. Gleichwohl wird die Existenzberechtigung der unierten Kirchen, die lange Zeit im Untergrund gelebt haben und in deren Reihen es zahlreiche Glaubensmärtyrer gab, anerkannt. Diese Position des Dialogkommission wurde offiziell auch in der gemeinsamen Erklärung bestätigt, die Papst Franziskus und der russische Patriarch Kyrill im Februar 2016 in Havanna unterzeichnet haben.

Die ersten Jahre des 21. Jahrhunderts waren von einer ambivalenten Entwicklung in den orthodox-katholischen Beziehungen gekennzeichnet. Einerseits kam es zu erheblichen Spannungen zwischen Rom und Moskau aufgrund der Errichtung von vier katholischen Diözesen auf dem Territorium der Russischen Föderation, was von orthodoxer Seite als unzulässige Einmischung der katholischen Kirche in das „kanonische Territorium“ der Russischen Orthodoxen Kirche verurteilt wurde, andererseits gab es erhebliche Verbesserungen in den Beziehungen des Vatikans mit den orthodoxen Kirchen in Griechenland, Rumänien und Serbien. Eine wichtige Rolle spielten in diesem Zusammenhang die zahlreichen Reisen Papst Johannes Pauls II., bei denen er in der Endphase seines Pontifikats auch eine Reihe mehrheitlich orthodoxer Länder besucht hat. Die Papstbesuche in Rumänien und Georgien (1999), in Griechenland, der Ukraine und Armenien (2001) sowie in Bulgarien (2002) haben sicher dazu beigetragen, dass auf orthodoxer Seite die Furcht vor der Macht der römischen Kirche und der Dominanz des römischen Papstes allmählich gewichen ist. Auch die von Papst Johannes Paul II. in seiner Ökumene-Enzyklika „Ut unum sint“ (1995) formulierte Bitte, mit ihm in einen „brüderlichen, geduldigen Dialog“ zu treten, dessen Ziel es sei,

„eine Form der Primatsausübung zu finden, die zwar keineswegs auf das Wesentliche ihrer Sendung verzichtet, sich aber einer neuen Situation öffnet" (Nr. 95), hat ein positives Echo auf orthodoxer Seite gefunden.

Im Pontifikat Papst Benedikts XVI. (2005–2013) gewann die orthodox-katholische Ökumene zunächst eine neue Dynamik. Die Wahl Joseph Ratzingers zum Papst wurde von orthodoxer Seite einhellig begrüßt. Viele Orthodoxe verbinden mit seinem Namen die im Dialog mit der Orthodoxie viel zitierte Aussage, Rom müsse „vom Osten nicht mehr an Primatslehre fordern, als auch im ersten Jahrtausend formuliert und gelebt wurde"[15]. Im September 2006 kam die Internationale orthodox-katholische Dialogkommission nach längerer Unterbrechung zu ihrer 9. Vollversammlung in Belgrad zusammen. Schon bei der folgenden Sitzung im Oktober 2007 in Ravenna konnte die Kommission ein neues Dokument verabschieden, das sich mit dem Verständnis von Autorität in der Kirche und dem Verhältnis von Primat und Konziliarität befasst. Im Anschluss daran widmete sich die Kommission dem Primatsverständnis im ersten Jahrtausend, konnte bei ihren weiteren Vollversammlungen (Paphos 2009, Wien 2010, Amman 2014) aber noch keine Verständigung darüber erzielen. Papst Franziskus legt in seinem Pontifikat (seit 2013) den Schwerpunkt vor allem auf persönliche Begegnungen. Er ist inzwischen mehrfach mit Patriarch Bartholomaios zusammengetroffen, zu dem er ein freundschaftliches Verhältnis entwickelt hat. Bemerkenswert ist auch sein Treffen mit dem russischen Patriarchen Kyrill im Februar 2016 auf Kuba – eine Begegnung, um die sich seine beiden Amtsvorgänger vergeblich bemüht hatten. Sie lässt darauf hoffen, dass der orthodox-katholische Dialog in Zukunft auf einem breiteren Fundament aufbauen kann.

Der theologische **Dialog zwischen der katholischen Kirche und den orientalisch-orthodoxen Kirchen** begann offiziell erst

---

15 U. a. publiziert in: J. Ratzinger, Theologische Prinzipienlehre, München 1982, 209.

2004, als die Internationale Dialogkommission zu ihrer konstituierenden Sitzung in Rom zusammenkam. Die neue Dialogkommission konnte in ihren Gesprächen jedoch auf die Vorarbeiten von fünf inoffiziellen Konsultationen zwischen orientalisch-orthodoxen und römisch-katholischen Theologen zurückgreifen, die in den 1970er- und 1980er-Jahren von der Wiener Stiftung Pro Oriente organisiert worden waren. Die in diesem Zusammenhang erarbeitete „Wiener christologische Formel" bereitete den Weg zur Überwindung der christologischen Differenzen, die im 5. Jahrhundert zum Bruch zwischen Katholiken und Orientalen geführt hatten. Schon sehr bald fand diese „Wiener christologische Formel" ihren Niederschlag in gemeinsamen Erklärungen der Päpste Paul VI. und Johannes Paul II. mit verschiedenen orientalischen Patriarchen: 1971 und 1984 mit dem Syrisch-orthodoxen Patriarchat von Antiochien, 1973/76 mit der Koptischen Orthodoxen Kirche und 1996 mit der Armenischen Apostolischen Kirche. Auf dieser Grundlage hat sich die Dialogkommission zunächst mit dem Kirchenverständnis befasst und dazu im Jahr 2009 ein gemeinsames Dokument unter der Überschrift „Wesen, Verfassung und Sendung der Kirche" veröffentlicht. In der zweiten Dialogphase, die 2015 abgeschlossen werden konnte, ging es dann um Formen der Gemeinschaft in der Urkirche und ihre heutige Bedeutung für die Suche nach Kirchengemeinschaft. Bemerkenswert ist, dass in der Dialogkommission mit den orientalisch-orthodoxen Kirchen die Vertreter der mit Rom unierten Ostkirchen die Mehrheit der katholischen Delegierten stellen und von den orthodoxen Gesprächspartnern als solche auch akzeptiert und geschätzt werden.

Welche Rolle die orthodoxen und orientalisch-orthodoxen Kirchen in Zukunft in der christlichen Ökumene spielen werden, hängt jedoch nicht allein von der Arbeit der erwähnten Dialogkommissionen ab. Denn deren Resultate müssen auch von den beteiligten Kirchen aufgegriffen und umgesetzt werden. Dies wird nur dann gelingen, wenn grundlegende Kenntnisse über die am Dialog beteiligten Kirchen sowie die Ergebnisse der ökumenischen Dialoge auch im Rahmen der theologischen Ausbildung vermittelt werden. Im deutschsprachigen und im gesamten westeuropäischen Raum gibt es (noch, wie man angesichts zunehmender Sparmaßnahmen im universitären Bereich leider ergänzen muss) vergleichsweise viele Theologen, die sich mit der Geschichte und der Theologie der Ostkirchen befassen. Leider findet man in den mehrheitlich orthodoxen Ländern bis heute nur wenige Spezialisten für die abendländische Kirchen- und Theologiegeschichte, was jedoch eine wichtige Voraussetzung für einen Erfolg versprechenden Dialog wäre. Die katholische und die evangelische Kirche in Deutschland bemühen sich daher durch Stipendienprogramme darum, jungen orthodoxen Theologiestudierenden ein Studium an westlichen Universitäten zu ermöglichen. Leider muss man aber auch feststellen, dass es auf der anderen Seite nur wenige westliche Theologiestudierende gibt, die zum Studium an orthodoxe Fakultäten und Seminare gehen. Gerade ein solcher Austausch würde jedoch das Wissen über das Selbstverständnis des Dialogpartners fördern und dazu beitragen, vorhandene Vorurteile zu überwinden.

Für die Zukunft des ökumenischen Dialogs zwischen Ost und West ist es darüber hinaus von großer Bedeutung, dass dieser Dialog nicht nur zwischen den Eliten der beteiligten Kirchen geführt, sondern auf eine breitere Basis gestellt wird. Bei katholischen und evangelischen Christen in Deutschland ist durchaus Interesse an den ostkirchlichen Traditionen zu spüren. Manche Gemeinden versuchen, neben Partnerschaften mit Gemeinden der eigenen Kirche im „globalen Süden" auch Gemeindepartnerschaften mit orthodoxen oder unierten Gemeinden in Osteuropa aufzubauen. Doch aufgrund räumlicher Distanzen und sprachlicher Barrieren ist die Zahl dieser Ost-West-Partnerschaften bis heute sehr gering. Dadurch, dass in den letzten Jahren die Zahl orthodoxer und orientalisch-orthodoxer Gemeinden in Deutschland merklich gewachsen ist, ergeben sich heute allerdings auch neue Möglichkeiten zur persönlichen Begegnung mit Gläubigen, die in den verschiedenen ostkirchlichen Traditionen beheimatet sind. Leider ist die Ökumene in Deutschland vielfach noch auf die evangelisch-katholische Zusammenarbeit beschränkt. Dabei böten

Kontakte zu den Gemeinden der ostkirchlichen Traditionen in Deutschland die Möglichkeit, auch vor Ort die fremde, aber zugleich faszinierende Welt der Kirchen des christlichen Ostens näher kennenzulernen. Hierzu bedarf es allerdings des Mutes, aufeinander zuzugehen und persönliche Beziehungen mit Christen aus den orthodoxen, den orientalisch-orthodoxen und den mit Rom unierten Ostkirchen aufzunehmen. Wenn dieses Buch seine Leserinnen und Leser dazu ermutigen konnte, dann hat es sein Ziel erreicht.

Literatur: J. Oeldemann, Orthodoxe Kirchen im ökumenischen Dialog. Positionen, Probleme, Perspektiven (Thema Ökumene 3), Paderborn 2004.

A. Basdekis (Hg.), Orthodoxe Kirche und Ökumenische Bewegung. Dokumente – Erklärungen – Berichte 1900–2006, Frankfurt a. M./Paderborn 2006.

D. W. Winkler, Die altorientalischen Kirchen im ökumenischen Dialog der Gegenwart, in: Chr. Lange / K. Pinggéra (Hg.), Die altorientalischen Kirchen. Glaube und Geschichte, Darmstadt 2010, 89–122.

J. Oeldemann, Die Orthodoxe Kirche im ökumenischen Dialog, in: Th. Bremer u. a. (Hg.), Die orthodoxen Kirchen der byzantinischen Tradition, Darmstadt 2013, 163–182.

5.
Anhang

5.1 Die sieben Ökumenischen Konzile des ersten Jahrtausends

(1) Konzil von Nizäa I, 325
Thema: Das christliche Gottesverständnis (Trinitätslehre)
Ergebnis: Definition der Gottheit Jesu Christi, Verurteilung des Arius
Folgen: Glaubensbekenntnis von Nizäa

(2) Konzil von Konstantinopel I, 381
Thema: Das christliche Gottesverständnis (Trinitätslehre)
Ergebnis: Definition der Gottheit des Heiligen Geistes
Folgen: Nizäno-Konstantinopolitanum („Großes“ Glaubensbekenntnis), das bis heute die alle Christen verbindende Glaubensgrundlage darstellt

(3) Konzil von Ephesus, 431
Thema: Christologie
Ergebnis: Einheit von Gottheit und Menschheit in Christus, Maria kann daher als „Gottesgebärerin“ bezeichnet werden, Verurteilung des Nestorius
Folgen: Konzilsentscheidungen wurden von der Assyrischen Kirche des Ostens nicht anerkannt (→ „vorephesinische“ Orthodoxie)

(4) Konzil von Chalcedon, 451
Thema: Christologie
Ergebnis: Einheit von zwei „Naturen“ (göttlicher und menschlicher) in Christus, Verurteilung des Eutyches
Folgen: Konzilsentscheidungen wurden in den orientalisch-orthodoxen Kirchen nicht rezipiert (→ „vorchalcedonische“ Orthodoxie)

(5) Konzil von Konstantinopel II, 553

Thema: Christologie („Drei-Kapitel-Streit", bei dem es erneut um das Verhältnis von menschlicher und göttlicher Natur in Christus ging)

Ergebnis: Verurteilung dreier „nestorianischer" Theologen, um eine Annäherung an die „vorchalcedonische" Orthodoxie zu erreichen, was jedoch misslang

Folgen: Ein jahrzehntelanges Schisma zwischen den Kirchen in Ost und West

(6) Konzil von Konstantinopel III, 680/81

Thema: Christologie (Verhältnis von göttlichem und menschlichem Willen in Christus)

Ergebnis: Bekräftigung der Zwei-Naturen-Lehre des Konzils von Chalcedon: in Christus gibt es zwei „Willen", Verurteilung des Monotheletismus (der „Ein-Willen-Lehre")

Folgen: Erstellung der ersten umfangreichen Kirchenrechtssammlung durch das sogenannte „Quinisextum" (692), deren Kanones bis heute die Grundlage des orthodoxen Kirchenrechts bilden

(7) Konzil von Nizäa II, 787

Thema: Ikonenverehrung („Bilderstreit")

Ergebnis: Anerkennung der Ikonenverehrung unter bestimmten Auflagen

Folgen: Nach der endgültigen Überwindung des Ikonoklasmus (Bilderzerstörung) im Jahr 843 in der byzantinischen Orthodoxie jährlicher Gedenktag am „Sonntag der Orthodoxie"

5.2 Zeittafel zum Panorthodoxen Konzil

Juni 1902	Patriarchal- und Synodalenzyklika des Ökumenischen Patriarchen Joachim III.
Mai 1923	Panorthodoxer Kongress in Konstantinopel/Istanbul
Juni 1930	Interorthodoxer Vorbereitungsausschuss, Kloster Vatopedi (Berg Athos)
Dezember 1936	Erster Kongress orthodoxer theologischer Fakultäten, Athen
Juli 1948	Panorthodoxe Konferenz, Moskau
Februar 1951	Brief des Ökumenischen Patriarchen Athenagoras an die Vorsteher der autokephalen orthodoxen Kirchen
September 1961	I. Panorthodoxe Konferenz, Rhodos
September 1963	II. Panorthodoxe Konferenz, Rhodos
November 1964	III. Panorthodoxe Konferenz, Rhodos
Juni 1968	IV. Panorthodoxe Konferenz, Chambésy
Juli 1971	1. Interorthodoxe Vorbereitungskommission, Chambésy
November 1976	I. PRÄKONZILIARE PANORTHODOXE KONFERENZ, Chambésy
September 1982	II. PRÄKONZILIARE PANORTHODOXE KONFERENZ, Chambésy
Februar 1986	2. Interorthodoxe Vorbereitungskommission, Chambésy
November 1986	III. PRÄKONZILIARE PANORTHODOXE KONFERENZ, Chambésy
November 1990	3. Interorthodoxe Vorbereitungskommission, Chambésy
März 1992	Erste SYNAXIS der Patriarchen und Ersthierarchen, Konstantinopel/Istanbul
November 1993	4. Interorthodoxe Vorbereitungskommission, Chambésy
September 1995	Zweite SYNAXIS der Patriarchen und Ersthierarchen, Patmos
März 1999	5. Interorthodoxe Vorbereitungskommission, Chambésy
Januar 2000	Dritte SYNAXIS der Patriarchen und Ersthierarchen, Jerusalem und Betlehem
Oktober 2008	Vierte SYNAXIS der Patriarchen und Ersthierarchen, Konstantinopel/Istanbul
Juni 2009	IV. PRÄKONZILIARE PANORTHODOXE KONFERENZ, Chambésy
Dezember 2009	6. Interorthodoxe Vorbereitungskommission, Chambésy

Februar 2011	7. Interorthodoxe Vorbereitungskommission, Chambésy
März 2014	Fünfte SYNAXIS der Patriarchen und Ersthierarchen, Konstantinopel/Istanbul
Oktober 2014	1. Sitzung der Interorthodoxen Sonderkommission, Chambésy
Februar 2015	2. Sitzung der Interorthodoxen Sonderkommission, Chambésy
April 2015	3. Sitzung der Interorthodoxen Sonderkommission, Chambésy
Oktober 2015	V. Präkonziliare Panorthodoxe Konferenz, Chambésy
Dezember 2015	4. Sitzung der Interorthodoxen Sonderkommission, Athen
Januar 2016	Sechste SYNAXIS der Patriarchen und Ersthierarchen, Chambésy
Juni 2016	**Heilige und Große Synode der Orthodoxen Kirche**, Kreta

5.3 Literatur zur Vertiefung

An dieser Stelle werden bewusst nur Bücher orthodoxer Autoren aufgeführt, weil sie eine notwendige und sinnvolle Ergänzung zu der hier vorgelegten Einführung eines katholischen Theologen bilden. Darüber hinaus gibt es viele weitere lesenswerte Werke anderer Autoren über die Kirchen des christlichen Ostens. Diesbezüglich sei auf die in den Kapiteln 3 und 4 angegebene Literatur zu einzelnen Kirchen und speziellen Themen verwiesen.

G. Galitis u. a., Glauben aus dem Herzen. Eine Einführung in die Orthodoxie, München ^{4}2000.

G. Larentzakis, Die Orthodoxe Kirche. Ihr Leben und ihr Glaube, Graz u. a. ^{2}2001.

A. Lorgus / M. Dudko, Orthodoxes Glaubensbuch. Eine Einführung in das Glaubens- und Gebetsleben der Russischen Orthodoxen Kirche, Würzburg 2001.

Gott ist lebendig. Ein Glaubensbuch der Orthodoxen Kirche (= deutsche Übersetzung eines sehr verbreiteten orthodoxen Katechismus in französischer Sprache), Münster 2002.

A. Kallis, Das hätte ich gerne gewusst. 100 Fragen an einen orthodoxen Theologen, Münster 2003.

A. Basdekis, Die Orthodoxe Kirche. Eine Handreichung für nichtorthodoxe und orthodoxe Christen und Kirchen, Frankfurt a. M. ^{7}2007.

D. Munteanu, Theologie der Koinonia. Ökumenische Einführung in die orthodoxe Theologie und Spiritualität, Borsdorf 2013.

A. Kallis, Orthodoxie – was ist das? Münster ^{8}2014.

I. Moga, Die Orthodoxe Kirche und die Orientalisch-Orthodoxen Kirchen, in: J. Oeldemann (Hg.), Konfessionskunde, Paderborn/Leipzig 2015, 72–157.

5.4 Legende zu den Karten

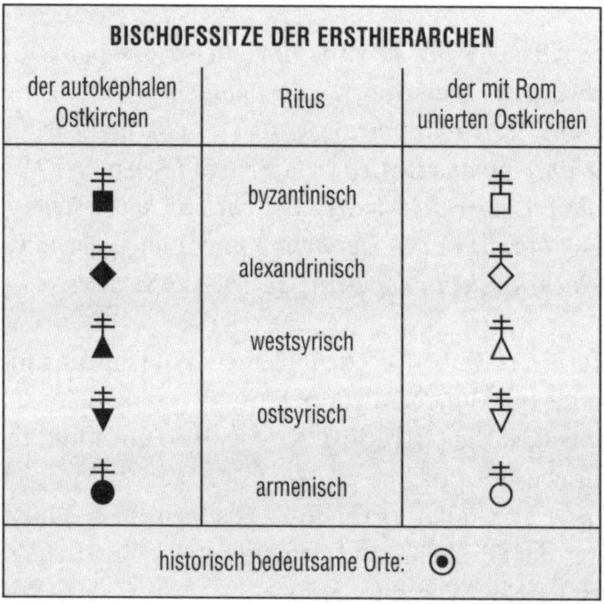